# 人权司法保障的法理研究

李璐君◎著

吉林大学出版社
·长 春·

图书在版编目（CIP）数据

人权司法保障的法理研究 / 李璐君著. -- 长春：吉林大学出版社，2023.10
ISBN 978-7-5768-2700-2

Ⅰ. ①人… Ⅱ. ①李… Ⅲ. ①人权－法律保护－研究－中国 Ⅳ. ① D920.4

中国国家版本馆 CIP 数据核字（2023）第 236841 号

书　　名：人权司法保障的法理研究
RENQUAN SIFA BAOZHANG DE FALI YANJIU
作　　者：李璐君
策划编辑：卢　婵
责任编辑：卢　婵
责任校对：单海霞
装帧设计：叶扬扬
出版发行：吉林大学出版社
社　　址：长春市人民大街 4059 号
邮政编码：130021
发行电话：0431-89580036/58
网　　址：http://www.jlup.com.cn
电子邮箱：jldxcbs@sina.com
印　　刷：武汉鑫佳捷印务有限公司
开　　本：787mm × 1092mm　　1/16
印　　张：14.75
字　　数：210 千字
版　　次：2023 年 10 月　第 1 版
印　　次：2024 年 6 月　第 1 次
书　　号：ISBN 978-7-5768-2700-2
定　　价：86.00 元

---

# 前　言

人权是全人类的共同价值，是社会主义核心价值，更是中国共产党人和中国人民的坚定信念和不懈追求。从道德人权到宪法性人权、从宣言性人权到制度化人权、从个体性人权到集体性人权、从抽象的自由平等权到现实的幸福生活权，演绎出人权发展进步的历史逻辑。中国式现代化引导出人权现代化，并为之指明了方向和道路。人权现代化主要包括人权理论现代化、人权制度现代化、人权治理现代化，其中人权理论现代化引领人权制度现代化和人权治理现代化，人权制度现代化和人权治理现代化为人权理论的创新发展提供制度证成和实践资源。法治是人权的前提和保障。在社会主义法治的轨道上推进人权现代化，必将谱写新时代中国人权事业全面发展的新篇章，开辟中国式人权现代化的新境界。

作为一种人权司法保障的基础理论研究，本书分析了人权司法保障的概念界定、理据分析、制度优势与能力界限，“人权司法保障”这一议题背后所可能蕴含着的三种人权观：形式主义的人权观、矫正正义的人权观和西方中心的人权观。西方国家掌握着人权话语的主导权，中国政治意识形态受到西方人权话语的压制与冲击，长期处于话语劣势。话语的本质在于宣传，在理性的层面仅有肤浅的认知意义，民主宪政、三权分立、司法独立这些看似绝对正确的词汇是建立在虚假认同或学术盲从基础上的，并非不容置疑的，实则经不起理性的拷问。就连人权这个词语本身，也在理性之下被解构。人权概念远不是一个无须分析和不证自明的概念。西方人权话语在其产生的时候乃是一种地方性话语，起源于地方性话语的西方人权话语何以具有普遍性，这是必须持续追问的问题。新时代中国人权司法话语体系的表达，这是所有人权司法问题的学术研究绕不开的任务，实现人权观念传播与话语重塑，建立人权话语场域中的中国意识形态依旧任重而道远。

本书得以顺利完成，离不开诸多师长、同学、朋友以及家人的支持和帮助。在此，我向他们表示衷心的感谢。

2024 年 6 月 12 日

于晓南湖畔

# 目 录

# 第一章 绪 论

人权在当今世界主流话语体系中是如此地重要，以至于一度成为当今西方乃至整个世界最引人注目的政治、法律的术语之一，成为世界性语言和时代性话题。[①]首先，我们必须承认“人权”概念充满理想主义而又争议不断，“人权”实践的历史堪称跌宕起伏、波澜壮阔。但不可否认的是，如今无论是在欧美发达国家，还是在发展中国家，人权业已成为最为重要的公共话语，对人权各个维度的研究成果也蔚为大观，认真对待人权成为了现代社会的普遍共识和国家法理。

## 第一节 研究背景

依据众多国际性研究成果显示，人权话语近年来已经获得了世界通用语（lingua franca）的地位[②]。而随着人权话语的热潮不断高涨，人权司法保障话语亦日益在世界范围内成为共识，“人权司法保障”是人权话语在司法领域的具象化。在我国，它是最早作为政治话语出现在政府人权白皮

① 张文显：《二十世纪西方法哲学思潮研究》，北京：法律出版社 2006 年版，第 428 页。

② John Tasioulas，The Moral Reality of Human Rights，in Freedom from Poverty as a Human Right：Who Owes，What to the Very Poor，Thomas Pogge ed.，OxfordUniversity Press，2007.

书中的，其话语表述经历了从“司法中的人权保障”到“人权的司法保障”再到“人权司法保障”的发展。如表 1.1 所示。

**表 1.1　政府人权白皮书中“人权司法保障”的词频整理**

| 表述方式 | 发布年份 | 文件名称 | 命中频次 |
|---|---|---|---|
| 人权司法保障 | 2018 年 | 改革开放 40 年中国人权事业的发展进步（2018 年 12 月发布） | 5 |
| | 2017 年 | 中国人权法治化保障的新进展（2017 年 12 月发布） | 4 |
| | 2016 年 | 中国司法领域人权保障的新进展（2016 年 9 月发布） | 10 |
| | | 国家人权行动计划（2016—2020 年）（2016 年 9 月发布） | 1 |
| | 2001 年 | 2000 年中国人权事业的进展（2001 年 4 月发布） | 1 |
| 人权的司法保障 | 1997 年 | 1996 年中国人权事业的进展（1997 年 3 月发布） | 3 |
| | 1999 年 | 1998 年中国人权事业的进展（1999 年 4 月发布） | 1 |
| | 2001 年 | 2000 年中国人权事业的进展（2001 年 4 月发布） | 1 |
| | 2004 年 | 2003 年中国人权事业的进展（2004 年 3 月发布） | 2 |
| | 2005 年 | 2004 年中国人权事业的进展（2005 年 4 月发布） | 1 |
| | 2010 年 | 2009 年中国人权事业的进展（2010 年 9 月发布） | 2 |
| | 2012 年 | 国家人权行动计划（2012—2015 年）（2012 年 6 月发布） | 1 |
| 司法中的人权保障 | 1991 年 | 中国的人权状况（1991 年 11 月发布） | 1 |
| | 1995 年 | 1995 年中国人权事业的进展（1995 年 12 月发布） | 3 |
| | 2004 年 | 2003 年中国人权事业的进展（2004 年 3 月发布） | 1 |
| | 2009 年 | 国家人权行动计划（2009—2010 年）（2009 年 4 月发布） | 1 |
| | 2010 年 | 2009 年中国人权事业的进展（2010 年 9 月发布） | 1 |
| 司法领域人权保障 | 2013 年 | 2012 年中国人权事业的进展（2013 年 5 月发布） | 1 |
| | 2015 年 | 2014 年中国人权事业的进展（2015 年 6 月发布） | 1 |
| | 2012 年 | 中国的司法改革（2012 年 10 月发布） | 1 |

随着党的十八届三中全会通过的《中共中央关于全面深化改革若干重大问题的决定》，尤其是在党的十八届四中全会作出的《中共中央关于全面推进依法治国若干重大问题的决定》中对于这一术语的吸纳之后，“人权司法保障”作为一种固定表达开始广为传播。在《中共中央关于全面深化改革若干重大问题的决定》和《中共中央关于全面推进依法治国若干重大问题的决定》这两份重要的党中央文件中，“人权司法保障”超越了以往单纯宏大叙事意义上的政治话语，不再仅是一种原则号召，而且是深入到中观和微观的制度建构层面的言说。从时间上来说，自 2014 年起，“人权司法保障”这一术语开始连续出现在最高人民法院、最高人民检察院的工作报告当中，而在这之前，“人权司法保障”都只是间断性地出现在最

高人民法院的工作报告中，而且其表达方式也并未固定，时有“人权司法保障”，时有“人权的司法保障”。在2014年以后，“人权司法保障”这一政治话语则源源不断地开始出现在最高人民法院、最高人民检察院、司法部的通知、意见、报告等官方文件中，见表1.2和表1.3。

**表1.2 “两高”工作报告中“人权司法保障”的词频整理**

| 时间 | 文件名称 | 命中频次 |
|---|---|---|
| 2018年 | 中华人民共和国第十三届全国人民代表大会第一次会议最高人民法院工作报告（2018年3月9日） | 2 |
| | 中华人民共和国第十三届全国人民代表大会第一次会议最高人民检察院工作报告（2018年3月9日） | 2 |
| 2017年 | 中华人民共和国第十二届全国人民代表大会第五次会议最高人民检察院工作报告（2017年3月12日） | 1 |
| | 中华人民共和国第十二届全国人民代表大会第五次会议最高人民法院工作报告（2017年3月12日） | 1 |
| 2016年 | 中华人民共和国第十二届全国人民代表大会第四次会议最高人民法院工作报告（2016年3月13日） | 2 |
| 2015年 | 中华人民共和国第十二届全国人民代表大会第三次会议最高人民检察院工作报告（2015年3月12日） | 1 |
| | 中华人民共和国第十二届全国人民代表大会第三次会议最高人民法院工作报告（2015年3月12日） | 1 |
| 2014年 | 中华人民共和国第十二届全国人民代表大会第二次会议最高人民检察院工作报告（2014年3月10日） | 1 |
| | 中华人民共和国第十二届全国人民代表大会第二次会议最高人民法院工作报告（2014年3月10日） | 1 |
| 2010年 | 中华人民共和国第十一届全国人民代表大会第三次会议最高人民检察院工作报告（2010年3月11日） | 1 |
| 2009年 | 中华人民共和国第十一届全国人民代表大会第二次会议最高人民检察院工作报告（2009年3月10日） | 1 |
| 2006年 | 中华人民共和国第十届全国人民代表大会第四次会议最高人民检察院工作报告（2006年3月11日） | 1 |
| 2005年 | 中华人民共和国第十届全国人民代表大会第三次会议最高人民检察院工作报（2005年3月9日） | 1 |
| 2003年 | 中华人民共和国第十届全国人民代表大会第一次会议最高人民法院工作报告（2003年3月11日） | 1 |
| 2001年 | 中华人民共和国第九届全国人民代表大会第四次会议最高人民法院工作报告（2001年3月10日） | 1 |
| 1994年 | 中华人民共和国第八届全国人民代表大会第二次会议最高人民法院工作报告（1994年3月15日） | 1 |

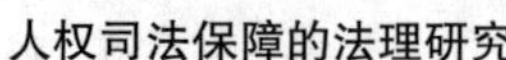

**表 1.3　“两高”、司法部的官方文件中“人权司法保障”的词频整理**

| 类型 | 发布年份 | 文件名称 | 命中频次 |
|---|---|---|---|
| 通知 | 2018 年 | 最高人民检察院关于在全国检察机关开展“监督维护在押人员合法权益专项活动”的通知<br>高检发执检字〔2018〕6 号 / 2018.04.21 发布 / 2018.04.21 实施 | 2 |
| | | 最高人民法院关于印发《2018 年人民法院工作要点》的通知<br>法发〔2018〕3 号 / 2018.02.08 发布 / 2018.02.08 实施 | 1 |
| | 2017 年 | 最高人民法院、司法部印发《关于开展刑事案件律师辩护全覆盖试点工作的办法》的通知<br>司发通〔2017〕106 号 / 2017.10.09 发布 / 2017.10.09 实施 | 2 |
| | | 最高人民法院印发《关于全面推进以审判为中心的刑事诉讼制度改革的实施意见》的通知<br>法发〔2017〕5 号 / 2017.02.17 发布 / 2017.02.17 实施 | 1 |
| | | 最高人民法院、最高人民检察院、公安部等印发《关于开展法律援助值班律师工作的意见》的通知<br>司发通〔2017〕84 号 / 2017.08.08 发布 / 2017.08.08 实施 | 1 |
| | 2016 年 | 最高人民法院、最高人民检察院、公安部等印发《关于在部分地区开展刑事案件认罪认罚从宽制度试点工作的办法》的通知<br>法〔2016〕386 号 / 2016.11.11 发布 / 2016.11.11 实施 | 1 |
| | 2015 年 | 最高人民检察院关于印发《最高人民检察院关于全面加强和规范刑事执行检察工作的决定》的通知<br>高检发〔2015〕15 号 / 2015.12.04 发布 / 2015.12.04 实施 | 1 |
| | | 最高人民法院关于认真学习贯彻适用《关于适用〈中华人民共和国民事诉讼法〉的解释》的通知<br>法〔2015〕31 号 / 2015.02.04 发布 / 2015.02.04 实施 | 1 |
| | | 最高人民检察院关于印发《最高人民检察院关于贯彻落实〈中共中央关于全面推进依法治国若干重大问题的决定〉的意见》的通知<br>高检发〔2015〕4 号 / 2015.01.29 发布 / 2015.01.29 实施 | 1 |
| | 2007 年 | 最高人民法院印发《最高人民法院关于进一步加强刑事审判工作的决定》的通知<br>法发〔2007〕28 号 / 2007.08.28 发布 / 2007.08.28 实施 | 1 |
| | 2000 年 | 最高人民法院印发《关于充分发挥审判职能作用为经济发展提供司法保障和法律服务的意见》的通知<br>法发〔2000 年〕6 号 / 2000.03.01 发布 / 2000.03.01 实施 | 1 |
| 报告 | 2018 年 | 公安部办公厅、司法部办公厅关于进一步加强和规范看守所法律援助值班律师工作的通知<br>司办通〔2018〕2 号 / 2018.01.05 发布 / 2018.01.05 实施 | 1 |
| | 2017 年 | 最高人民法院、最高人民检察院关于在部分地区开展刑事案件认罪认罚从宽制度试点工作情况的中期报告<br>2017.12.23 发布 / 2017.12.23 实施 | 1 |

续表

| 类型 | 发布年份 | 文件名称 | 命中频次 |
|---|---|---|---|
| 报告 | 2016年 | 最高人民检察院关于加强侦查监督、维护司法公正情况的报告<br>2016.11.05 发布 / 2016.11.05 实施 | 2 |
| | 2015年 | 最高人民检察院关于刑罚执行监督工作情况的报告<br>2015.11.02 发布 / 2015.11.02 实施 | 2 |
| | | 司法部关于认真学习宣传贯彻中共中央办公厅、国务院办公厅《关于完善法律援助制度的意见》的通知<br>司发〔2015〕11 号 / 2015.07.08 发布 / 2015.07.08 实施 | 1 |
| | 2014年 | 最高人民法院关于人民法院规范司法行为工作情况的报告<br>2014.10.29 发布 / 2014.10.29 实施 | 1 |
| | 2009年 | 最高人民检察院关于加强渎职侵权检察工作促进依法行政和公正司法情况的报告<br>2009.10.28 发布 / 2009.10.28 实施 | 1 |
| 意见 | 2014年 | 最高人民法院关于人民法院赔偿委员会审理国家赔偿案件适用精神损害赔偿若干问题的意见<br>法发〔2014〕14 号 / 2014.07.29 发布 / 2014.07.29 实施 | 1 |
| | | 最高人民法院关于进一步做好司法便民利民工作的意见<br>法〔2014〕293 号 / 2014.11.20 发布 / 2014.11.20 实施 | 1 |
| | 2015年 | 最高人民检察院关于深化检察改革的意见（2013—2017 年工作规划）<br>高检发〔2015〕5 号 / 2015.02.15 发布 / 2015.02.15 实施 | 2 |

此外，随着官方文件的正式提出和日益重视，“人权的司法保障”还出现在重要报纸中，笔者在中国重要报纸全文数据库中设置检索条件为“全文：人权司法保障”，得到 641 条检索结果，其中 10 条结果以上的来源报纸包括：《人民法院报》（58）、《人民日报》（56）、《法制日报》（51）、《检察日报》（21）、《光明日报》（13）、《学习时报》（13）、《人民公安报》（10），见图 1.1。这说明“人权的司法保障”不仅作为一种法律话语被《人民法院报》《法制日报》《检察日报》《人民公安报》所认可，同时作为一种政治话语被《人民日报》《光明日报》《学习时报》三复斯言，大有可观。

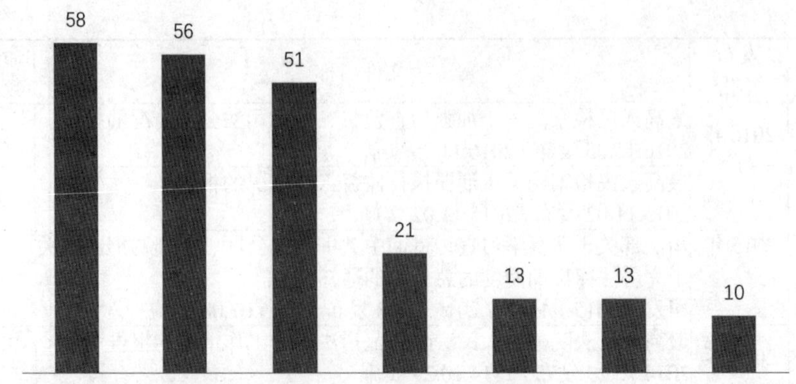


图 1.1　中国重要报纸全文数据库中“人权司法保障”的词频整理

在政治话语主导的环境之下，学术界难免会自觉或不自觉地将当时流行的话语作为看待问题的出发点和分析工具。在法学界，人权司法保障的研究借助政治话语的强势，数年之间，就飙升为一个炙手可热的学术名词。在中国重要报纸全文数据库中设置检索条件为“全文：人权司法保障”，共得到 641 条检索结果，按年份和数量整理如下：2018（43）、2017（62）、2016（77）、2015（99）、2014（121）、2013（51）、2012（15）、2011（8）、2010（15）、2009（18）、2008（23）、2007（33）、2006（23）、2005（20）、2004（19）、2003（3）、2002（1）、2001（5）、2000（2）。而在中国期刊全文数据库（CJFD）中，将检索条件设置为“全文：人权司法保障”，限定来源类别为 CSSCI，共得到 587 条检索结果，按年份和数量整理如下：2018（62）、2017（61）、2016（56）、2015（96）、2014（87）、2013（21）、2012（21）、2011（22）、2010（35）、2009（23）、2008（17）、2007（20）、2006（13）、2005（15）、2004（10）、2003（5）、2002（3）、2001（8）、2000（2）、1999（1）、1998（2），见图 1.2。在上述数据库中，研究成果自 1998 年及 2000 年开始就呈现出逐年急剧上升的态势，期刊论文所表征的学术话语随着报纸文章所代表的官方和民间话语协同增长，后者在 2014 年达到峰值，前者在 2015 年达到峰值。随后，二者则呈现出了共同下降的态势。

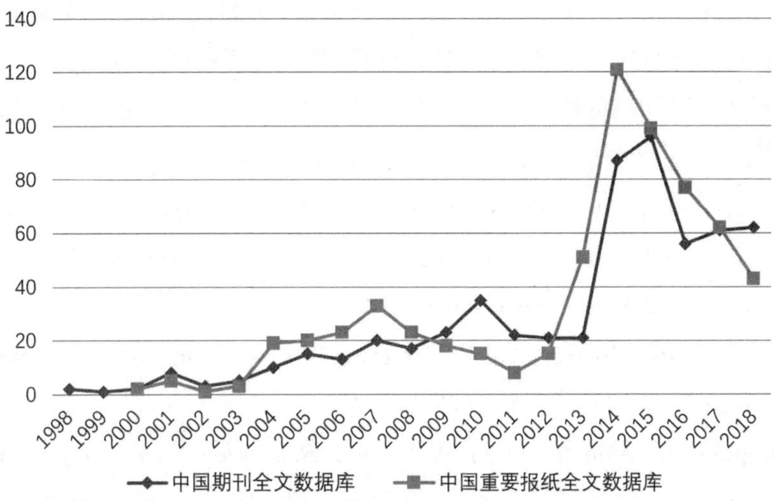


图 1.2　中国 CSSCI 期刊全文数据库（CJFD）和重要报纸全文数据库中“人权司法保障”的词频整理

本书的目的在于力图廓清人权司法保障内涵的迷思，呈现人权司法保障在理论上的能与不能，以此区分作为政治话语的“人权司法保障”和作为法学理论的“人权司法保障”，进一步为构建中国的人权司法保障话语权提供可资借鉴的理论资源。

## 第二节　人权司法的研究历程

纵观西方学术界关于“人权司法保障”研究的学术史，其主题和成果主要体现在：（1）在立法权、行政权、司法权的三权配置结构中，探讨司法的功能及其对公民宪法权利予以保障的权能问题，这方面的经典文献有孟德斯鸠的《论法的精神》[①]，汉密尔顿等著的《联邦党人文集》[②]，戴

① ［法］孟德斯鸠：《论法的精神》，张雁深译，北京：商务印书馆 2004 年版。

② ［美］汉密尔顿、杰伊、麦迪逊：《联邦党人文集》，程逢如、在汉、舒逊译，北京：商务印书馆 2004 年版。

雪的《英宪精义》[①] 等；（2）对公正审判权（例如罪刑法定、无罪推定、辩护权、沉默权等）、公民权利和政治权利、经济社会文化权利等基本权利的司法保护问题的研究，这方面的经典文献主要有贝卡利亚的《论犯罪与刑罚》、霍维茨的《沃伦法院对正义的追求》[②]，Libenberg，Sandra，*The Courts and the Socio-economic Rights：Carving out a Role*，Yacoob，Zac，*Panel Discussion：Enforcing Socio-Economic Rights：The Potential and Limits of the Judiciary*，Mark Gibney and Stanislaw J. Frankowski，*Judicial Protection of Human Rights：Myth or Reality*，Bertrand G. Ramcharan，*Judicial Protection of Economic，Social and Cultural Rights：Cases and Materials*，Liora Lazarus，Christopher McCrudden and Nigel Bowles，*Reasoning Rights：Comparative Judicial Engagement*，等等。（3）对欧洲人权法院、联合国人权事务委员会等区域性或国际性人权保护机构及其经典案例的研究，这方面的代表性文献主要有萨默斯的《公正审判：欧洲刑事诉讼传统与欧洲人权法院》[③]、Frederic P Miller，European Court of Justice，Bertrand G. Ramcharan，The UN Human Rights Council，等等。

在我国，自从“人权”话语获得合法性以来，关于“人权司法保障”的研究大致经历了四次主要的波峰：

第一，以人权入宪为契机，围绕齐玉苓案中受教育权保护问题所形成的“宪法司法化”讨论，对宪法权利保护、宪法实施机制和司法能力建设等问题的研究。例如，季卫东教授在其《合宪性审查与司法权的强化》[④]一文中指出：为了保障宪法效力的切实发挥，司法权的伸张在合宪性审查方面的必要性。提出建立宪法委员会，以及未来在重新立宪基础上建立宪

① ［英］戴雪：《英宪精义》，雷宾南译，北京：中国法制出版社 2001 年版。

② ［美］霍维茨：《沃伦法院对正义的追求》，信春鹰、张志铭译，北京：中国政法大学出版社 2003 年版。

③ ［瑞士］萨拉·萨默斯：《公正审判：欧洲刑事诉讼传统与欧洲人权法院》，朱奎彬、谢进杰译，北京：中国政法大学出版社 2012 年版。

④ 季卫东：《合宪性审查与司法权的强化》，《中国社会科学》2002 年第 2 期。

法法院的制度构想。强世功教授的《宪法司法化的悖论——兼论法学家在推动宪政中的困境》[①] 指出：在谈及“宪法司法化”这一命题时，存在着概念解释层面“宪法司法化”是违宪审查还是司法判断的分歧；在实践推动层面，存在着对“宪法”的理解究竟是抽象原则还是具体文本的分歧。张千帆教授在《宪法人权保障还需要保障什么？——论刑事正当程序入宪的必要性》[②] 中论及我国宪法在人权保障方面已经取得的成就与存在的不足，指出刑事正当程序规则不应当仅仅局限于在部门法当中被提及，正当程序原则入宪势在必行。林来梵、季彦敏的《人权保障：作为原则的意义》[③] 则是以“国家尊重与保障人权”入宪为切入点，阐述了宪法中的抽象性人权保障条款作为宪法规范的人权保障原则与作为规范存在的意义，强调为缓解抽象性人权保障规范与个别性人权保障规范之间的张力建立符合立宪主义及我国现实国情的违宪审查制度。

第二，以刑法、刑事诉讼法的修改为契机，对刑事司法中的人权保护问题的研究，例如陈光中的《加强司法人权保障的新篇章》[④] 和《坚持惩治犯罪与保障人权相结合立足国情与借鉴外国相结合》[⑤] 着重结合 1996 年刑事诉讼法的修改肯定了我国刑事诉讼法在制度方面的进步，徐益初的《刑事诉讼与人权保障》[⑥] 以被告人与被害人权利保护并重为基础指出刑事诉讼中惩罚犯罪与保障人权之间存在的必然冲突，提出我国应当重视对于司法权的监督，并对当时情况下我国刑事诉讼法中有关非法证据排除与超期羁押方面存在的问题提出了合理建议。杨宇冠的《论刑事诉讼人权保障》

---

① 强世功：《宪法司法化的悖论——兼论法学家在推动宪政中的困境》，《中国社会科学》2003 年第 2 期。

② 张千帆：《宪法人权保障还需要保障什么？——论刑事正当程序入宪的必要性》，《法学家》2004 年第 4 期。

③ 林来梵、季彦敏：《人权保障：作为原则的意义》，《法商研究》2005 年第 4 期。

④ 陈光中：《加强司法人权保障的新篇章》，《政法论坛》1996 年第 4 期。

⑤ 陈光中：《坚持惩治犯罪与保障人权相结合立足国情与借鉴外国相结合——参与刑事诉讼法修改的几点体会》，《政法论坛》1996 年第 6 期。

⑥ 徐益初：《刑事诉讼与人权保障》，《法学研究》1996 年第 2 期。

论述了刑事诉讼法的保障人权的性质，指出刑事诉讼中的人权保障依据其层次一方面是要保障人民固有的基本权利；另一方面，刑事诉讼人权保障机制是与一国具体国情密切相关的，是维持社会稳定的必要条件[①]。郭道晖在《法治文明与人权保障的新进步》中分析了新修订的刑法在立法方略上的革新与进步，同时，也对新修订的刑法中将罪刑法定原则、罪刑相当以及法律面前人人平等原则明确写入刑法条文中的做法表示肯定，形成了一整套刑法人权保障的制度体系[②]。赵秉志和谢望原的《刑法改革与人权保障》以 1997 年刑法修订为契机，肯定了 1997 年刑法修订中在刑法条文中刑法原则的确立，以及其在未成年人犯罪制度的改革，正当防卫制度的强化，刑法人道化等制度方面的进步[③]。王作富、谢玉童在《罪刑法定原则与人权保障》一文中对罪刑法定原则的历史渊源进行梳理，分析了罪刑法定原则对中国的立法指导意义及其落实的现实原因[④]。赵秉志的《全球化时代中国刑法改革中的人权保障》则指出了全球化时代到来的背景下中国刑事司法在人权保障制度方面的进步以及中国刑事司法在与全球接轨过程中仍然亟待解决的问题[⑤]，等等。

第三，以中国批准《联合国经济、社会、文化权利国际公约》为背景，对劳动权、受教育权、社会保障权等经社文权利司法保障问题的研究。例如，黄金荣的《司法保障人权的限度：经济和社会权利可诉性问题研究》分析了实现经济和社会权利可诉性的障碍和限制为何，以及探讨了司法机关是否有权实施人权规范中的经济和社会权利的问题。有关该问题的不同答案直接关系到国内法律体系中是否应当构建保障国际公约中经济和社会权利实现的申诉机制，或者是否应该在国内宪法中规定经济和社会权利条款，

---

① 参见杨宇冠：《论刑事诉讼人权保障》，《中国刑事法杂志》2002 年第 4 期。

② 参见郭道晖：《法治文明与人权保障的新进步》，《法学家》1997 年第 3 期。

③ 赵秉志、谢望原：《刑法改革与人权保障》，《中国刑事法杂志》1998 年第 5 期。

④ 王作富、谢玉童：《罪刑法定原则与人权保障》，《中国人民大学学报》1998 年第 1 期。

⑤ 赵秉志：《全球化时代中国刑法改革中的人权保障》，《吉林大学社会科学学报》2006 年第 1 期。

并允许国内法院对此类宪法权利条款直接在诉讼中应用的问题。人权司法领域历来存在对经济和社会权利可诉性的怀疑论，不可否认的是这种不确定性极大地妨碍了国际社会普遍承认的不同种类权利同等保护的原则[①]。龚向和在《社会权的可诉性及其程度研究》一书中，以多学科的研究视角从理念分析出发，分别从制度与运作两个方面对国际、区域和国家三个层次的立法及司法实践进行全面分析，并在此基础上借鉴西方社会权司法保护的经验，结合中国社会权司法保障实践，试图提出符合中国社会发展要求的社会权可诉性理论[②]。胡敏洁的《论社会权的可裁判性》基于分权考量，保护社会权对民主规范的冲击，法院的制度能力以及自身的不确定性等三个方面的理论争议所引发的社会权的可裁判性存在的争议，并以南非社会权裁判个案为例，指出司法对推动社会权实现和发展的促进作用，对我国的社会权司法裁判的未来发展方向提出了建议[③]。诸如此类的研究，还有钟会兵的《社会保障权司法救济的难题及其破解：法院和受益人角度》分别从法院和当事人的角度讨论了当前司法环境下法院在处理社会保障权纠纷时面临的政策选择，技术局限与政治冲突等问题；提出可以通过设置专门机构、提供法律援助措施来解决当事人所面临的经济弱势地位，信息不对称的困境[④]。郑莹的《从传统走向现代：社会保障权司法救济的检省与矫正》总结了社会保障权在理论上定性问题，并针对我国社会保障权的司法救济的制度缺陷提出改革建议[⑤]。

第四，围绕着党的十八届三中全会《关于全面深化改革若干重大问题的决定》和十八届四中全会《全面推进依法治国若干重大问题的决定》中

---

① 黄金荣：《司法保障人权的限度：经济和社会权利可诉性问题研究》，北京：社会科学文献出版社 2009 年版，第 22 页。

② 参见龚向和：《社会权的可诉性及其程度研究》，北京：法律出版社 2012 年版。

③ 胡敏洁：《论社会权的可裁判性》，《法律科学》2006 年第 5 期。

④ 钟会兵：《社会保障权司法救济的难题及其破解：法院和受益人角度》，《学术论坛》2012 年第 7 期。

⑤ 郑莹：《从传统走向现代：社会保障权司法救济的检省与矫正》，《法学杂志》2012 年第 3 期。

关于“完善人权司法保障制度”的顶层设计，即刑事司法中的人权保障制度、财产强制执行中的程序机制、社区矫正制度、司法救助和法律援助制度等，涌现了大批研究成果。例如，张文显的《人权保障与司法文明》[①]从宏观视角总结了继2004年“人权入宪”后，在新的历史阶段下我国在人权司法保障方面所作出的努力与进步，江必新《关于完善人权司法保障的若干思考》强调应分层次理解“人权司法保障”的理论内涵，以党的十八届三中全会《关于全面深化改革若干重大问题的决定》等一系列政策文件中有关人权保障的内容为依据，对于这一命题做出了较为全面的解读，并就我国加强人权司法保障的深度和实施效果的确保提出了一系列制度性建议[②]。陈光中的《应当如何完善人权刑事司法保障》针对落实党的十八届三中全会公报中提出的“完善人权司法保障制度”要求任务，重申在刑事司法领域应当进一步推进确立无罪推定原则，坚决贯彻疑罪从无的规定；在刑事程序上杜绝刑讯逼供，减少冤假错案；加强落实指定居所监视居住的规范；进一步完善辩护制度等方面的工作[③]。韩大元的《完善人权司法保障制度》从宪法学的视角回应了“全面深化改革”报告中提出的“完善人权司法保障制度”要求的必要性与价值，在法治领域应当如何做出有效回应[④]。汪习根的《论人权司法保障制度的完善》则从认识论出发，分析指出司法保障是人权从应然转化向实然的最重要方式，他认为目前应当以法治思维导引各领域人权司法保障制度的完善[⑤]。

尽管该问题的研究成果在数量上颇为丰硕，然而令人遗憾的是，在这一波研究热浪中，就已经发表的论文来看，这些研究成果的理论性似乎并没有随着论文篇数的增加而得到显著提升。这些数量可观的关于“人权司法保障”的研究成果，大多是对官方政治话语的复制或解读，至为宝贵的

---

① 张文显：《人权保障与司法文明》，《中国法律评论》2014年第2期。

② 江必新：《关于完善人权司法保障的若干思考》，《中国法律评论》2014年第2期。

③ 陈光中：《应当如何完善人权刑事司法保障》，《法制与社会发展》2014年第1期。

④ 韩大元：《完善人权司法保障制度》，《法商研究》2014年第3期。

⑤ 汪习根：《论人权司法保障制度的完善》，《法制与社会发展》2014年第1期。

学术批判精神未得充分发扬。这些研究普遍性地存在两个问题，即制度下沉或权利下沉。

第一，制度下沉。人权司法保障的研究沿着司法的进路向制度下沉，依时间看是2014年以来的研究现状。研究的制度下沉基本可以概括为以下三个层次。其一，下沉到宏观司法制度。涉及审判权的独立运行、宪法的实施，以及信访的司法终结制度等。例如，《中国人权司法保障制度的特点与举措》一文将当前中国语境下的人权保障制度体系分为立法、司法、行政、信访四个体系，认为我国以司法公正、审判独立、司法公开以及司法便民为目标的各项改革举措，切实推进了人权的司法保障，不过依然存在不足，建议建立人权司法保障专门机构、发展公益诉讼和构建信访司法终结制度等路径，进一步完善人权司法保障制度[①]。《完善人权司法保障制度》一文指出，完善人权的司法保障制度，必须保障司法机关依法独立行使审判权和检察权，必须发挥司法机关在宪法实施中的积极作用[②]。即便是《司法如何堪当人权保障的重任》这样极具法哲学思辨色彩的文章，始于"什么样的司法才能担当得起人权保护的职责"的追问，却不得不终于将司法的人权保障职能与行政诉讼制度的完善问题、公民诉权的保障问题等具体制度对策问题相并列来回答司法如何承担保障人权任务的问题[③]。

其二，将研究下沉到刑事诉讼、民事诉讼、行政诉讼等中观司法制度层面。有学者将人权司法保障与行政诉讼体制机制结合起来进行探讨。姜明安认为："新修订的行政诉讼法在改革行政审判体制、扩大行政诉讼受案范围、放宽行政诉讼原告和第三人资格限制，改革行政诉讼起诉受理机制、审理、判决机制，加强对行政审判的监督和加大对法院裁判的执行力度，为公民的人权提供更有效的保障方面取得了重大进步，但是在受案范

① 刘小妹：《中国人权司法保障制度的特点与举措》，《法律适用》2014年第12期。

② 韩大元：《完善人权司法保障制度》，《法商研究》2014年第3期。

③ 刘红臻：《司法如何堪当人权保障的重任》，《法制与社会发展》2014年第6期。

围、行政审判体制、法院对抽象行政行为的审查权方面仍有进一步改革和完善的空间。”[①] 蒋银华认为：通过司法保障人权的核心目的与有效途径是实现权利救济，现实中人权受到侵犯的案例大多是公民权利与国家权力的对抗，由于在我国不宜由法院行使适用宪法的权力，因此应当更多地通过法院在行政审判中强化权利救济而非宪法解释的方式来拓展其人权保障功能。在现有诉讼制度框架下，行政诉讼制度可以通过诉讼类型化技术进一步拓展行政受案范围，并通过价值判断方法和审查基准的体系化强化案件审查力度，从而最大限度地发挥行政诉讼的人权保障宪法功能。[②] 另外，还有学者将人权司法保障与刑事诉讼体制机制结合起来进行探讨。如陈光中先生在《应当如何完善人权刑事司法保障》一文中指出，完善人权刑事司法保障的重点在于：第一是要确立无罪推定原则，坚决贯彻疑罪从无的法律规定；第二应杜绝刑讯逼供，严格实施非法证据排除规则；第三应加强指定居所监视居住的规范；第四要进一步完善辩护制度。[③]

其三，下沉到微观司法制度层面。关于人权司法保障问题微观制度层面的研究目前几乎全都限于刑事司法层面的研究，这种情况与中央文件中关于人权司法保障的表述总是与刑事犯罪嫌疑人、被告人的权利保障相联系密切相关。其中具体涉及非法证据排除、查封、扣押、冻结、处理涉案财物的司法程序、法律援助制度等微观制度、机制、程序、规则等等。

在《在司法过程中保障人权的五大举措》一文中，陈光中提出：在司法过程中保障人权的五大举措包括：“要加强对刑讯逼供和其他非法取证的源头预防；要健全有效防范、及时纠正冤假错案的机制；要实行庭审实质化改革，完善证人、鉴定人出庭缺席制度；要完善法律援助制度，扩大

① 姜明安：《改革和完善行政诉讼体制机制加强人权司法保障》，《国家行政学院学报》2015 年第 1 期。

② 参见蒋银华：《人权行政诉讼保障的路径选择及其优化》，《政法论坛》2018 年第 5 期。

③ 陈光中：《应当如何完善人权刑事司法保障》，《理论参考》2014 年第 5 期。

法律援助范围；要健全国家司法救助制度人权和民主法治密不可分。”[①]罗豪才曾在文章中提出要完善死刑复核程序，依法废除劳动教养制度，建立健全社区矫正制度，建立涉法涉诉信访依法终结制度，要严格实行非法证据排除规则，要进一步规范查封、扣押、冻结、处理涉案财物的司法程序。[②]姜伟提出了完善人权司法保障制度首先要在法治建设和司法改革过程中创新理念、整体规划、突出重点、严格落实。要进一步规范查封、扣押、冻结、处理涉案财物的司法程序制度改革；不断健全错案防止、纠正、责任追究机制；立法中逐步减少适用死刑罪名；废止劳动教养制度；进一步健全社区矫正制度，健全国家司法救助制度；同时要完善法律援助制度；加强律师制度改革，使这些相关制度更好地为保障人权服务。[③]还有的学者指出提升司法保障人权的制度水平就应当努力构建涉诉信访终结制度；完善相关司法机制以确保公益诉讼顺利进行，统一司法职业准入标准，改善人权司法组织制度。“为破解人权司法保障现实难题，必须构建信访司法终结制度，完善民生公益司法机制，统一司法职业准入标准，提升司法主体的人权素养，优化人权司法组织体系。”[④]又如《以规范口供为视角论刑事被追诉人人权司法保障的完善》一文探讨了通过明确非法证据排除的标准、规范审讯时间和地点、严格同步录音录像制度、加强对加害者的惩罚等方面规范口供的获取方式，并通过检察机关、法院、律师等多方面的监督达到对口供适用的控制，以此达到全面保障刑事被追诉人人权的司法价值。[⑤]还有学者以人权司法保障为视角探讨死刑复核程序中律师辩护的困境与改革；[⑥]以司法公正与人权保障为核心，讨论侦查阶段刑事法律援助介入的

---

① 陈光中：《在司法过程中保障人权的五大举措》，《中国党政干部论坛》2015 年 4 期。

② 罗豪才：《推进法治中国建设 完善人权司法保障制度》，《理论参考》2014 年第 5 期。

③ 姜伟：《全面贯彻完善人权司法保障制度的改革部署》，《理论参考》2014 年第 5 期。

④ 汪习根：《论人权司法保障制度的完善》，《法制与社会发展》2014 年第 1 期。

⑤ 王沛：《以规范口供为视角论刑事被追诉人人权司法保障的完善》，《河北法学》2016 年第 9 期。

⑥ 穆远征：《死刑复核程序中律师辩护的困境与改革——以人权司法保障为视角》，《法学论坛》2014 年第 4 期。

理论价值与权利构造；[①] 还有具体到以审判中心的诉讼制度改革为基础的关于侦查讯问中的犯罪嫌疑人权利保障的研究。[②]

在这些成果中，绝大部分论文都是以人权司法保障制度为视角的，可以说还是一种长期以来普遍存在的制度研究的类型。人权司法保障的基础理论虽然离不开制度研究，但更需要在很大程度上跳出制度研究的束缚，从宏观、整体、前瞻的视角对人权司法保障进行高屋建瓴性的观察。

第二，权利下沉，人权司法保障的研究从“人权”这个关键词来切入向多种多样的权利类型下沉。第一类权利是社会权利，例如，社会保障权的司法救济[③]、受教育权的司法保障[④]、女性生育权的司法保护[⑤]、高校学位授予权的司法审查[⑥]、平等就业权司法救济[⑦]、同工同酬权的司法救济[⑧]、对大学生学习权的司法救济[⑨]，等等议题，不一而足。第二类权利是

---

① 李炳烁、胡良荣：《论侦查阶段刑事法律援助介入的理论价值与权利构造——以司法公正与人权保障为核心》，《法学杂志》2013 年第 8 期。

② 彭俊磊：《论侦查讯问中的犯罪嫌疑人权利保障——基于审判中心诉讼制度改革的再思考》，《法学论坛》2018 年第 4 期。

③ 龚向和：《社会权司法救济之宪政分析》，《现代法学》2005 年第 5 期。钟会兵：《社会保障权司法救济的难题及其破解：法院和受益人角度》，《学术论坛》，2012 年第 7 期。郑莹：《从传统走向现代：社会保障权司法救济的检省与矫正》，《法学杂志》2012 年第 3 期。付龙飞：《社会保障权司法救济机制研究》，《经济经纬》，2011 年第 3 期。

④ 龚向和：《论受教育权的可诉性及其程度》，《河北法学》2005 年第 10 期。邓炜辉：《受教育权司法保障的中国之路——基于《人民法院案例选》（1992—2012）的整体性考察》，《广西社会科学》2014 年第 6 期。

⑤ 张华：《女性生育权的司法保护状况考察——基于 543 份已公开裁判文书的实证分析》，《西南政法大学学报》2018 年第 5 期。

⑥ 龚向和：《高校学位授予权：本源、性质与司法审查》，《苏州大学学报（哲学社会科学版）》2018 年第 3 期。

⑦ 李雄：《论平等就业权司法救济体系的构造》，《河北法学》，2017 年第 10 期。曹俊金：《平等就业权司法救济实证研究》，《中国劳动》2014 年第 9 期。

⑧ 梁桂平：《同工同酬权司法救济的检省与矫正——以 2013 年度 102 份裁判文书为样本》，《河北法学》2015 年第 7 期。

⑨ 倪洪涛：《大学生学习权司法救济范围再认识》，《湘潭大学学报（哲学社会科学版）》2008 年第 2 期。

公法性质的权利，例如，公民参与权的司法救济[①]、公务员职务保障权的司法救济[②]、行政程序卷宗阅览权的司法救济[③]，等等。除此之外，还有基本权利可诉性的程度研究[④]。

当司法保障的制度研究陷入具体权利的“汪洋大海”时，人权司法保障的研究难免会呈现一种碎片化、零散化的样态，这种研究过于凌乱琐碎，导致学术研究在深度上不能上溯其源、提纲挈领。这会引起人权司法保障这一议题本身的虚化，到最后只能停留在政治口号的层面。大部分成果是泛泛地探讨如何改革和完善人权司法保障制度的对策性研究，专门对人权司法保障进行学理层面的研究尚少。可圈可点的研究如《司法是人权保障的最佳方式》一文，文章认为，司法是人权保障的最佳方式。理由概括为：司法之所以被认为是保障人权的最基本和最重要的手段，就在于它没有自己的利益，超越于其他任何利益之外的司法权是一种纯粹的判断权。从社会结构即利益结构的维度来看，司法独立于任何利益，但这并不能保证司法在现实中不会受到社会中各种利益的影响和干涉。司法权依法独立运行是司法保障人权的先决条件，司法的正当程序是司法保障人权的基础，二者须以由合格的司法人员组成的司法机关作为其发挥正常功能的前提条件，这阻止了在现实生活中各种社会利益主体为了自身利益去影响司法，使之蜕变成某种利益的维护手段。[⑤]而在为数不多的人权司法保障的基础理论研究中，也存在两个问题。

第一，向政治话语遁逃。一方面，这类研究对政治话语进行语录式、碎片化的裁剪和复制，在诸多政治术语的循环论证中浅尝辄止。另一方面，这种研究并未采取转码的方式，通过一定的“解码”和“译码”程序，将

---

① 马明华：《公民参与权的司法救济制度构建》，《江西社会科学》，2018 年第 3 期。

② 邝少明、林慕华：《我国公务员职务保障权的司法救济》，《中山大学学报（社会科学版）》2006 年第 1 期。

③ 郭兵：《我国行政程序卷宗阅览权的确认与司法救济》，《法学论坛》2015 年第 5 期。

④ 龚向和：《理想与现实：基本权利可诉性程度研究》，《法商研究》2009 年第 4 期。

⑤ 王夏昊：《司法是人权保障的最佳方式》，《现代法学》2003 年第 2 期。

这种政治话语转化为法律的符码。而是采取映射的方式，让法律话语硬生生地“比附”政治话语。[①] 这类文章有：《人权司法保障春天的来临》《推进法治中国建设 完善人权司法保障制度》《依法履行法律监督职责 加强对人权的司法保障》等。[②]

第二，向域外经验和理论转移。如《论德国的人权司法保障——基于向联邦宪法法院提起的宪法诉愿》一文提出：“联邦宪法法院是基本权利的有效维护者，公民在其基本权利遭到侵害时可以向联邦宪法法院提起宪法诉愿，根据宪法诉愿，联邦宪法法院以基本权利教义学的论证方法来切实有效地维护公民的基本权利和宪法的基本秩序。”[③] 还有学者通过美国新司法联邦主义的演进来谈对人权司法保障的启示。[④] 也有研究以最高法院司法审查为中心，考察美国总统战争权力的扩张与当代反恐战争中的人权保护。[⑤] 有学者基于美国联邦最高法院司法史来考察作为概括性人权保障条款的正当程序。[⑥] 不难发现，这些研究都与最高法院、宪法司法审查等制度相关联。

笔者注意到，在西方国家，尤其是东欧国家和发展中国家，“人权司法保障”（又叫“人权司法救济”“人权司法审查”）的议题通常与“违

---

① 郑智航:《最高人民法院如何执行公共政策——以应对金融危机的司法意见为分析对象》,《法律科学》2014 年第 3 期。

② 樊崇义:《人权司法保障春天的来临》,《人民法治》2016 年第 3 期。樊崇义:《从“人权保障”到“人权司法保障制度”》,《中国党政干部论坛》2014 年第 8 期。罗豪才:《推进法治中国建设 完善人权司法保障制度》,《人权》2013 年第 6 期。曹建明:《依法履行法律监督职责 加强对人权的司法保障》,《人权》2010 年第 1 期。江必新:《关于完善人权司法保障的若干思考》,《中国法律评论》2014 年第 2 期。

③ 汤葆青:《论德国的人权司法保障——基于向联邦宪法法院提起的宪法诉愿》,《学术交流》2015 年第 2 期。

④ 屠振宇:《人权司法保障: 美国新司法联邦主义的演进与启示》,《比较法研究》2014 年 5 期。

⑤ 顾元:《美国总统战争权力的扩张与当代反恐战争中的人权保护——以最高法院司法审查为中心的考察》,《中国政法大学学报》2013 年第 6 期。

⑥ 余军:《正当程序: 作为概括性人权保障条款——基于美国联邦最高法院司法史的考察》,《浙江学刊》2014 年 6 期。

宪审查”“宪法诉讼”“三权分立”[①]“司法独立”[②]联系在一起。例如，有文章指出，虽然保加利亚宪法使得法院成为民主的守护者，法官们还必须消除社会对于法治的不信任，司法人权保障这一论调与“民主宪政”裹挟在一起。[③]还有学者提出：“宪法诉讼是保障人权和公民宪法权利最有效的方式。”[④]拉丁美洲国家从其第一部宪法开始就采用了美国的司法审查制度，并将这种管辖权置于法官或其最高法院手中。拉丁美洲的司法审查以“美国制度”或“宪法法院”为基础，是保护人权不受可能违反宪法的法律或法令侵害的一种手段。[⑤]法律和条例的司法审查是保护人权的一项重要保障，这一权力应归于宪法法院。[⑥]更有甚者，有研究指出，乌克兰的司法系统必须有目的地伸张正义，分享欧洲的民主价值观和原则。[⑦]殊不知，这种“用学术讲政治”的方式只是将符合西方特定语境的政治话语成功伪装成了一种貌似排除价值判断而更像是具有公允性的纯粹学术话语，因此更加容易获得广泛传播。将西方少数强国的地方性知识包装为“普世价值”进行输出，如果这种学术话语的迷惑性未被识破，那么

① Rule of Law，Human Rights and Judicial Control of Power. Springer International Publishing，2017，p.186.

② Skaar E. Judicial independence and human rights in Latin America：violations，politics，and prosecution［M］. Palgrave Macmillan，2011.

③ Melone A P，Hays C E. Judicial Role in Bulgaria's Struggle for Human Rights，The［J］. Judicature，1994，77：248–253. Melone A P. The struggle for judicial independence and the transition toward democracy in Bulgaria［J］. Communist and Post–Communist Studies，1996，29（2）：231–243. Chiduza L. Towards the protection of human rights：do the new Zimbabwean constitutional provisions on judicial independence suffice?［J］. Potchefstroom Electronic Law Journal，2014，17（1）：368.

④ ［俄］波·阿·切特维尔尼：《民主宪政国理论》，莫斯科 1993 年版，第 279 页。

⑤ Camargo P P. The Right to Judicial Protection："Amparo" and Other Latin American Remedies for the Protection of Human Rights［J］. Lawyer of the Americas，1971，3（2）：196–197.

⑥ Ndayikengurukiye M. The international human rights law as a source of law in the Burundian judicial system［J］. Human Rights Africa，2005，P29.

⑦ Muraviov V，Mushak N. Judicial Control of Public Power As a Legal Instrument For Protection of Human Rights and Fundamental Freedoms in Ukraine［M］// Rule of Law，Human Rights and Judicial Control of Power. Springer International Publishing，2017.

其“一揽子”的政治价值推销的任务就旋即宣告成功。[①]

在我国，有的学者也提出宪法的诉讼救济制度对人权保障的实现至关重要。我国目前的状况而言，人权受到侵害的案例仍然时有发生，就其中原因来进行分析，可以发现这是宪法实施方面存在的缺陷所致。因此，需要不断的对宪法做出完善，进而去保障人权理想的有效实现。[②]有学者认为：“公民权利是否能够得到尊重以及有效的落实，这主要体现在宪法的制定方面，是否设定了对公民的基本权利作出切实可行的制度保障，从一定意义上来说，人权能否得到真正落实的有效体现，是一个国家内部宪法体系是否具备可诉性的主要体现方式之一。”[③]莫纪宏教授强调诉权的重要性，指出：“作为我们国家当下的首要制度性人权，诉权作用的有效发挥主要是建立在人权司法救济基础之上的，并且它以宪法诉讼制度的存在为根本依据。”[④]还有学者认为：“完善人权的司法保障制度，必须发挥司法机关在宪法实施中的积极作用。有效保障审判权和检察权的独立行使，完善党对政法工作的领导方式。”[⑤]人权司法保障这一议题失去了自身应有限度，难免沦为一种刻板的话语，成了一种“政治足球”。[⑥]在欧美世界尤其是美国已经成为世界主流话语制造者的时代，今天的“一般理论”在很大程度上已经成为西方发达国家输出意识形态的工具。

---

① 参见付小红：《促进政治话语与学术话语的良性互动》，《学习时报》2018年3月28日，第2版。

② 范进学：《论法律发展中的宪法问题》，《北方法学》2009年第3期。

③ 毛国辉：《论宪法的可诉性》，《政治与法律》2001年第4期。

④ 莫纪宏：《论人权的司法救济》，《法商研究》2000年第5期。

⑤ 韩大元：《完善人权司法保障制度》，《法商研究》2014年第3期。

⑥ 关于“政治足球”这一词语，在原文中，Heinze E 指出，人权概念被滥用致使人权失去了自身应有限度，被抛掷到了无休止的巨大争议之中，成了一种“政治足球”。Heinze E. Even-handedness and the Politics of Human Rights［J］. Harvard Human Rights Journal，2008.

## 第三节　问题意识和研究框架

与人权司法保障的政治话语相比，人权司法保障的学术话语，特别是法理学应该承担的基础理论和战略研究功能，未能被充分激发。有关人权司法保障是什么和为什么进行分析探讨，有关司法保障人权能做什么和不能做什么进行反思追问，这些基础理论问题目前法学界大多研究得很不深入。

本书不欲对刑事司法中的人权保障问题、行政司法中的人权保障问题、民事司法中的人权保障问题等具体制度进行片段式的研究，而是更倾向于对人权司法保障中的基础性、一般性和全局性的理论问题进行探讨，以期在基础理论领域对人权司法保障这一命题进行学术转化与本质性的反思、追问。从法理的角度对这一眼花缭乱的人权司法保障的话语偏向予以纠正，力求正本以清源。争取廓清人权司法保障这一命题作为学术话语的内涵迷思，呈现人权司法保障在理论上的能与不能，以此区分作为政治话语的"人权司法保障"和作为法学理论的"人权司法保障"，进一步为构建中国的人权司法保障话语权提供可资借鉴的理论资源。正是基于这一问题意识和学术关切，以人权司法保障为分析对象，将政治话语作为学术研究的议题，主要从研究脉络和所涉问题方面通过对政策和法律规定进行粗线条的勾勒爬梳，在理论上对于人权司法保障是什么和为什么进行分析探讨，对司法保障人权能做什么和不能做什么进行反思追问。

学术概念在政治上无论被赋予何种政治意义，在政治宣传中被提升到何种高度是可以理解的。但是，作为一个严谨的学术概念，如果在学术研究中缺乏强有力的逻辑支撑和理论背景，那么由其推演出的政治内涵必然会大打折扣。"人权司法保障"的中国话语已经经过纯粹的话语修辞阶段，具有了相对固定的理论内涵，并且随着人权司法保障的实践进程，形成了更具中国特色、更富于时代特征的时代特性。如何经由人权司法保障的话语流变、语境还原最终揭示其实质性理论内涵，这是本书要回答的问题。

宏观而抽象的人权宣言自身缺乏一种有效的自我实现机制，唯有诉诸某外在强制力结构系统予以保障实施。在这一过程中，司法又承担着何种责任、发挥着何种功能呢？从学理上看，人权司法保障为什么成为司法机关的主流话语呢？追求这些问题的答案，就要回答司法为什么要保障人权，即司法保障人权的规范依据、价值依据和政策依据是什么。这些问题的回答直接决定着司法如何保障人权，司法保障人权的基本方式有哪些，司法保障人权是不是必然要和三权分立、宪法诉讼等制度相绑定，能否在制度之外分析司法如何保障人权。在赋予权利、控制权力方面，司法与其他人权保障的途径相比有何制度优势。

在最后，在分析完司法保障人权与其他人权保障方式的对比优势基础上还需要进一步追问司法保障人权的能力限度在哪里。在这里，我们必须严格区分法律规定的司法的应然边界和理论上的司法的能力边界。通过本部分的论证，文章试图说明：第一，司法正义是有门槛的，并非所有的权利受到侵犯时都能够得到司法救济。第二，司法正义是一种有限正义和不完全正义，我们必须要承认的是，司法在保障权利时是不可能保证百分之百无错的。第三，司法正义是一种矫正正义。无论是司法中的人权保障，还是通过司法保障人权，都不可能摆脱矫正正义的理论范畴。司法维护正义的方式是以一方的权利救济为目的，以另一方权利剥夺为结果，揭开公平、正义、平等的温情脉脉的面纱，权利褫夺的獠牙才是司法的本相。在人权保障的问题上，意识到自己的边界，并恪守其边界，司法通过有所不为方能有所作为；否则，人权话语会使得司法承担其不堪承受之重。

任何政治话语，离开学术话语的有力支撑，便很有可能会沦为某种悬空的肤浅的政治口号，此时这种政治话语的“意识形态虚假性”便会暴露无遗。相反，正如马克思所说：“理论只要能说服人，就能掌握群众；而理论只要彻底，就能说服人。所谓彻底，就是抓住事物的本质。[①]”在新的历史起点，如何厘清人权司法保障研究的内涵、理由、优势与限度，对

① 《马克思恩格斯选集》第1卷，北京：人民出版社1995年版，第9页。

构建中国特色的人权话语体系而言，既是迫在眉睫的挑战和任务，也是难能可贵的理论创新的机遇。

## 第四节 研究方法

总体上，在坚持辩证唯物主义和历史唯物主义方法论原则的前提下，把法学研究的传统方法与新型方法相结合，社会科学方法与以大数据、云计算、互联网、人工智能为代表的新自然科学方法相结合，具体而言，本书着重采用以下研究方法：

（一）语义分析方法。语义分析方法是本书最重要的研究方法。通过分析词语的要素、句法、语境、语源来揭示词语意义，以此来澄清思想的混乱、消除无益的争论，保证论证过程的逻辑一致性和思想交流对话的有效性。对人权、人权司法保障、人权司法化、司法价值、司法文明等本书所涉及的基本概念予以分析，以厘清司法保障的人权范围、司法的核心价值、人权保障与司法文明的内在关联、人权保障与司法改革的关系等，为全文论述、论证提供清晰的概念基础。“语境论”构成了本书正确分析理解语言文本的一种技术性前提。在不同文本的语境或脉络（textual context）下，“人权司法保障”具有不同的理论内涵。一国之内所要保障的人权内容与其历史文化传统、当前具体国情密切相关。因此，分析人权司法保障概念的理论内涵，首先需要还原其语境。

（二）文献分析。通过中国知网、北大法律信息网、中国裁判文书网、Heinonline、Westlaw、LexisNexis 等中英文数据库搜集、整理、分析关于人权保障的文献，包括法学专家、法律专家、思想家、政治家等关于人权司法保护和保障的论述，特别是那些经典文本；世界各国以及联合国的人权宣言、人权法案、有关司法与诉讼的规定，我国有关人权保障的立法、白皮书、工作报告、司法改革报告等，在此基础上把握人权司法保障的现状，确立研究工作的起点。

（三）比较研究方法。世界范围内有关人权司法保障的理论、制度和实践各具特色，在构建我国的人权司法保障制度、创新相关工作机制的过程中必须坚持开放的眼光，积极借鉴和吸收其他国家特别是英美法系和大陆法系经验和制度设计。这就要求本书把比较研究作为一个重要方法加以运用。在此，正如廖奕教授所言：我们应当注意，在面对西方法学话语的理性态度，我们不应采取所谓启蒙完成后的抛弃式批判的态度，而应是一种更加成熟的同类对视，从单向度仰视转变为互文式沟通。[①]

（四）跨学科研究。本书主题涉及法学、政治学、伦理学、心理学、历史学等学科，因此在进行研究时，必须进入到各个学科内部，并寻求学科之间实质性的交叉关联之处，在推进不同学科之间的交叉融合的同时综合运用各学科的理论和方法，协同研究人权司法保障问题。

最后，上述方法都归结到法理研究。本书旨在“法理研究”而非”制度研究”。法理学“作为最一般的研究法律的法律科学的一个分支，有别于某一特定法律制度的规定、阐述、解释、评价和应用，是对法律的一般性研究，着重于考察法律中最普遍、最抽象、最基本的理论和问题”[②]。这是《牛津法律大辞典》对于“法理学”的定义的一部分，本书选取词义，并由此推知，“法理”就是“法律中最普遍、最抽象、最基本的理论和问题”。“人权司法保障的法理研究”的意思就是人权司法保障中最普遍、最抽象、最基本的理论和问题的研究。“在推进法理研究的过程中，必将形成新的更多的法理性或法理型学说。”[③]在正文的每一章中都提炼出一个法理命题，这是本书努力的方向。

因此本书可以归为人权和司法问题的基础理论研究。基础理论研究具有超越某个具体的制度，具有综合性的特点。“人权的司法保障”远远不仅仅指涉司法过程中尤其是刑事司法过程中被告人、犯罪嫌疑人和服刑人

---

① 廖奕：《中国特色社会主义法学话语体系研究反思》，《法学家》2018 年第 5 期。

② ［英］戴维 · M. 沃克：《牛津法律大辞典》，李双元等译，北京：法律出版社 2003 年版，第 618 页。

③ 张文显：《法理：法理学的中心主题和法学的共同关注》，《清华法学》2017 年第 4 期。

员的权利保护问题，而是有着更具全局性和普遍性的意涵和指向。人权作为一个普遍性的概念早已被中国政府所接受和认同，但是具体到任何一个具体国家、时代，人权的内容又自然地被赋予了不同的时代价值。人权的特殊性表现在人权存在样态的差异性。在中国语境下探讨人权的司法保障，其根本不在于对司法过程中的具体人权保护进行割裂式的研究，而在于对司法能力建设的通盘考虑，推动法治建设的同时也要推动政治建设，通过政治手段促进人权。在整个司法改革和全面推进依法治国的全局中，思考司法作为人权守护者的理论基础。在人权法学和司法学研究中理论表述的准确性具有基础性地位，要提升理论品位，必须回应这些基本问题。“归根结底，是司法基础理论研究的缺席和弱势，才导致司法制度改革路径判断的西方标准，并陷入西方话语权的‘圈地’。”[①]强化基础理论研究，在纯粹学术层面使真理越辩越明，从而服务于中国人权话语的构建，在这一方面，基础理论研究有着制度研究不可比拟的优势。人权司法保障基础理论研究的重要性、紧迫性不言而喻。

① 崔永东、葛天博：《司法改革范式与司法学研究》，《现代法学》2018年第5期。

# 第二章　人权理论现代化

“人权现代化”这一科学命题内涵丰富，主要包括人权理论现代化、人权制度现代化和人权治理现代化三个方面。其中，人权理论现代化是人权现代化的科学指引。没有先进的、正确的人权观，就没有真正的持续的人权现代化。习近平总书记关于人权的重要论述是中国化时代化的马克思主义人权理论，是人权理论现代化的重要标志。习近平总书记关于人权的重要论述深刻回答了人权是什么、如何尊重和保障人权、如何推进人权治理、如何推进人权现代化等一系列重大理论和实践问题，为新时代中国式人权现代化提供了坚实的理论基础和根本遵循。其主要观点是：

## 一、“坚定不移走中国人权发展道路”

人权是历史的、具体的、现实的产物。根据各国国情、历史文化、社会制度、经济社会发展水平的不同，人权的发展实际与发展需求亦存在个中差异。应当且只能根据本国实际国情与人民的具体需求，探索一条适合自己的人权发展之路。正如习近平总书记指出的，人权发展没有固定的模式，没有定于一尊的评判标准，“世界上没有放之四海而皆准的人权发展道路”，“各国人权发展道路必须根据各自国情和本国人民愿望来决定”[①]在人权事业的长期发展进程中，中国共产党坚持从现实国情和人民要求出发，坚持把马克思主义人权观同中国具体实际相结合、同中华优秀传统文化相结合，坚持把人权的普遍性原则和当代中国实际相结合，总结我们党团结带领人民为争取人权、尊重人权、保障人权、发展人权而不懈奋斗的历史过程和成功经验，借鉴人类社会人权文明成果，走出了一条顺应时代潮流、适合中国国情的人权发展道路，[②]创造了人类历史上尊重和保障人权的新经验和新奇迹。习近平总书记在十九届中央政治局第37次集体学习会上深刻阐述了中国特色人权发展道路，将这条道路的精髓要义和主要特征概括为六点：一是坚持中国共产党领导，二是坚持尊重人民主体地位，三是坚持从我国实际出发，四是坚持以生存权、发展权为首要的基本人权，五是坚持依法保障人权，六是坚持积极参与全球人权治理。[③]这六条是党领导人民在人权实践中取得的宝贵经验，是深入推进人权事业全面发展的唯一正确道路。

## 二、“坚持以生存权、发展权为首要的基本人权”

以生存权、发展权为首要的基本人权，这是中国共产党人一贯的人权观念和主张，是中国人民在切身经历中形成的基本认知。在现实世界中，生存是人的第一需要，生存是享有一切人权的基础，故生存权是人的第一权利，是首要的基本权利。中国是发展中大国。长期处于贫穷苦难之中的中国人民深切地体会到，没有生存权，其他一切人权都无从谈起。因此，1991年11月1日国务院新闻办公室发表的中国政府有关人权的第一个白皮书《中国的人权状况》就明确声明“生存权、发展权是中国的首要人权”。

---

① 习近平：《坚定不移走中国人权发展道路》（二〇二二年二月二十五日），载习近平：《习近平著作选读》（第二卷），北京：人民出版社2023年版，第597页。

② 参见习近平：《坚定不移走中国人权发展道路》（二〇二二年二月二十五日，载习近平《习近平著作选读》（第二卷），北京：人民出版社2023年版，第596页。

③ 参见习近平：《坚定不移走中国人权发展道路》（二〇二二年二月二十五日），载习近平：《习近平著作选读》（第二卷），北京：人民出版社2023年版，第596－598页。

这是中国共产党和中国人民从自己的历史和国情出发在人权问题上得出的一个基本结论，也被越来越多的发展中国家视为具有普遍意义的重要观点。新时代中国人权观坚持“生存权、发展权是中国的首要人权”的基本观点，同时将其作为推进中国人权事业发展的首要原则。习近平总书记反复强调“生存是享有一切人权的基础”。党的十八大以来，党领导全体人民深化经济体制改革，让改革发展成果更多更公平地惠及全体人民，成功地走出了一条中国特色扶贫开发道路，较好地解决了人民衣食住行问题，助力了全面小康社会的建成。党中央深入贯彻以人民为中心的发展思想，在幼有所育、学有所教、劳有所得、病有所医、老有所养、住有所居、弱有所扶上不断取得新进展。

从生存权派生出生命权和健康权。习近平总书记指出：“健康是促进人的全面发展的必然要求，是经济社会发展的基础条件，是民族昌盛和国家富强的重要标志，也是广大人民群众的共同追求”，强调要“把人民群众生命安全和身体健康放在第一位”，[①] 把确保人民群众生命安全和身体健康作为我们党治国理政的一项重大任务。面对突袭而至、来势汹汹的新冠疫情，习近平总书记和党中央坚持人民至上、生命至上，因时因势优化调整防控措施，最大限度保护了人民生命安全和身体健康。“每一个生命都得到全力护佑，人的生命、人的价值、人的尊严得到悉心呵护。这是中国共产党执政为民理念的最好诠释！”[②]

人不仅要有生存权还要有发展权，发展权是一项不可剥夺的人权。1979年，第三十四届联合国大会在第34/36号决议中首次明确提出发展权是一项人权，1986年联合国大会通过的《发展权利宣言》确定发展权是一项不可剥夺的人权，并对发展权的主体、内涵、地位、保护方式和实现途

---

① 习近平：《在全国卫生与健康大会上的讲话》2016年8月19日，载中共中央党史和文献研究院编：《习近平关于尊重和保障人权论述摘编》，北京：中央文献出版社2021年版，第73页。

② 习近平：《在全国抗击新冠肺炎疫情表彰大会上的讲话》（2020年9月8日），载中共中央党史和文献研究院编：《习近平关于尊重和保障人权论述摘编》，北京：中央文献出版社2021年版，第80–81页。

径等基本内容作了全面阐释。[①]1993年通过的《维也纳宣言和行动纲领》再次重申发展权是一项不可剥夺的人权，发展权是实现各项人权的前提和条件，从而使得发展权的概念更为清晰，即发展权是个人、民族和国家积极、自由和有意义地参与政治、经济、社会和文化的发展并公平享有发展所带来的利益的权利。[②]对于世界上最大的发展中国家来说，发展是我国人民永恒的主题，发展对于实现和保障全体人民的人权至关重要，只有发展才能有高质量生存。我国党和政府结合中国国情认真落实发展权的各项义务和责任，把发展权贯穿于政治、经济、社会、文化进程中。特别是党的十八大以来，习近平总书记提出新发展理念，强调"创新是引领发展的第一动力，协调是健康发展的内在要求，绿色是永续发展的必要条件和人民对美好生活追求的重要体现，开放是国家繁荣发展的必由之路，共享是中国特色社会主义的本质要求。"[③]新发展理念是改革开放40多年来我国发展经验的集中体现，反映出党和人民对我国发展规律的新认识，是我国发展思路、发展方向、发展着力点的集中体现。[④]新发展理念既赋予发展新的时代内涵，又创造性地拓展了发展权的意义，在努力实现更高质量、更有效率、更加公平、更可持续、更为安全的发展的基础上真正实现发展权，使广大人民的获得感、幸福感、安全感更加充实、更有保障、更可持续，谱写了中国人权事业的新篇章。

---

① See United Nations Declaration on the Right to Development（1986），https：//www.ohchr.org/sites/default/files/Documents/Issues/Development/RTD_booklet_en.pdf，2023年7月12日访问。

② See Vienna Declaration and Programme of Action（1993），https：//www.ohchr.org/en/instruments — mechanisms/instruments/vienna — declaration — and — programme — action，2023年7月12日访问。

③ 《中共中央关于制定国民经济和社会发展第十三个五年规划的建议》，《人民日报》2015年11月4日，第1版。

④ 参见许先春：《中国特色科技治理道路的基本内涵和实践要求》，《世界社会主义研究》2022年第12期，第18页。

## 三、“人民幸福生活是最大的人权”

2018年12月10日，在致“纪念《世界人权宣言》发表70周年座谈会”的贺信中，习近平总书记明确指出：“人民幸福生活是最大的人权。”这一纲领性宣言，在世界人权思想发展史上具有开创性的意义，一提出来就很快响彻神州大地、五洲四海。

作为人权理论现代化的重要标志之一，“人民幸福生活是最大的人权”这一新时代的人权纲领深刻回答了中国人权事业发展的三个关键性问题：一是“发展中国人权事业为了谁、依靠谁”这一根本性问题，即人权的主体问题，这就是人民；二是“中国要发展什么样的人权”这一问题，即人权的内容问题，这就是人民幸福生活；三是“发展中国人权事业最为重要的是什么”这一问题，即人权的核心问题，这就是人民幸福生活最重要。人民幸福生活是最大的人权，明确了发展中国人权事业的本质、特点和方向，鲜明体现了人权的人民性，赋予新时代中国人权事业发展全新意蕴。

幸福生活与美好生活是递进的概念，美好生活是更高质量更高水平的幸福生活。从幸福生活到美好生活，意味着人民有更好的教育、更稳定的工作、更满意的收入、更可靠的社会保障、更高水平的医疗卫生服务、更舒适的居住条件、更优美的生活环境、更丰富的精神文化生活、更充分的权利保障，人民能够更便利更直接地参与国家建设和社会治理，也意味着人民的幸福生活和美好生活不仅体现在生存权、发展权以及相关基本权利的内涵逐渐饱满上，而且体现在催生出了环境权、安全权、数字人权等新兴权利上。[①]

幸福生活、美好生活不是一部分人或少数人享有的特权，而是广大人民群众享有的普惠性人权。新时代人权理论强调推动人的全面发展、全体人民共同富裕。习近平总书记指出，中国式现代化是全体人民共同富裕的现代化，该要求也体现在人权现代化上。为了使人民幸福生活、美好生活

① 参见张文显：《新时代的人权法理》，《人权》2019年第3期，第12-27页。

这个最大人权成为现实，在全面建设社会主义现代化国家新征程中，必须把促进全体人民共同富裕摆在更加重要的位置，更着力解决地区差距、城乡差距、居民收入差距，促进社会公平正义，逐步实现全体人民的共同富裕，防止两极分化。

共同富裕是中国特色社会主义的本质要求，是人民幸福生活、美好生活的根本保证。中国式现代化摒弃了资本主义经济发展和社会阶层两极分化的老路，强调要把“蛋糕”做大做好，同时要把“蛋糕”分得更好。在推动全体人民共同富裕的道路上，我们应正确处理公平与效率、发展与分配、第一次分配与第二次分配、需要与可能、先富与共富等关系，在实现高质量发展的基础上促进发展成果普惠目标的实现。①

## 四、发展社会主义民主政治、推进全过程人民民主

民主是人权的前提，没有民主就没有人权。只有人民掌握国家政权、当家作主，成为了国家、社会和自己命运的主人，才能为人权奠定政治基础。民主权利是人权的重要内容，公民的政治权利在现代人权事业中发挥着不可替代的重要作用，公民参与政治生活和公共事务的广度与深度在很大程度上影响人权保障的水平与质量。民主是全人类的共同价值，更是社会主义核心价值。正如党和国家领导人邓小平、习近平所言，人民民主是社会主义的生命，没有民主就没有社会主义，没有社会主义现代化就没有人民的幸福美好生活。

随着我国社会主要矛盾的变化，人民群众对民主、法治、公平、正义、安全、环境等方面的要求日益增长，民主成为人民美好生活的核心要素，并不断转化为人权诉求和人权实践。为顺应人民对更加广泛、更高水平、更高质量民主的美好期待，习近平总书记提出了全过程人民民主的重大理念，指出：我国的民主是全过程的人民民主，全过程人民民主不仅有完整

① 参见许先春：《当代中国人权观的发展脉络、丰富内涵及深远意义》，《党的文献》2023 年第 1 期，第 32 页。

的制度程序，而且有完整的参与实践。我国全过程人民民主实现了过程民主和成果民主、程序民主和实质民主、直接民主和间接民主、人民民主和国家意志相统一，是全链条、全方位、全覆盖的民主，是最广泛、最真实、最管用的社会主义民主。① 全过程人民民主是人权事业发展的重要引擎。发展全过程人民民主必将推进人权事业发展进步。全过程人民民主有力地拓展了中国人权发展道路，推动了中国人权事业全领域发展，把人权落实在经济、政治、文化、社会、生态、网络等各个领域，体现在物质文明、政治文明、精神文明、社会文明、生态文明、网络文明各个形态中，既不断发展公民参与民主选举、民主协商、民主决策、民主管理、民主监督等基本政治权利，丰富生存权、发展权、人身权、人格权、财产权等经济社会文化权利，又促进环境权、安全权、数据权、数字人权等新兴人权的产生和发展，形成全过程、全链条、全覆盖的人权体系，创造出人权文明新形态。

## 五、促进人权事业全面发展

西方式人权，不仅是少数人的权利，而且也是片面的、碎片化的权利。人权应是一个权利体系，主要包括人民的生存权和发展权，公民的政治、经济、社会、文化权利，个人人权和集体人权等。根据 1993 年在世界人权会议上通过的《维也纳宣言和行动纲领》，一切人权都是普遍、不可分割、相互依存、相互联系的。新时代中国人权观在强调生存权和发展权的首要地位的同时高度重视各种人权平衡推进、协调发展，而不是把生存权和发展权同其他经济、社会权利和公民政治权利对立起来。人权涉及范围广泛，各类人权相互依存，经济、社会、文化权利与公民政治权利和自由是人权体系中不可分割的组成部分。习近平总书记指

① 参见习近平：《全过程人民民主是最广泛、最真实、最管用的社会主义民主》2021 年 10 月 13 日，载习近平：《习近平谈治国理政》（第四卷），北京：外文出版社 2022 年版，第 260–261 页。

出："协调增进全体人民的经济、政治、社会、文化、环境权利，努力维护社会公平正义，促进人的全面发展。"[①]2016 年 9 月 29 日国务院新闻办公室发布的中国第三份人权行动计划——《国家人权行动计划（2016—2020 年）》（以下简称《行动计划》）就把"协调推进，使各项权利全面协调发展"列为《行动计划》的基本原则之一，把"全面保障经济、社会和文化权利"，"依法保障公民权利和政治权利实施"界定为《行动计划》的重要目标。这些都说明，我国党和政府以系统观念对待各项人权，在强调生存权和发展权是首要人权，不断提高生存权和发展权质量的同时，"顺应人民对高品质美好生活的期待，不断满足人民日益增长的多方面的权利需求，统筹推进经济发展、民主法治、思想文化、公平正义、社会治理、环境保护等建设，全面做好就业、收入分配、教育、社保、医疗、住房、养老、扶幼等各方面工作，在物质文明、政治文明、精神文明、社会文明、生态文明协调发展中全方位提升各项人权保障水平"。[②]总之，要坚持各类人权相互依赖与不可分割的原则，促进和保护一切人权和基本自由，对各类人权的发展进行统筹协调、统一部署、均衡促进，增强人权事业发展的系统性、整体性、协同性。

## 六、不断完善和发展人权事业

新时代中国人权观认为，在人权问题上没有完成时，只有进行时；没有最好，只有更好。我们要不断总结全面推进人权事业的经验，深刻反思在各领域仍然存在的忽视人权、蔑视人权、侵犯人权的问题及其原因，大力完善人权发展和人权保障的法治体系。要以马克思主义人权观和当代中国人权观观察、分析、反思西方国家人权衰败、民主蜕变的教训。习近平

① 习近平：《致纪念〈世界人权宣言〉发表七十周年座谈会的贺信》（2018 年 12 月 10 日），载中共中央党史和文献研究院编：《习近平关于尊重和保障人权论述摘编》，北京：中央文献出版社 2021 年版，第 22 页。

② 习近平：《坚定不移走中国人权发展道路》（二〇二二年二月二十五日），载习近平：《习近平著作选读》（第二卷），北京：人民出版社 2023 年版，第 598 页。

总书记深刻指出："近年来，一些西方国家陷入政党恶斗、政府失信、社会失序、疫情失控的困境，政治极化、贫富分化、族群对立不断加剧，种族主义、民粹主义、排外主义大行其道，人权问题日益凸显。但是，他们还打着所谓'普世人权'、'人权高于主权'等旗号，在世界上强行推广西方民主人权观念和制度，利用人权问题大肆干涉他国内政，结果导致一些国家战乱频发、社会长期动荡、人民流离失所。[①] 我们要坚定不移走中国特色人权发展道路，防范人权问题上的"颜色革命"。当前，在全面建设社会主义现代化国家、全面推进中华民族伟大复兴的新征程上，我们要深刻认识做好人权工作的重要性和紧迫性，更加重视尊重和保障人权。推动我国人权事业健康发展，要重点抓好以下几方面工作：第一，促进人权事业全面发展；第二，加强人权法治保障；第三，弘扬正确人权观；第四，积极推动全球人权治理；第五，积极开展国际人权斗争。[②]

① 参见习近平：《坚定不移走中国人权发展道路 更好推动我国人权事业发展》，《求是》2022 年第 12 期，第 8–10 页。

② 习近平：《坚定不移走中国人权发展道路 更好推动我国人权事业发展》，《求是》2022 年第 12 期，第 8–10 页。

# 第三章　人权司法保障的概念厘定

作为一个已经成为在现代汉语里非常流行的词汇，“人权”一词有时甚至经常被滥用。其现代意义由来已久，但正如托马斯·弗莱纳在《人权是什么》里形容的那样：“大众传媒几乎没有一天不谈论人权。但是，很少有人知道其准确的含义。”[①] 似乎对人权司法保障的概念作出准确的界定的确是一件不易的事，这与相关基础理论研究的匮乏密切相关。本部分的论述将首先概念化“人权司法保障”这一论题，然后运用语境还原的方法，进而通过理论分析解释其理论内涵。

## 第一节　人权司法保障的话语流变与意义变迁

按照理论的发展规律来说，严谨而扎实的学术研究对于法律话语理论的健康发展十分必要。正是由于话语具有在形式上的多样性，在理论表达上具有去政治倾向的特征和理性主义的色彩，如果想要对中国特色社会主义法学话语体系进行系统化的研究，为其构建坚实的基础，从而引领正确的传播方向，我们就有必要遵循历史唯物主义的逻辑，重视对理论策略

① ［瑞］托马斯·弗莱纳：《人权是什么？》，谢鹏程译，北京：中国社会科学出版社2000年版，第4–5页。

问题进行充分且有深度探讨。结合古今中外的有益经验，在更广阔的历史背景下不断推进，形成既符合中国法治实践又适应未来法治中国发展需求的分析框架，对任何词语进行概念界定的前提即要保持中立性立场，审慎而客观地看待所要研究词语在学术史中的作用和价值。以此观点为前提，我们还应该在词语基础之上对人权司法保障理论叙事的话语流变做一个梳理。总体来说，人权话语叙事发展经历了从西方话语到中国话语，再从政治话语到法律话语，最后从立法宣言到司法保障的历史流变。

## 一、从西方话语到中国话语

最先产生在西方世界的“人权”术语最早的使用开始于18世纪末，人权思想萌芽则更是能够追溯到古希腊罗马时期的自然正义说，当时人们谈论的是“自然权利”而不是“人权”。启蒙运动中，当时的资产阶级提出“人权”的概念以对抗反对神权和宗教特权。尽管这两个术语的内涵不同，它们却都是来自同一个连续的理论传统，外延也是大致相同的。一般认为，“人权”来源于“自然权利”，故被标榜为“天赋人权”，而“自然权利”和“天赋人权”的思想又都源自于自然法学派。第二次世界大战后，经济环境的变迁和公民社会权利受到西方福利社会和当时社会主义国家的重视，新自然法学、法社会学、法律现实主义和批判法学等法学流派的出现拓宽了人权研究的视野。近现代中国，由梁启超、胡适和李大钊等进步思想家把人权理念首先引入到中国并予以传播和发扬。不过由于时局动荡、主权沦丧等客观原因，人权理论在中国的生根发芽被迫中断。在新中国成立后相当长的一段时期内，我国受到苏联影响，认为人权是资本主义专属话题，因此在我国一直是个禁区。不仅在宪法和法律条文中不会使用“人权”概念，即使是学术研究和思想理论领域都对人权问题实行宵禁。我国真正把人权作为一个学术问题来讨论仅仅是几十年的事情。在确定改革开放政策之后，党主张要在建设中国特色社会主义社会的过程中充分发扬民主，实行依法治国、以人为本，尊重和保障人权。然而，就是在这短短几十年的时间里，我国的人权建设从观念到制度再到实践都发生了巨大的变化。在法治实践方面，伴随着法治建设的不断进步、人权条款在法律制度体系中越来越多，规定越来越全面，人权保障措施也不断得到落实；在学术研究方面，人权法学研究的国内素材日益丰富，我国本土人权法学知识开始生产、发展，学术研究不再满足于单纯对"天赋人权""自由平等"等西方人权理念和法律制度的介绍和引进，1991 年以来，一系列《中国人权状况》白皮书的出台，进一步地确立了我们国家在"人权"问题上所持有的基本观点和态度。如果此时继续套用纯西方的人权理论话语必然很难再正确且有针对性地对中国法学的人权发展矛盾作出有效回应，在理论研究和社会实践共同进步的推动下，中国法学的自主性的内在要求越发突显。即"人权"从此之后不再只是建立在西方意识形态基础之上关键的一种抽象原则，而是带有中国人民认知观念的一种符合中国特色社会主义具体国情的一种价值原则。

在人权话语走向国际化之后，国际人权话语开始不仅仅限于西方人权观，非西方世界也运用人权话语发出自己的声音，并不断丰富国际人权话语体系。① 回顾以往，中国的革命先烈们在争取人权的一系列过程当中，所付出的牺牲和努力是不计其数的。从反对帝国主义专制制度到反对封建剥削制度；从争取人民解放斗争到建立新中国；从改革开放到全面建成小康社会等等。正是在这一系列付出和努力的基础之上，才使得新中国逐渐成长为富强民主文明和谐美丽的社会主义现代化国家，使得我国国民的各项人权都得到重视和保障。中国人民现在的人权状况比之旧中国，真是有天壤之别。与此同时，随着实践的不断探索和进步，在学术界也有大批法学学者开始关注人权问题，在人权法原理研究领域涌现出一大批专家学者，他们专注于人权的本质、人权的历史、人权的体系、人权的发展、中国人权保障等原理研究，初步建构起中国特色人权理论体系。在新的历史条件下，人权话语体系的建立与表达已经成为新时代中国特色社会主义思想的

---

① 刘志强：《新时代中国人权话语体系的表达》，《法律科学》2018 年第 5 期。

有机组成部分。就目前的情况来说，在国际社会的人权话语权竞争中，在与西方发达国家人权话语竞争者正面交锋时，仍然呈现着“西强中弱”的局面。许多西方国家现在仍将人权看作是社会发展的根本动力，他们意图将由西方的地方性知识中产生的人权观念加诸于世界上所有与其观念不同的其他国家和地区的人民，企图占据人权话语制高点，进而实现意识形态的输出。因此，作为一个后发的法治国家，在构建新时期中国人权话语体系的前提下如何反客为主，弘扬中国人权精神、增强中国加强人权话语权的国际地位任重而道远。

## 二、从政治话语到法律话语

人权概念的提出其最终目的在于保障，这就决定了人权问题绝不仅仅是一个政治哲学问题，如何通过法律治理使人权理念真正有效，则蜕变成了一个法律问题。正如路易斯·亨金指出的那样：“人权在代表着时代意义的同时，还是一种受到社会上人们普遍认可的道德与政治原则。”[①]在人权立法观念不断影响到世界各地和人权立法内容越来越广泛涉及的各个方面时，我们也可以说：人权不仅具有政治宪法上的宣誓意义，在法制不断进步的今天人权被赋予了更多的现实意义。在分析现有人权司法保障的材料过程中，我们不难发现：现阶段，相较于占据宣传高地，已经形成体系和规模的政治话语，与人权司法保障的相关的学术话语论证，特别是应当由理论法学承担的基础研究和战略研究作用还未被充分发挥。实际上，就人权问题而言，政治与法律并不是截然割裂的。一方面，许多人权政治话语本身就是法律渊源，有的法哲学理论经过国家认可甚至具有指引立法方向的高位阶法律效力；另一方面，通过相对而言较为通俗易懂的政治话语的包装和保障会使得法律话语的传播与表达能够克服话语的专业性在大众传播中的弊端。迄今为止，世界上的大多数国家都在其各自的立法中制

---

① ［美］路易斯·亨金：《权利的时代》，信春鹰等译，北京：知识出版社 1997 年版，第 1 页。

定了一系列的措施和法律手段，以推进人权的措施真正落到实处。这种法律上的具象化使得“人权”的含义在哲学理论的基础之上变得更为具体和清晰，同时值得注意的是，通过法律化使人权获得法律的可操作性，这也是法治的开端和滥觞。在国内法方面，1689 年英国《权利法案》首次以法律的形式设立了请愿权、表达权、选举权和财产权等人权类型。1776 年美国《独立宣言》明确地指出：每个人都应该在法律所规定的范畴之内合理地享有生命权、自由权以及追求幸福的权利。1789 年法国《人权宣言》规定了人人都享有的权利是自由、财产、安全与反抗压迫。在国际法方面，1948 年 12 月 10 日，在巴黎举行的联合国大会上通过并发表了《世界人权宣言》，《世界人权宣言》虽然并不存在真正的法律强制力，但是当年除了八个国家弃权外，其他成员国都签署了这份文件并无一国反对。二战以后，以联合国宪章为核心，以两大国际人权公约为主要载体的国际人权体系得以逐步建立。1959 年在印度所通过的《德里宣言》中明确指出：“法治具有保障人权以及人类基本尊严”的作用。[①] 戴雪认为：“凡是在宪章当中所提到了的……法治的真正意义和作用并非是个人权利的基本来源，它只是建立在个人权利所真正得以落实的基础之上的。”[②] 在 1966 年通过的《公民和政治权利国际公约》也终于突破了西方主导的人权概念，将发展权吸纳到国际条约中来。在其第一条上明确规定：“所有人民都拥有自决权。”更令人感到鼓舞的是：在《世界人权宣言》最初通过时联合国仅有 56 个成员国，如今成员国数量已然增加到 185 个。这意味着人权精神已然得到全球的承认。

唯有通过法律把人权转化为权利，才能将“关于尊重和维护人的尊严和价值的要求通过每个人的主张、利益、资格和能力加以落实。”[③] 在我国，“切实地保障人们的基本权利，是一切法律的核心目的”。[④] 为了实现保

① 李龙：《宪法基础理论》，武汉：武汉大学出版社 1999 年版，第 198 页。

② ［英］戴雪：《英宪精义》，雷宾南译，北京：中国法制出版社 2001 年版，第 239 页。

③ 夏勇：《中国民权哲学》，北京：生活·读书·新知三联书店 2004 年版，第 133 页。

④ 石泰峰：《法治的核心价值是尊重和保障人权》，《学习月刊》2010 年第 13 期。

障人权这一法治最核心的价值。我们国家在 2004 年，正式将“尊重和保障人权”列入到了宪法文本当中，使“尊重和保障人权”作为法律话语在官方正式文件中开始出现，“人权入宪”不仅开创了我国人权法律化、人权保障制度化的崭新时代，与此同时，在我国《人民法院组织法》《国家情报法》《反恐怖主义法》《国家安全法》《反间谍法》……这些法律中也都在立法目的中出现了“尊重和保障人权”的字眼，由此，“尊重和保障人权”成为法律话语。在法学著作当中，“人权”和与人权相关的概念、命题、论述成为最为流行的法律话语，见表 3.1。

**表 3.1　涉及人权保障的国家法律**

| 主体 | 类别 | 权利内容 | |
|---|---|---|---|
| 一般主体的权利 | 公民权利和政治权利 | 生命、自由和人身安全的权利 | 《刑法》《民法通则》《刑事诉讼法》《治安管理处罚法》《国家赔偿法》 |
| | | 不受奴役的权利 | 《劳动法》 |
| | | 不受酷刑的权利 | 《刑法》《刑事诉讼法》《监狱法》 |
| | | 人格权 | 《民法通则》《刑法》《治安管理处罚法》 |
| | | 获得公正审判的权利 | 《刑法》《刑事诉讼法》《民事诉讼法》《行政诉讼法》 |
| | | 住宅和通信不受干涉的权利 | 《邮政法》《刑法》《刑事诉讼法学》《治安管理处罚法》 |
| | | 婚姻家庭权利 | 《民法通则》《婚姻法》 |
| | | 私生活不受干涉的权利 | 《侵权责任法》 |
| | | 财产权 | 《民法通则》《物权法》《著作权法》《专利法》《商标法》《继承法》《刑法》 |
| | | 宗教信仰自由权利 | 《刑法》 |
| | | 言论自由权利 | 《民法通则》 |
| | | 集会权利 | 《集会游行示威法》 |
| | | 结社权力 | 《工会法》《劳动法》 |
| | | 选举和参与决策的权利 | 《选举法》《全国人民代表大会和地方各级人民代表大会组织法》《居民委员会组织法》《刑法》《立法法》 |
| | | 担任公职的权利 | 《公务员法》 |
| | | 知情权与监督权 | 《保守国家秘密法》《档案法》《消费者权益保护法》 |

续表

| 主体 | 类别 | 权利内容 | |
|---|---|---|---|
| 一般主体的权利 | 经济、社会和文化权利 | 工作权 | 《劳动法》《劳动合同法》《就业促进法》《安全生产法》《职业病防治法》《矿山安全法》《海上交通安全法》《煤炭法》《工会法》 |
| | | 基本生活水准的权利 | 《农业法》《产品质量法》《食品安全法》《水法》 |
| | | 社会保障权利 | 《社会保障法》《劳动法》《社会保险法》 |
| | | 健康权 | 《传染病防治法》《职业病防治法》《国境卫生检疫法》《母婴保健法》《献血法》《体育法》《食品安全法》《药品管理法》 |
| | | 受教育权 | 《教育法》《义务教育法》《高等教育法》《职业教育法》《民办教育促进法》《教师法》《未成年人保护法》 |
| | | 文化权利 | 《著作权法》《文物保护法》《非物质文化遗产法》 |
| | | 环境权 | 《环境保护法》《环境影响法》《土地管理法》《渔业法》《可再生能源法》《水土保持法》《森林法》《野生动物保护法》《大气污染防治法》《节约能源法》《海洋环境保护法》《循环经济促进法》《城乡规划法》《刑法》《侵权责任法》《民法通则》 |
| 特定主体的权利 | | 妇女权利 | 《妇女权益保障法》《继承法》《土地承包经营法》 |
| | | 儿童权利 | 《未成年人保护法》《预防未成年人犯罪法》 |
| | | 老年人权利 | 《老年人权益保障法》 |
| | | 残疾人权利 | 《残疾人权利保障法》 |

从政治呼号发展到法律逻辑，人权的法律化经过了两层转化：第一，从人权到基本权利；第二，从基本权利到权利。一般来说，人权在“从人权到基本权利”这一层面上的转化是指：人权在一国的理性科学化、习俗化和制度化。[①] 而人权在第二层上的转化指的是：从基本权利到权利，甚至权益。“法律权利是人权的法律化。”[②] 在此意义上，作为法律话语的人权便是法律权利。确实，在当前社会中所通行的多部法律文件中，人权

① 张龑：《论人权与基本权利的关系》，《法学家》2010 年第 6 期。

② 李步云：《中国法治历史进程的回顾与展望》，《法学》2007 年第 9 期。

和权利的含义都是类似的。例如，在美国的《人权法案》当中，所使用到的是“权利”和”天赋权利”两种。而“人权”和”权利”二词，虽存在一定意义上的区分，但是其大概的含义却是相同的，并不存在太明显的差别，因而在某些情况下可以达到通用的目的。”[①] 从字面上看，人权是一个人仅仅因为是人就拥有的权利——“人的权利”。[②] 人权是一种特殊的权利，一个人之所以拥有这样的权利，仅仅因为他是人。[③] 从这些耳熟能详的“关键词”最激动人心、最充满想象的组合之中剔除所有的修饰辞藻，且不论对人权主体单复数的不同理解，如果舍弃所有的修饰语的话，这两个判断更加直接明了地归结为一个终结判断人权是权利。绝大部分的人权研究著作对人权范畴理解和阐释，都被不自觉地限定在“权利范畴”的框架内，有的甚至直接以“人权”之名论述“权利”之实。[④] 人权经过两层转化，会形成三类权利。

第一类是个体人权。人权从大体上来说，个体人权是诞生在个人基本权利的基础之上的。从个人基本权利发展的历史进程上来看，其具体经过了以下三个阶段：在第一个发展阶段内，个体人权包括生命权、自由权以及健康权等关系到人类生产和生活的几个基本的方面；在第二个发展阶段内，个体人权包括选举权和被选举权、言论自由权等关系到人民的政治生活和自由等方面；在第三个发展阶段内，个体人权则包括财产权、受教育权、就业权、享受社会福利权等几个方面。由此可见，个体人权的发展是越来越趋向于完善和人性化的。

第二类是集体人权。作为人类文明发展到一定阶段内的产物，集体人

---

① 莫纪宏：《现代宪法的逻辑基础》，北京：法律出版社 2001 年版，第 183 页。

② ［美］杰克·唐纳利：《普遍人权的理论与实践》，北京：中国社会科学出版社 2001 年版，第 3 页。

③ ［美］杰克·唐纳利：《普遍人权的理论与实践》，北京：中国社会科学出版社 2001 年版，第 7 页。

④ 最典型的便是夏勇：《人权概念起源——权利的历史哲学》，北京：中国社会科学出版社 2007 年版；沈宗灵：《人权是什么意义上的权利》，《中国法学》1991 年第 5 期。

权最初是从 1966 年《公民权利和政治权利国际公约》当中所规定的自决权当中体现出来的，1981 年《非洲人权与民族权宪章》所规定的民族平等权、民族生存权和自决权，自由处置天然财富和资源权、发展权、和平与安全权、环境权，1986 年《发展权利宣言》中的发展权等，都曾提到过集体人权这一概念。集体人权被分为了国内和国际两种，通常情况下，国内集体人权指的是，当今社会上特殊群体以及弱势群所享有的权利，例如，妇女、儿童、老年人、残疾人等特殊群体所享有的权利；而国际集体人权，就其性质来说，通常包括政治内容和经济内容两种。简言之，国际集体人权在政治性质层面上包括：民族自决权和和平权等；国际集体人权在经济性质层面上则包括：发展权和环境权等。

通常来说，一个国家只有真正关心和保障好这些弱势群体人们的基本权利，才能够使这个国家朝着更为和谐、安定的局面去发展。

## 三、从立法宣言到司法保障

权利理论一个重要的基本共识就是："有权利必有救济"，"无救济即无权利"。第一，权利救济是与国家保护义务紧密联系在一起的。马歇尔指出："公民自由的重点在：如果被伤害，任何公民都有权去申请法律维护。政府的最关键的一个责任就是让这个诉求得到维护。"[①] 第二，只有建立完善的权利救济机制才可能真正实现法定权利。正是因为如此，人权保障义务落实中至为关键的是救济机制尤其在司法层面的救助机制的明确和完备。也可以说，消极受益权达成的关键在于国家为权利受害方给出哪种帮助，给予了哪种维护。为此，以往的国家义务以将司法救济和程序机制当成人权维护的基础方式，以至在司法部门和人权维护者之间画等号。如果无司法救济，公民权益就无法得到真正的保障。人权只有在和司法形成紧密联系以后，对应的保障才可达成从"法律保障"朝着对应的"司法

① ［美］卡尔·J. 弗里德里希：《超验正义：宪政的宗教之维》，周勇、王丽芝译，北京：生活·读书·新知三联书店 1997 年版，第 107 页。

保障”转变，其保障的作用才会切实地达成目的。[①]第三，司法救济是人权保障的重要环节，是人权的法律保护的最后一道防线。首先，司法为解决私人主体之间的人权纠纷提供了一种公正的、值得信赖的、有效的渠道。司法的逻辑严谨性和程序规范性以及效力的终极性决定了人权司法保护的优越性。司法作为人权保障最有效的方式的关键在于司法具有实质理性与技术理性的双重属性。其次，司法是纠正和遏制行政机关侵犯人权的行为的最有力的机制。从人权保护的实践来看，随着人类社会的不断进步，人权所面临的最大威胁，不是来自私人主体，而是来自拥有行政权的国家行政机关。而纠正和遏制行政机关侵犯人权的行为的最有力的机制就是行政诉讼。其人权受到行政机关侵害的主体，可对有关机关发起行政诉讼，让其核查、调整行政机关的侵犯活动。最后，符合正当程序和法治原则的司法程序和司法过程，本身就是对人权的保障。如果缺乏相应的权利救济制度，不能为人民的权利提供有效的法律救济，那么任何关于人民权利的宣言都只是一句空话，都只是一张开给人民的“空头支票”。从这个意义上说，权利救济制度不仅是检测权利宣言是否只是一张“空头支票”的试金石，同时也是评判国家的法律体系是否健全、法治是否得以落实的重要标志。

人权不能停留在宣言和法律文本上，人权的根本问题在于其有效实现，而人权的实现必须有法律保护，包括立法保护、执法保护，尤其是司法层面上的保护。作为从“法定人权”发展到“实有人权”的一个重要阶段，司法层面上对人权的保障是其他应有权利真正得到保障和落实的一个根本途径。拉德布鲁赫说：“行政是国家利益的代表，司法则是人民权利的庇护者。”司法基于其中立性和终极性的特点，理应成为公民权利的庇护者，以保障公民人权为己任。[②]在立法、行政、司法三种国家权力中，司法权素有“自由的堡垒”“权利的守护神”“社会正义的最后防线”等美誉。

① 樊崇义：《从“人权保障”到“人权司法保障制度”》，《中国党政干部论坛》2014年第8期。

② ［德］拉德布鲁赫：《法学导论》，米健、朱林译，北京：中国大百科全书出版社1997年版，第100页。

基于这种逻辑，建立有效的人权司法保障体制和机制成为法学家们关注的重点。20世纪以来，绝大多数法治国家和文明国家纷纷通过宪法、法律建立了人权司法保障制度，有些国家和地区，如欧盟的《欧洲人权公约》，还设立了人权法院，专门从事人权司法事务。有关人权司法保障的组织机构和制度，各国各具特色。在美国，正当程序是联邦最高法院扩张司法权能、保护人权的主要宪法工具。在德国，联邦宪法法院是实施人权司法保障的主要机构。而在英国，普通法、议会令状是英国人权保护的主要法律途径。根据《1998年人权法案》，英国法院特别是上议院担负人权司法保障的权能。在法国，虽然实行的是普通法院、行政法院和宪法委员会并立的司法体制，但涉及人权案件时，宪法委员会却在法国的司法能动主义与消极主义的不断选择中成为法国人权保护的主要机构。

人权司法保障命题的提出与落实从根本上标志着人权正在走进中国人民的现实生活，人权开始与大多数人的生活发生关联，标志着中国人权事业发展由话语到实践的转换，[①] 由人权到权利的转换使得人权从一个理想概念变为一种最低限度标准的概念，人权正在成为一种能够经得起理性辩驳的人的权利。

## 第二节　人权司法保障的语义梳理与多重语境

学者有关人权司法保障的理论内涵方面的研究历来多从“语义梳理”的方向着手，分析归纳“人权”与“司法”二者的多重含义，以此为出发点，总结出人权司法保障的组合内涵。学者们关于人权和司法含义表述的多样性和差异性不可避免地导致人权司法保障理论叙事的差异化。公民对人权保护的现实司法需求令现在比以往任何时候都更加需要积极推动关于人权司法概念和理论的批判、解释及创新的工作。

---

① ［英］米尔恩：《人的权利与人的多样性——人权哲学》，夏勇、张志铭译，北京：中国大百科全书出版社1995年版，第3、7页。

## 一、语义梳理

“人权”这个词在现代汉语里算得上是非常流行的具有现代意义的词汇。可是要详细解释起来又有些说不清、道不明。在启蒙时期，人权主要是为了提倡个人自由，而将其作为自由的同义词来使用，直至今日自由依然被视作人权的应有之义。1948 年联合国大会通过的《世界人权宣言》和 1966 年通过的《公民权利和政治权利国际公约》主要包含了以自由为基础的古典人权内容；到了 20 世纪之后，经济、社会、文化权利逐步被一些国家关注到进而将它们归入到需要保护的人权范畴。《经济社会文化权利公约》中反映了人权内容的新拓展。尽管如此，当代人权的含义仍然未能在世界范围内达成共识。学者约翰·汉弗莱认为人权的概念十分宽泛，他指出：“从严格的意义上讲，所有或近乎所有的权利都是人权。”而米尔恩认为：人权应当包括七项权利即生命权、公平对待的公正权、获得帮助权、在不受专横干涉这一消极意义上的自由权、诚实对待权、礼貌权以及儿童受照顾权。[①] 米尔恩对人权的表述是一种人权内容理应存在的最低限度的标准而不是人权的理想状态。与其说他提出了一种人权的概念，不如将其理解为一种观念：对某些权利的尊重是普遍的最低限度的道德标准要求。这与它们是有关自由民主权利还是有关社会福利的权利无关。[②] 可以看出，以上两位学者对人权的定义相去甚远，而这恰恰反映了当今社会对人权概念认识的多样性。

就司法中需要保障的人权而言，人权的含义得到了极大的限定，司法程序的设计和司法能力决定了其所能保护的人权的概念限缩于人权的古典概念当中。具体而言，由于对公民的经济、社会和文化权利的保护最直接和有效的途径显然不是由司法路径所承担，法律的主要价值亦不会直接涉

---

① ［英］米尔恩：《人的权利与人的多样性——人权哲学》，夏勇、张志铭译，北京：中国大百科全书出版社 1995 年版，第 171 页。

② ［英］米尔恩：《人的权利与人的多样性——人权哲学》，夏勇、张志铭译，北京：中国大百科全书出版社 1995 年版，第 7 页。

及这些权利的保护。所以，汉弗莱的人权概念并不适用于司法所要保护的人权。将自由权作为司法程序中人权保障的基本内容有着坚实的现实依据。首先，一系列的国际公约在论及人权时均把保护自由置于重要地位。其次，司法程序在国际公约确认的保护措施中更是一个必不可少的内容。可见，运用司法方式实现对自由的保障，已经成为世界性的共识。但是，对司法保障的人权含义全面、正确的认识就不能单纯地将人权限制在自由之上。尽管公认的自由权只能因其本身的目的而被限制，但事实上自由还会受到平等的规制。因此，米尔恩所列举的围绕自由权展开的人权范围并不能概括人权的最低限度，最低限度的人权含义应当同时包含自由与平等两个方面的内容。

司法对于公民自由保护的精要之处即在于尽管程序会对公民在司法过程中不可避免地对自由产生一定的限制，但是司法在限制的同时会为其提供有效的途径和方法来保护公民的自由不受非法侵害，以此成为公民有效保护自身权利的有力武器。反过来，当一个国家仅仅有警察而没有司法程序的时候，公民还会不会享有自由是一个不言而喻的问题。在更为宽泛的意义上，平等指的是社会上所有公民一律平等。但是，平等在司法中却被赋予了更为独特的含义。民主国家的基本原则之一就是国家的一切权力属于人民，除了所有公民一律平等以外，还特指公民与司法机构之间的平等。因而，作为具体行使国家权力的司法机关，绝不能在地位上超过公民。

在司法中讨论人权的概念时，经常还会出现另外一个问题即人权究竟是一种实在法规定下的权利，还是仅为一种道德价值。对这个问题的回答自然法学派与实证法学派存在分歧。自然法学派认为，人权就是人作为人应当享有的权利和自由，是一种自然权利。自然法学派的“天赋人权”学说即反映了这种思维。而实证法学派则认为人权应当是一种实在法规定下人们享有的权利，他们认为人权首先是一种权利，而权利只有在实在法中得到确认的权利，才能够称为权利。在笔者看来，人权是作为一种道德价值产生的，经过法律的确认的人权又以法定权利存在于实在法当中。如果孤立地看待人权的这两层意义甚至将二者对立起来的观点无疑会变成一种

形而上学。一方面，那些被实在法吸收的道德人权依然是人权；另一方面，抛开人权的历史而将人权只看作一种实在权利的权利汇编则会使得人权一词因此而空洞。因为“权利”一词就已足够，没有必要再造出一个额外的“人权”来叠床架屋。事实上，可以把人权的道德价值理解为实在法向上向善的应然追求。如今人权已然成为了一个衡量实在法价值的代名词。

同样司法的概念也总是存在某种混乱和模糊。第一，狭义的司法就是法庭审判活动。这种观点是从司法的专业属性作出的判断。在狭义的司法概念中司法被解释为由法院或者法庭代表国家将立法规则适用于具体案件或争议的活动。[①] 国家有三种权力，一是立法权力；二是与国际交往时的行政权力；三是处理国内公民权利事务相关的权力。第三种权力被界定为司法权。[②] 沈德咏主编的《中国特色社会主义司法制度论纲》指出：将“审判权”等同于“司法权”是以西方三权分立学说为基础的，事实上这种定义与我国的宪法规定和使用习惯相悖。而在我国普通民众的认知和历史上习惯的用法中往往将“公、检、法、司、安”都视为司法机关，这种划分也是我国“司法”内涵的一般定位。[③]

第二，将司法等同于诉讼活动。“广义上的司法权是指审判权、监督法律实施权、司法行政权等。”[④] 这种观点突出了司法的政治属性。沈宗灵主编的《法理学》指出：“法的适用，通常是指国家机关根据法定职权和法定程序，具体应用法律处理案件的专门活动。由于这种活动以国家名义来行使司法权，故一般简称‘司法’”。[⑤] 将司法界定为国家机关运用法律处理案件的活动，这无疑表明司法即为诉讼。张文显教授主编

① ［英］戴维·米勒主编：《布莱克维尔政治学百科全书》，邓正平译，北京：中国政法大学出版社 1992 年版，第 6 页。

② 孟德斯鸠：《论法的精神》（上册），张雁深译，北京：商务印书馆 1961 年版，第 155 页。

③ 沈德咏主编：《中国特色社会主司法制度论纲》，北京：人民法院出版社 2009 年版，第 188 页。

④ 李钦主编：《中国百科大辞典》，北京：中国大百科全书出版社 1999 年版，第 5020 页。

⑤ 沈宗灵主编：《法理学》，北京：教育出版社 2004 年版，第 549 页。

的《法理学》认为："我国现行的司法一词，不仅指审判，还包括检察。司法权则相应地包括审判权和检察权，人民法院负责行使审判权，人民检察院负责行使检察权。人民法院和人民检察院因此都是我国的司法机关。"[①] 在中国，与将司法视为诉讼活动的观点相适应广义的司法机关被认为包括人民法院、人民检察院以及参加一定诉讼活动的刑事案件调查的公安机关、国家安全机关，以及负责罪犯执行管理的监狱工作等司法行政机关。

第三，最广义的司法可以解释为纠纷解决活动，这种观点突显了司法的社会性。广义的司法是指由专门国家司法机关运用其职权依照法定程序适用法律、处理案件的专门活动。既包括审判活动、也包括检察和侦查活动，同时与纠纷处理相关的仲裁、调解、公证及律师制度等也均被划定在司法范围之内。[②] 正如杨一平在其《司法正义论》中所说的：在现代意义上的司法是以法院为核心并以当事人的合意为基础和国家强制力为最后保障的、以解决纠纷为基本功能的一种法律活动。[③] 在这种情况下，仲裁、调解、行政复议、司法审查、国际审判等解纷机制都可以纳入司法的范畴之内。

## 二、多重语境

本书力图采取另一种方法作为探求人权司法保障内涵的理论基础，即语境还原的进路。"语境论"构成了我们正确理解语言文本的一种技术性进路。在不同文本的语境或脉络（textual context）下，"人权司法保障"具有不同的理论内涵。因此，分析人权司法保障概念的理论内涵，首先需要还原其语境。本书以历年来的人权保障白皮书为蓝本达到这一目的。

1991 年《中国的人权状况》白皮书中写道："中国重视在司法活动中保护人权"。《1995 年中国人权事业的进展》白皮书中表明：要"进一步加强司法中的人权保障"。《1996 年中国人权事业的进展》白皮书对"人

① 张文显主编：《法理学》（第三版），北京：高等教育出版社 2007 年版，第 252 页。

② 参见范愉：《司法制度概论》，北京：中国人民大学出版社 2004 年版，第 2–3 页。

③ 杨一平：《司法正义论》，北京：法律出版社 1999 年版，第 26 页。

权司法保障”现状描述为：“加强了人权的司法保障”。《1998 年中国人权事业的进展》白皮书是这样表述的：“形成了比较系统的法律制度，使社会生活各领域和公民的各方面人权都基本有了法律保障”。《2000 年中国人权事业的进展》白皮书强调：“中国高度重视通过完善立法、公正司法和严格执法来保护人权，人权司法保障工作取得了长足的进展。”值得注意的是，该表述为官方文件中首次出现了“人权司法保障”的字眼。《2003 年中国人权事业的进展》白皮书指出：“中国的司法改革力度进一步加大，人权的司法保障取得重大进展。”《2004 年中国人权事业的进展》白皮书：“中国加大司法改革的力度，确保严格执法，公正司法，依法保障公民的合法权利”。《2009 年中国人权事业的进展》白皮书：“中国进一步完善人权的司法保障体系，执法、司法中的人权保障得到进一步加强”。《2012 年中国人权事业的进展》没有对司法方面人权保障专项内容表述，不过同年发布的《中国的司法改革》白皮书中明确指出：“加强人权保障是司法改革的重要目标”。《2014 年中国人权事业的进展》白皮书则明确指出了：“各级司法机关强化司法公正、公开，积极推进多项司法改革举措，进一步促进公正审判权有效实现，司法领域人权保障迈上新台阶”。2016 年中国政府还专门发布了《中国司法领域人权保障的新进展》白皮书，其中写道：“司法是维护社会公平正义的最后一道防线，司法领域的人权保障是人权事业发展的重要方面。”2017 年发布的《中国人权法治化保障的新进展》白皮书再次强调：“司法是人权保障的重要防线。”2018 年发布的《改革开放 40 年中国人权事业的发展进步》白皮书指出：“在深化司法改革中推进人权司法保障。”通观历年来人权白皮书中有关“人权司法保障”表述的变化（见表 3.2），可以发现在这一过程中，其经历了从“司法活动中保护人权”“人权的司法保障”“人权司法保障”“人权的司法保障”“司法领域人权保障”等表述方式，内容越来越丰富、概念越来越清晰。

**表 3.2　1991—2017 年白皮书中“人权司法保障”表述方式的整理**

| 年份 | 标题 | 备注 |
|---|---|---|
| 1991 | 中国司法中的人权保障 | 重视在司法活动中保护人权 |
| 1995 | 司法中的人权保障 | 进一步加强司法中的人权保障 |
| I996 | 人权的司法保障 | 首次提出”人权的司法保障” |
| 1998 | 人权的司法保障 | |
| 2000 | 人权的司法保障 | |
| 2003 | 人权的司法保障 | |
| 2004 | 人权的司法保障 | |
| 2009 | 人权的司法保障 | |
| 2012 | 无 | |
| 2013 | 人身权利 | |
| 2014 | 公正审判权 | |
| 2016 | 中国司法领域人权保障的新进展 | |
| 2017 | 有效提升人权司法保障水平 | |

纵观 1991 年至 2018 年中国人权白皮书，“人权司法保障”至少可以在两种意义上来理解：一是通过司法的人权保障，二是司法中的人权保障。见表 3.3–3.8。

**表 3.3　1991 年《中国的人权状况》白皮书**

<table>
<tr><td>通过司法的人权保障</td><td colspan="2">公安、司法机关</td><td>由于中国公安、司法机关依法履行自己的职责，在维护和保障公民的权利和自由方面发挥了重要的作用，所以，中国长期以来一直是世界上刑事案件发案率和犯罪率最低的国家之一</td></tr>
<tr><td rowspan="8">司法中的人权保障</td><td rowspan="8">公 安、司法机关</td><td>公安、司法工作的原则</td><td>1. 公民在适用法律上一律平等<br>2. 中国公安、司法机关办理一切案件，必须以事实为根据，以法律为准绳<br>3. 检察院、法院独立行使检察权和审判权，只服从法律，不受其他任何行政机关、社会团体和个人的干涉</td></tr>
<tr><td rowspan="7">公安、司法工作的环节和程序</td><td>1. 拘留和逮捕环节</td></tr>
<tr><td>2. 搜查取证环节</td></tr>
<tr><td>3. 起诉和审判环节</td></tr>
<tr><td>4. 仅有思想而没有触犯刑律的行为，不构成犯罪；任何人不会仅仅因为持有不同的政治观点而被处以刑罚</td></tr>
<tr><td>5. 监狱工作和罪犯的权利</td></tr>
<tr><td>6. 关于罪犯的劳动</td></tr>
<tr><td>7. 关于劳动教养及被劳动教养者的权利</td></tr>
</table>

表 3.4 《1996 年中国人权事业的进展》白皮书

<table>
<tr><td rowspan="2">通过司法的人权保障</td><td>公安、司法机关</td><td>中国依法打击严重刑事犯罪活动，切实保障人民的人权和生命财产安全</td></tr>
<tr><td>关于犯罪率的表述</td><td>中国是犯罪率比较低的国家，打击犯罪卓有成效</td></tr>
<tr><td rowspan="6">司法中的人权保障</td><td>刑法修订</td><td>《刑法》的修订和实施，为惩治犯罪，维护国家安全和人民的人权提供了更加有力的法律武器</td></tr>
<tr><td rowspan="2">中国重视规范行政、执法部门的行为，保护公民的合法权利不受侵犯</td><td>颁布了《行政处罚法》，从制度上规范了政府的行政处罚行为</td></tr>
<tr><td>检察机关十分重视查办发生在党政领导机关、行政执法机关、司法机关和经济管理部门的犯罪案件</td></tr>
<tr><td rowspan="2">刑事诉讼法修订</td><td>完善了刑事司法程序，增加了保护公民权利的规定</td></tr>
<tr><td>全面改革和完善审判方式，依法强化了庭审功能、合议庭和独立审判员的职责，加强了对人民群众合法权益的保护。与此同时，检察机关加大执法监督的力度</td></tr>
<tr><td>律师制度</td><td>中国的律师队伍发展迅速，已成为维护公民合法权益的一支重要力量</td></tr>
</table>

表 3.5 《2009 年中国人权事业的进展》白皮书

<table>
<tr><td>通过司法的人权保障</td><td>司法机关</td><td>中国依法惩治犯罪，保障公民的生命财产安全和其他各项人权不受侵犯</td></tr>
<tr><td rowspan="7">司法中的人权保障</td><td>公安</td><td>公安机关坚持执法为民，出台便民利民措施进一步规范执法</td></tr>
<tr><td>检察机关</td><td>检察机关履行法律监督职责，切实保护公民的权利</td></tr>
<tr><td rowspan="2">法院</td><td>司法透明度进一步增加</td></tr>
<tr><td>人民调解制度建设进一步加强</td></tr>
<tr><td>法律援助</td><td>法律援助工作成效显著，有效维护困难群众合法权益</td></tr>
<tr><td>律师</td><td>律师在人权的司法保护中的作用不断增强</td></tr>
<tr><td>监狱</td><td>在押人员的合法权益依法受到保护</td></tr>
</table>

**表 3.6　《2014 年中国人权事业的进展》白皮书**

<table>
<tr><td>司法中的人权保障</td><td>非法证据排除</td><td>非法证据排除制度得到严格贯彻</td></tr>
<tr><td rowspan="4">通过司法的人权保障</td><td>司法公正</td><td>司法公正得到切实维护</td></tr>
<tr><td>司法透明度</td><td>司法透明度进一步提高</td></tr>
<tr><td>巡回法庭</td><td>实现最高人民法院工作重心下移，就地解决纠纷，方便群众诉讼，确保司法公正</td></tr>
<tr><td>国家赔偿与司法救助</td><td>国家赔偿和司法救助工作进一步加强</td></tr>
</table>

**表 3.7　《2016 年中国人权事业的进展》白皮书**

<table>
<tr><td rowspan="13">司法中的人权保障</td><td rowspan="3">一、不断健全人权司法保障机制</td><td>律师制度</td><td>不断完善律师执业权利保障制度，律师维护当事人合法权益的作用得到更好发挥</td></tr>
<tr><td>陪审员、监督员</td><td>试点改革人民陪审员和人民监督员制度，公民陪审和监督权利得到进一步保障</td></tr>
<tr><td>劳教制度</td><td>废止劳动教养制度，强化以法治思维和法治方式管理社会</td></tr>
<tr><td rowspan="5">二、进一步完善人权司法保障程序</td><td>非法证据排除</td><td>确立非法证据排除制度，保障犯罪嫌疑人合法权利</td></tr>
<tr><td>疑罪从无</td><td>贯彻疑罪从无原则，积极防范和纠正冤假错案</td></tr>
<tr><td>速裁制度</td><td>开展刑事案件速裁程序试点，保障被告人获得快速审判</td></tr>
<tr><td>强制措施</td><td>规范强制措施，减少羁押性强制措施的适用</td></tr>
<tr><td>未成年人</td><td>完善未成年人刑事案件诉讼程序，促进犯罪未成年人回归社会</td></tr>
<tr><td rowspan="2">三、努力提高人权司法保障执行力</td><td colspan="2">严格控制和慎用死刑，确保死刑只适用于极少数罪行极其严重的犯罪分子</td></tr>
<tr><td colspan="2">完善社区矫正工作，有效保障社区矫正对象的合法权益</td></tr>
<tr><td rowspan="3">四、切实保障被羁押人合法权利</td><td colspan="2">加强看守所建设和管理，保障被羁押人的人身安全</td></tr>
<tr><td colspan="2">规范监狱、看守所生活医疗管理，保障被羁押人的健康权利</td></tr>
<tr><td colspan="2">规范减刑、假释、暂予监外执行工作，保障服刑罪犯刑罚变更执行的权利</td></tr>
<tr><td rowspan="2">通过司法的人权保障</td><td rowspan="2">一、不断健全人权司法保障机制</td><td>信访</td><td>进一步推进涉诉信访法治化，权利救济途径更加完善。建立健全涉法涉诉信访工作机制</td></tr>
<tr><td>司法救助制度</td><td>建立完善国家司法救助制度，加大受害人保护力度</td></tr>
</table>

续表

| | | | |
|---|---|---|---|
| 通过司法的人权保障 | 二、进一步完善人权司法保障程序 | 公益诉讼 | 健全民事诉讼制度，加强对社会公共利益的保护 |
| | | 民事诉讼 | 健全民事诉讼制度，加强对社会公共利益的保护 |
| | | 刑事诉讼 | 制定实施反家庭暴力法，加强对家庭暴力受害人人身权利的法律保障 |
| | | 行政诉讼 | 改革行政诉讼制度，保障行政相对人的合法权益 |
| | 三、努力提高人权司法保障执行力 | 依法办理各类刑事案件，保障人民群众生命财产权利 | |
| | | 依法惩处腐败犯罪和职务犯罪，为人权保障创造良好的政治和法治环境 | |
| | | 打拐专项行动深入推进，反对拐卖妇女儿童工作取得重要进展 | |
| | | 依法惩处侵犯未成年人违法犯罪，强化未成年人权利保障 | |
| | | 依法审理环境资源案件，保护公民环境权益 | |
| | | 依法审理民商事案件，切实保障民生权利 | |
| | | 依法审理行政诉讼案件，维护行政相对人合法权益 | |
| | | 强化生效裁判执行工作，保护执行案件当事人合法权益 | |

**表 3.8　2017 年《中国人权法治化保障的新进展》白皮书**

| | |
|---|---|
| 通过司法的人权保障 | 保障人民群众诉讼权益。人民法院改立案审查制为立案登记制，切实做到有案必立、有诉必理，充分保障当事人的诉权 |
| | 完善司法救助制度 |
| 司法中的人权保障 | 坚持非法证据排除规则 |
| | 防范和纠正冤假错案 |
| | 保障律师执业权利 |
| | 保障犯罪嫌疑人、被告人、服刑人合法权利 |
| | 完善法律援助制度 |
| | 强化未成年人刑事司法保护 |
| | 完善人民陪审员、人民监督员制度 |
| | 运用现代科技促进公正审判。促进类案同判和量刑规范化，防范冤假错案发生，保障当事人获得公正审判 |
| | 完善国家赔偿制度 |

## 第三节　人权司法保障的理论内涵

“人权司法保障”的中国话语已经走过了单纯的话语修辞阶段，其具有了相对固定的理论内涵，并且随着人权司法保障的实践进程，形成了更具中国特色和更富于时代特征的理论内涵。

这里对“人权司法保障”的定义是：通过司法救济法定权利，并且在权利救济的过程中不侵犯程序参与者的法定权利。“人权司法保障”是一个偏正短语，将其还原为一个命题即“司法保障人权”。这一命题的核心动词，即谓语是保障，保障包括尊重层面上消极不作为意义上的初级保障和保护层面上的积极作为意义上的高级保障。这一命题的宾语，即保障的对象是人权，人权司法保障中的人权特指法定化的人权，即法律权利，包含了权利受到侵害者以及被诉方的程序性和实体性的权利。保障人权的主体是司法，这里的“司法”包含了司法制度、司法程序、司法机制、司法规则、司法技术、司法理念等与司法相关的所有司法现象。

### 一、通过司法保障人权

“通过司法保障人权”和“人权的司法审查”[①]“人权的司法救济”[②]是

---

① 例如：周伟：《司法审查：尊重和保障人权的基准程序》，《政治与法律》2005年第1期。

② 例如：莫纪宏：《论人权的司法救济》，《法商研究》2000年第5期。朱林方：《人权司法救济：重要性位阶、公正性评价及其结构性成因》，《南京社会科学》2016年第3期。

可以通用的，英译为“judicial protection of human rights”[①]，也就是通过司法权保障人权。通过司法的人权保障，指向的是司法裁判请求权、司法执行请求权。

司法保护请求权首先包括司法裁判请求权。司法裁判请求权是指任何公民在其权利受到侵害或与他公民发生争执时享有请求司法机关予以公正审判的权利。司法裁判请求权是人权保障的逻辑前提。裁判请求权依赖于实体权利而存在，若无实体权利就不存在裁判请求权的逻辑前提；同样，裁判请求权对实体权利起着保障作用，如果某一法定权利在受到侵犯之后，受害者无法通过司法途径根据司法机关的裁判获得有效的司法救济，那也就意味着该权利的规定并没有实际价值。

在宏观政治层面，国家有义务为国民提供权利受损的救济途径，将人权的司法保障作为一种政治理念，指引司法为公民权利的法律救济途径畅通渠道，构筑一个公平公正的诉讼平台。这种国家义务在通过司法制度加以实现时，即为通过行使国家审判权的方式来保护国民的合法权益。通过司法的人权保障主要通过诉讼的方式实现的，国家通过设置各种诉讼制度对个人的权利提供保障。它可以分为三个方式：第一，国家制定诉讼制度的方式保障人权，而不是通过直接诉诸暴力或其他方式保障人权；第二，国

① Anthony Lester Q C . The judicial protection of human rights in the commonwealth ［J］. Journal of Commonwealth Law & Legal Education， 2001， 1（1）：3-12.Weiler J. Thou Shalt Not Oppress a Stranger：On the Judicial Protection of the Human Rights on Non-Community Nationals：A Critique［J］. European Journal of International Law，1992，79（1）：274-283（10）. Leczykiewicz D. Effective Judicial Protection of Human Rights after Lisbon：Should National Courts Be Empowered to Review EU Secondary Law?［J］. Social Science Electronic Publishing， 2010， 35（3）：pp.326-348.Thorson B . Overview：Judicial Protection of Individual Rights ［M］// Individual Rights in EU Law. Springer International Publishing， 2016.Kakouris C N. Judicial Protection of Individual Rights in the European Communities， The［J］. Hastings Intl & Comp.l.rev， 1993.Weiler， Joseph HH. Thou shalt not oppress a stranger：On the judicial protection of the human rights of non-EC nationals-a critique. Eur. J. Int'l L. 3 （1992）：65.Pajvancic M . Protection of Human Rights in Draft Constitution of Serbia ［M］// The protection of human rights in Europe. M. Nijhoff， 1995. Dr. Manoj Kumar Sadual， PROTECTION OF HUMAN RIGHTS OF PRISONERS IN INDIA：ROLE OF JUDICIARY， International Journal of Scientific Research，Vol.：4， Issue：5 May 2015.

家设立法院等司法机构为当事人提起诉讼保障自身的权利提供平台；第三，国家在诉讼活动中保障当事人的合法权利。[①] 以上三个方式的司法人权保障在目前存在的三大诉讼，即刑事诉讼、民事诉讼和行政诉讼中均有体现。

在法定人权受到侵犯时，请求法院依正当程序进行公正审判来进行权利救济，司法救济是权利救济的核心，西方语境下的“人权司法保障”更多是通过司法保障人权。第一，许多国家纷纷确认接受司法裁判权是人民享有的一项由宪法保障的基本权利，并在宪法体系中为诉权寻找适当的根据和实现的途径。例如，日本 1946 年《宪法》第 32 条规定：“任何人皆享有不可剥夺的接受法院裁判的权利。”俄罗斯 1993 年《宪法》第 46 条第 1 款规定：“保障每个人通过诉讼维护自己的权利与自由。”意大利 1947 年《宪法》第 24 条则规定：“全体公民都有权向法院提起诉讼以保护自己的合法权益。”第二，许多人权宣言和人权公约对诉权保障予以明确规定。《世界人权宣言》第 8 条规定：“当宪法或者法律赋予的基本权利遭受侵犯时，任何人有权向有管辖权的法院请求有效的救济。”第 10 条规定：“在确定当事人的民事权利与义务或者审理对被告人的刑事指控时，任何人有权充分平等地获得独立、公正的法院进行的公正、公开的审理。”《公民权利和政治权利国际公约》第 14 条第 1 款规定：“法院面前人人平等。在审理对被告人的刑事指控或者确定当事人的民事权利与义务时，任何人都有权获得依法设立、有管辖权、独立、公正的法院公正和公开的审理。”《欧洲人权公约》《美洲人权公约》《非洲人权和民族权宪章》均有类似规定。

司法保护请求权，除了包括司法裁判请求权，还包括司法执行请求权。以行为主体为视角，瑞士公法学家卡尔（Karl Brunne）勾画出行政强制执行请求权的提起者、确认者与执行者三个部分。[②] 从另一个角度，行政强制执行权在逻辑上可以分为请求权、决定权以及执行权三个部分。国家特

① 杨宇冠：《论人权司法保障》，《法治研究》2016 年第 5 期。

② Karl Brunner，Die Lehre vom Verwaltungszwang，1923，S.22. 转引自胡建淼：《论中国台湾地区的行政执行制度及理论》，《法学论坛》2003 年第 5 期。

别赋予债权人请求国家行使公权力协助实现其债权的救济权，这种救济权即强制执行请求权。执行请求权与裁判请求权性质上具有共通性。债权人的执行请求权与裁判请求权都是一种指向法院的公法上的请求权，不同于指向对方当事人的私法上的请求权。不因权利人意思而任意处分，亦不因权利人抛弃而消灭，同时，国家无正当理由不得拒绝执行。执行权区别于以审判权为内容的狭义司法权，但从广义来讲，执行权的配置是一国司法制度不可或缺的重要部分，执行权的有效行使也是人权司法保障的重要方式。在我国，党的第十八届四中全会通过的《全面推进依法治国若干重大问题的决定》在"加强人权司法保障"部分明确规定："加快建立失信被执行人信用监督、威慑和惩戒法律制度。依法保障胜诉当事人及时实现权益。"

司法保护请求权在精神上暗合了"接近正义"的价值理念。"接近正义"（Access to Justice），也译为"接近司法"或者"获得司法正义""接近司法正义"，旨在消除当事人进入法院进行诉讼活动和实现正义过程中的制度体制和机制性障碍。[①]接近正义运动超越了降低司法准入、提高司法效率、提供司法便利的表象目的，其重点是保障弱势民众的接近司法的

① Steffek F，Unberath H，Genn H，et al. Regulating Dispute Resolution：ADR and Access to Justice at the Crossroads［J］. European Business Organization Law Review，2012，13（4）：639-642.Zeleznikow J. Using Web-based Legal Decision Support Systems to Improve Access to Justice［J］. Information & Communications Technology Law，2002，11（1）：15-33.Debora，Rhode. Access to Justice：Connecting Principles to Practice，17 Geo. J. Legal Ethics 369-387（2003-2004）.Cappelletti，Mauro；Garth，Bryant. Access to Justice - Newest Wave in Worldwide Movement to Make Rights Effective，Buffalo Law Review，1978，27，2，181-29. Barendrecht M，Mulder J，Giesen I. How to Measure the Price and Quality of Access to Justice?［J］. Social Science Electronic Publishing，2006，2006-035.Kaimowitz，Gabe. 2014. Access to justice. Florida Bar Journal 88（9）：7.Cox，James D. 2012. access to justice. Law and Contemporary Problems 75（1）：I.Cremin，Kevin M. 2016. what does access to justice require? — overcoming barriers to invoke the united nations convention on the rights of persons with disabilities. Frontiers of Law in China 11（2）：280-322.Steinman，Adam N. 2018. Access to justice，rationality，and personal jurisdiction. Vanderbilt Law Review 71（5）：1401-62.Hagan，Margaret. 2019. Participatory design for innovation in access to justice. Daedalus 148（1）：120-7.

权利，根本宗旨在于让更广泛的民众接近司法。接近正义包含两个方面：一是“接近”的过程与可能；二是“正义”的结果与现实。“接近”强调寻求权利救济和纠纷解决的渠道与资源，比如可以方便地向法院提起诉讼、可以获得便宜的法律服务等；“正义”强调权利救济和纠纷解决机制的程序和实体正义，比如法庭审理过程不偏倚判决的结果被当事人所接受等。想要实现公民司法救济请求权，使司法这种方式真正成为保障人权的有力手段无疑是一项艰巨而复杂的任务。这是一项需要长期努力构建的系统化法治工程。不仅需要顶层政策的正确引导，而且要在宪法中加以彰显和强调，更重要的是对诉讼制度和整个司法体系作出长远的规划和深层的改革。

## 二、司法中的人权保障

广义的裁判请求权，同时蕴含着正当程序请求权。司法程序中有关人权保障的制度设计是为了保障诉讼当事人，尤其是刑事诉讼中的犯罪嫌疑人和刑事诉讼被告人公正审判的权利的获得。相较立法和行政而言，司法作为“最小危险部门”，但是其同样可能对公民的权利构成重大的威胁。司法在民事方面掌握着对公民人身权利和财产权利进行处置的权力，在刑事层面更是掌握对公民之自由乃至生命进行处罚的权力。一旦被滥用，司法权对公民权利的侵害将是不可估量的。因此，司法中的人权保障也很重要。

正当程序请求权首先包括公正审判请求权。任何诉讼的当事人，无论是第一性权利的受害者还是施害者，都有获得法院公正审判的权利。司法中的人权保障，又可以转换为公正审判请求权。获得公正审判的权利，即”the right to a fair trail”或”fair trail rights”。中国官方语境下的人权司法保障通常是指“获得公正审判的权利”，详见表3.9《国家人权行动计划》中的表述整理。公正审判权是现代司法制度的核心范畴，它标示着：国家对侵权者的诉讼应以保障其公正审判权为前提。“每一个被告人都享有受到公正审判的权利。这是现代法治国家的一项重要成就”。[①]获得公正审判

① ［瑞士］托马斯·弗莱纳：《人权是什么？》，谢鹏程译，北京：中国社会科学出版社2000年版，第75页。

的权利并非一项单一权利，而是与公正审判有关的一系列具体权利组合而成的权利群或权利集合。

**表 3.9　国家人权行动计划及其评估报告中的人权司法保障**

<table>
<tr><td colspan="2">国家人权行动计划 2009—2010</td></tr>
<tr><td colspan="2">二、公民权利与政治权利保障</td></tr>
<tr><td>（一）人身权利</td><td>完善预防和救济措施，在执法、司法的各个环节，依法保障人身权利</td></tr>
<tr><td>（二）被羁押者的权利</td><td>完善监管立法，采取有效措施，保障被羁押者的权利与人道待遇</td></tr>
<tr><td>（三）获得公正审判的权利</td><td>依法保障诉讼当事人特别是受刑事指控者获得公正审判的权利</td></tr>
<tr><td colspan="2">国家人权行动计划实施评估报告 2009—2010</td></tr>
<tr><td>（三）获得公正审判的权利</td><td>诉讼当事人获得公正审判的权利得到保障</td></tr>
<tr><td colspan="2">国家人权行动计划 2012—2015</td></tr>
<tr><td colspan="2">二、公民权利和政治权利</td></tr>
<tr><td>（一）人身权利</td><td>在刑事诉讼和执法工作中，依法保障公民的人身权利</td></tr>
<tr><td>（二）被羁押人的权利</td><td>进一步加强对刑事诉讼活动、刑罚执行和监管活动的监督，保障被羁押人的合法权利</td></tr>
<tr><td>（三）获得公正审判的权利</td><td>完善诉讼程序的法律规定，保障诉讼当事人获得公正审判的权利</td></tr>
<tr><td colspan="2">国家人权行动计划实施评估报告 2012—2015</td></tr>
<tr><td>（三）获得公正审判的权利</td><td>非法证据排除制度进一步完善；律师执业权利得到保障；实行全程同步录音录像制度；死刑适用更加严格；国家赔偿制度得到有效落实</td></tr>
<tr><td colspan="2">国家人权行动计划 2016—2020</td></tr>
<tr><td colspan="2">二、公民权利和政治权利</td></tr>
<tr><td>（一）人身权利</td><td>规范涉及公民人身的执法行为和司法行为。采取措施防范刑讯逼供。规范监管场所，保障各类被限制人身自由人员的权利</td></tr>
<tr><td>（二）获得公正审判的权利</td><td>尊重司法运行规律，建立以审判为中心的诉讼制度，提高司法公信力</td></tr>
</table>

获得公正审判的权利不仅在国际人权法的层面上获得了普遍的承认，在宪法层面上也为大多数国家所确认与规定。一般认为，这一概念最早正

式出现于1948年的《世界人权宣言》。随后，《欧洲人权公约》《美洲人权公约》等文件对这一权利进行了详细规定并在一定程度上发展了这一概念。同时，二战结束后，出于对纳粹肆意践踏人权这一历史的反思，各国也普遍在宪法中规定了获得公正审判的权利。这一趋势自70年代以后尤为明显。如1946年《日本国宪法》不仅在第37条明确规定了获得公正审判的权利，而且在第32至40条对其中包括的一系列具体的权利进行了详细而全面的规范；德国《基本法》第103条明确规定："在法院被控告之人，有请求公平审判之权。"1975年《希腊共和国宪法》虽然并没有规定获得公正审判的权利，却通过第28条将《公民权利和政治权利国际公约》转成为希腊法律的重要组成部分，从而间接规定了公正审判的权利。据统计，在1788年至1975年这187年中制定的248部宪法中，对"受到公正及公开的审判权利"进行规定的宪法共有222部，约占这187年中所制定的宪法总数的89.5%。甚至在非洲，获得公正审判的权利也得到了各国宪法的确认。①

除了公正审判请求权之外，正当程序请求权还包括侦查、执行等各个环节的正当程序请求权。在审判的前置环节，《中共中央关于全面推进依法治国若干重大问题的决定》（以下简称《决定》）规定："完善对限制人身自由司法措施和侦查手段的司法监督，加强对刑讯逼供和非法取证的源头预防，健全冤假错案有效防范、及时纠正机制。"在审判的后置环节，该《决定》规定："切实解决执行难，制定强制执行法，规范查封、扣押、冻结、处理涉案财物的司法程序。"司法程序中有关人权保障的制度设计是司法程序正当性的制度保证。《决定》中有关司法改革的这些政策在刑事诉讼法、行政诉讼法、人民法院组织法、人民检察院组织法等法律的修改中均得到具体体现，完善和强化了司法中的人权保护制度和机制。

---

① 汪进元等：《〈国家人权行动计划〉的实施保障》，北京：中国政法大学出版社2014年版，第112页。

## 三、两种人权保障的关系

分析与综合的统一是辩证逻辑的方法之一。分析是思维把事物分解为各个部分分别考虑的方法，而综合是思维结合事物的各个部分，并将它们联结成整体再进行考虑的思维方法。人权司法保障的理论内涵需进行“通过司法的人权保障”和“司法中的人权保障”的分别分析和综合考察方可得到。本部分重点探究两种人权保障之间的关系。

通过司法保障人权，其要旨是司法程序启动本身就是对人权的保障，司法中的人权保障在通过司法保障人权的基础上对司法的品质提出了更高的要求。司法中的人权保障，即司法程序必须符合正当程序，而人权保障又是衡量司法程序正当性的最高准则。

在通过司法保障人权中，保障的对象是任何权利已经或潜在受到侵犯的主体。司法中的人权保障，此处重点是要保障诉讼当事人的法律权利，特别是刑事类型案件之中犯罪嫌疑人和被告方的法律权利。通过司法保障人权，不但保护被害人的人权，而且还要保护被告人和犯罪嫌疑人的人权，在刑罚执行阶段罪犯的人权也会依法得到保护。以刑事司法为例，其人权保障的方式分为三种：通过打击犯罪、消除犯罪对全体公民人权的威胁来直接保护人权；通过限制刑罚权，防止其对犯罪人人权的过度侵害来间接保护人权；通过限制刑罚权，防止其对无辜者的侵害来间接保护人权。[①]通过司法的人权保障侧重保障的是实体性权利，追求的是经由司法过程所获得的权利救济结果。司法中的人权保障侧重保障的是程序性权利，指的是权利救济结果之前的过程中诉讼参与人，尤其是被告人的权利得到保护。

在通过司法的人权保障中，“保障”指向的是国家的保护义务。其背后蕴含着对国家权力的期待，期待国家权力提供权利救济的途径。司法中的人权保障中，“保障”指向的是国家的尊重义务，其背后蕴含着对国家权力的警惕，警惕国家权力在提供救济时对可能的权利侵害施加

① 王昌奎：《论刑事司法中的人权保护》，《现代法学》2016年第4期。

者造成伤害。[①]

尊重人权成为司法权力运行的底线，尊重义务成为司法权运作的第一戒律和最低限度。这是一种不作为义务，即不滥用强制手段或刑罚权侵害公民权利。在最低限度的要求或底线之上，司法应该通过积极作为对公民权利提供法律救济。保护义务是一种更加复杂也更难实现的义务。

保护义务是一种积极义务，尊重义务是一种消极义务。前者引发国家行为，后者禁止国家行为，前者是目的，后者是限制。在程度上，限制永远优先于目的。[②]也就是说，保护义务作为一种积极义务是相对的，例如，司法可以提高准入门槛对于特定的被侵害的权利拒绝提供救济，但是尊重义务作为一种消极义务是绝对的，在司法程序中是绝对不允许侵害人权的行为发生的，非法证据排除规则即是例证。在相对作为义务与绝对不作为义务冲突时，不作为义务绝对优于作为义务。“宁可错放，不可错判。”[③]这一箴言的背后就折射出这种基本法理。党的十八届三中全会《关于全面深化改革若干重大问题的决定》中人权司法保障下的“严禁刑讯逼供、体罚虐待，严格实行非法证据排除规则”，以及《关于全面推进依法治国若干重大问题的决定》对人权司法保障提出的具体要求中的“健全落实罪刑法定、疑罪从无、非法证据排除等法律原则的法律制度”；“完善对限制人身自由司法措施和侦查手段的司法监督，加强对刑讯逼供和非法取证的源头预防，健全冤假错案有效防范、及时纠正机制”，这些都是上述法理的政治话语实践。可见，人权保障，即对人权的尊重，或者说禁止把人工具化，是司法诉讼不可逾越的限制。

① 在此意义上，人权概念的功能是公民反对政府对个人自由的恣意侵犯。如杜兹纳所言：人权获得成功并且不断被编入法典的主要原因就是人民一直受到他们自己政府的残酷对待。[美]科斯塔斯·杜兹纳：《人权与帝国》，辛亨复译，南京：江苏人民出版社2010年版，第26页。

② 有学者将国家义务分为绝对不作为义务和相对作为义务，相对作为义务与绝对的不作为义务冲突时必须退让。关于更多的论述，详见Greco，Luis，Lebendiges und Totes in Feuerbachs Straftheorie. Ein Beitrag zur gegenwrtigen strafrechtlichen Grundlagendiskussion，Berlin，2009，S.321 ff.

③ 沈德咏：《我们应当如何防范冤假错案》，载《人民法院报》2013年5月6日第2版。

人权与司法二者在逻辑上存在三种可能的关系：第一，司法既不以人权作为出发点和归宿，也不以人权作为方式；第二，把人权作为出发点或归宿，但是不以人权作为司法的方式；第三，既把人权作为出发点和归宿，也把人权作为司法的方式。“人权司法保障”这一基本命题蕴含了“人权”与“司法”之间存在着互为规定的互构关系。具体而言，人权保障不仅是司法的初衷和旨归，而且人权保障是司法的基本的方式。换句话说，人权保障不仅是司法的初衷和旨归，意味着保障人权是司法的目的，司法是保障人权的手段；人权保障是司法的基本的方式，即司法经由人权保障才能进行，人权保障是司法的必经途径和必要手段。在通过司法保障人权和司法中的人权保障这两个命题的形塑下，人权和司法互为目的，互为手段。具体而言，包含两层相互联系的意思：第一，司法程序、司法制度、司法体制、司法机制必须把人权的保障、实现作为出发点和归宿，把人权是否得到保障以及保障的程度作为衡量和评估司法文明的基本指标；第二，通过承认、赋予、增强、保障权利的方式来推进司法程序的启动与实施，司法具有了实质正当性和形式正当性依据，有利于树立司法权威，维护司法公正，赢得司法公信。在这种相互关系中，司法和人权成为一对相互促进、不断趋于实现的概念群组。

# 第四章　人权司法保障的理据分析

人权司法保障的理据包括规范依据、价值依据和政策依据。规范依据可以从“国家尊重和保障人权”的宪法规则分析出来；规范是现实中司法保障人权最直接的依据，价值是司法保障人权的根本依托，人权司法保障可以从对人尊严的尊重和程序的内在正义两个方面找到其价值依据；而政策则是推动规范发展、弘扬法治精神的政治话语与大众传播手段。自新中国成立以来的人民司法路线就为司法保障人权的重要政策前提，到了新时期，国家治理现代化的要求是我国人权司法保障的当代政策依据。

## 第一节　人权司法保障的规范依据

“国家尊重和保障人权”的宪法规定是司法之所以要保障人权的首要规范依据。法学的视角下探讨司法保障人权，首先要确认的就是其规范的根据。人权司法保障的规范依据分析可以从“司法”和“保障”这两个角度切入，分别涉及人权保障义务的主体定位、国家人权义务的类型分析。

### 一、人权保障义务的主体定位

从规范依据上看，宪法条文所规定的“国家尊重和保障人权”在该规范中“尊重和保障人权”的责任主体是“国家”。“国家”是“尊重和保障人权”的义务履行者，但如何对这一抽象主体进行具体界定是一个难题。国家属于笼统的政治实体，通常仅在国际法中承担责任。假如从该层面将其作为此处的主体，就会导致宪法具体的责任不能发挥实际作用。为此，要在维护人权的范围之内探讨，就需要把国家的含义具体化限定为客观存在的国家机关。从而在有关保障人权的具体法律关系中，国家所应承担的人权保障义务就具象化为国家有关职能机关对人权的保护与救济义务。国家与尊重和保障人权之间的关系因此就转化为国家机关与人权保障的关系。所以，宪法中的人权保障条款中的“国家”具体就是指有义务保障人权的国家职能机关。具体而言，国家权力机关、国家行政机关、国家司法机关是在各个环节中承担国家尊重和保障人权义务的主体。

在宪法之下，这种解释得到了《刑事诉讼法》《治安管理处罚法》《人民检察院组织法》《人民法院组织法》《国家情报法》《反恐怖主义法》《国家安全法》《反间谍法》的充分印证，见表 4.1。

**表 4.1　条文中直接出现“保障人权”的法律**

| 名称 | 条目 | 内容 |
| --- | --- | --- |
| 中华人民共和国宪法 | 第三十三条 | 凡具有中华人民共和国国籍的人都是中华人民共和国公民。中华人民共和国公民在法律面前一律平等。国家尊重和保障人权。任何公民享有宪法和法律规定的权利，同时必须履行宪法和法律规定的义务 |
| 中华人民共和国刑事诉讼法 | 第二条 | 中华人民共和国刑事诉讼法的任务，是保证准确、及时地查明犯罪事实，正确应用法律，惩罚犯罪分子，保障无罪的人不受刑事追究，教育公民自觉遵守法律，积极同犯罪行为作斗争，维护社会主义法制，尊重和保障人权，保护公民的人身权利、财产权利、民主权利和其他权利，保障社会主义建设事业的顺利进行 |
| 中华人民共和国治安管理处罚法 | 第五条 | 治安管理处罚必须以事实为依据，与违反治安管理行为的性质、情节以及社会危害程度相当。实施治安管理处罚，应当公开、公正，尊重和保障人权，保护公民的人格尊严。办理治安案件应当坚持教育与处罚相结合的原则 |
| 中华人民共和国人民检察院组织法 | 第六条 | 人民检察院坚持司法公正，以事实为根据，以法律为准绳，遵守法定程序，尊重和保障人权 |

续表

| 名称 | 条目 | 内容 |
| --- | --- | --- |
| 中华人民共和国人民法院组织法 | 第六条 | 人民法院坚持司法公正，以事实为根据，以法律为准绳，遵守法定程序，依法保护个人和组织的诉讼权利和其他合法权益，尊重和保障人权 |
| 中华人民共和国国家情报法 | 第八条 | 国家情报工作应当依法进行，尊重和保障人权，维护个人和组织的合法权益 |
| 中华人民共和国反恐怖主义法 | 第六条 | 反恐怖主义工作应当依法进行，尊重和保障人权，维护公民和组织的合法权益 |
| 中华人民共和国国家安全法 | 第七条 | 维护国家安全，应当遵守宪法和法律，坚持社会主义法治原则，尊重和保障人权，依法保护公民的权利和自由 |
| 中华人民共和国反间谍法 | 第五条 | 反间谍工作应当依法进行，尊重和保障人权，保障公民和组织的合法权益 |

司法机关是保障人权的重要责任主体，保障人权是司法机关的重要职责。当权利受害人向司法机关寻求救济时，司法机关必须依法履职，为权利受害人提供强制性救济。[①]“一贯尊重宪法所授之权与人权，乃司法所必具的品质”。[②]通过对法律条文中的规定进行整理，不难看出：我国现行法律体系中明确提出尊重和保障人权的法律均是与涉及国家社会重大安全威胁、限制公民人身自由，以及那些必须严厉管理、制裁等紧密相关的法律司法中的人权保障。

虽然其他法律中并未直接出现“尊重和保障人权”的字眼，但是应当承认的是对于人权的保护不仅存在于刑事诉讼和刑罚执行等与公民生命、自由权密切相关，社会影响力巨大的法律关系中，涉及民事诉讼和行政诉讼的诉权保障也是体现司法保障人权的重要部分。民事诉讼虽然是为了解决公民、法人和有关组织之间的民事纠纷的目的，协调平等主体之间的民事法律关系的活动，但是也具有保障功能人权的功能。在公民的民事权利受到侵害的情况下，在协商不成、权利得不到应有的保护时，寻求司法救济运用国家法律修复被侵害的民事权利以达到纠纷平息，就是保护自己权

① 胡云腾：《加强人权司法保障》，《光明日报》2014 年 11 月 20 日。

② ［美］汉密尔顿，杰伊，麦迪逊：《联邦党人文集》，程逢如等译，北京：商务印书馆 1980 年版，第 395 页。

利的最有效手段。所以通过司法对诉权的保护，令人民法院通过审判活动为公民被侵害的民事权利得到救济提供平台，即为民事司法保障人权的具体形式。不仅如此，为了保证经济困难和有特殊情况的公民也能打得起官司，有效维护自己的合法权利，人民法院实行诉讼费用免、减、缓交制度。在行政诉讼领域，公民认为国家行政机关的具体行政行为侵害自己的合法权益，需要寻求司法保护时，可以到法院对国家的行政机关提起行政诉讼，以此来要求人民法院撤销行政机关的被诉行政行为，保护自己的合法权益。民事诉讼和行政诉讼都是人民法院的司法活动，同时受到来自人民检察院的依法监督。尽管司法中的人权保障包括民事诉讼和行政诉讼中的人权保障，但是由于刑事司法活动多数是在相对封闭的状况下进行，刑事案件涉及的又是与人权底线相关的制裁，因此刑事司法过程中的人权保护通常更为人们所关注。

## 二、国家保障人权的义务类型

大沼保昭在《人权、国家与文明：从普遍主义的人权观到文明相容的人权观》中提出，国家在人权方面的四重义务为：尊重、保护、满足、促进。[①] 其他专家也曾对各国保护本国国民的义务开展了多种解析，认为一国的保护义务重点体现在下列方面：不行动、不干涉公民的权益，为其提供权益维护或服务，积极采取相应举措以保护本国公民权利以期公民权利免受第三人侵犯，制定适当程序以落实人权保障，采取合理的人权保护机制。[②]

本书将各国的人权保障义务类别概括为：尊重、保护和实现三个方面，而其中的实现义务又包含给予方便的义务和帮助满足的义务。

第一，尊重义务是第一要位的义务。国家权力有必要为公民保留一定

---

① 参见［日］大沼保昭：《人权、国家与文明：从普遍主义的人权观到文明相容的人权观》，生活·读书·新知三联书店 2003 年版，第 220 页。

② 许宗力：《宪法与法治国行政》，台北：元照出版公司 1999 年版，第 156 页。

的不受国家任意干预的自由空间。在这个意义上，人权乃是国家义务的最低标准。它的目的是防止最恐怖的事情发生，而不是追求最好的结局出现。因此，它所提出的目标是“必须做”而不是“最好去做”。只有从尊重义务这个最低限度来看待人权的时候，国家对人权的保障才有可能是具有普遍性的。第二，保护义务是第二性的义务。在这一层面上，国家需要设计并实施确保国家不违反尊重义务的制度。国家一旦不履行消极的尊重义务就会引起国家的保护义务的产生，保护义务的首要含义实际上是当国家违反尊重义务时应给予救济的义务。救济制度针对的主体既包括国家也包括施害公民。第三，实现的义务是一种高级义务。实现的义务包括帮助满足的义务和给出方便的义务。针对“帮扶满足的义务”方面来讲，其是“最小限定的最关键义务”；针对“给出方便的义务”方面来讲，其是尽快落实的义务，此类权利的落实属于动态、有步骤的环节。尊重的义务严禁国家违背公认的权益和自由，不可干预或阻碍此方面事项的落实；保护的义务需要国家依靠对应的举措，包含依靠立法、提出且切实有效地帮助防范或避免他方对个体权益和自由的侵犯；实现的义务具有宏观归属性且更多的是为了表达在一定客观条件下实现所需要的长时间性。①

中国宪法规定：“国家尊重和保障人权。”有关条款中对国家机关的行为模式作出要求，其中的义务限制也详细地分为国家对人权尊重和保障两方面的义务。

其中“尊重义务”就是上文所述第一层次的尊重义务；“保障义务”则同时包括保护的义务和落实的义务两个方面。从逻辑关联上分析，尊重是保障的基本条件，后者则是前者的拓展。只有在前者的基本条件下，后者才可能成为现实。不然，连最基本的人权尊重都不能达成目的，相应的保障也就失去依据。自由权只要国家不干预、不侵扰就可落实。相应的保障

① 参见［挪］艾德等著：《经济、社会和文化的权利》，黄列译，北京：中国社会科学出版社 2003 年版，第 22 页；See also Committee on Economic，Social and Cultural Rights，General Comment No.12，1999，in UN Doc. E12/1999/5，para.15. See also Committee on Economic，Social and Cultural Rights，General Comment No.13，1999，in UN Doc. E12/1999/10，para.46.

则要求国家必须主动实施相应的举措并借助于必要的经济、物质条件才有可能实现。一国的人权保障义务不可只通过国家克制和谦抑的方式就能成为现实，而是需要国家通过积极的努力，创造对应的条件才能促进权利实现。为此，与尊重义务相比，保障义务的实现对国家职责提出了更高的要求。

从规范的角度来看，本书所讨论的“人权司法保障”应该指第二层义务，即在保护义务的讨论范围内。但是在学术讨论中“保障”所具有的意义已经溢出了“保护”的语义，因为“保障”意味着在提供救济的同时还涉及第一层义务，即尊重的义务。

人权的保护模式主要也分为两种，即绝对保护模式和相对保护模式，亦即“依据宪法的保护”和“依据法律的保护”。绝对保护模式是指对于宪法所限定的一些基础权利，其余的规范不可以随意地限定或出现限制内容以外的部分。

以美国为例：其一，宪法中有大量的对国家权力行使的禁止性规定，来维护公民自由。例如美国宪法中 80 个“不得”的词语；其二，存在有效的违宪审查制度，确保宪法直接保障公民权利。相对保护模式是指其余的法规对宪法限定的基础权利进行实效的限定或实际上出现此种几率的形式。

相对保护模式也有两个特征：其一，基本权利的具体内容和保障方式以及限制均通过法律来作出规定；其二，宪法不能在法院裁判中直接适用。我国采用的基本权利保护模式的特征与相对保护模式基本一致，可以认定我国法律对于人权保护的规定属于此种模式。这主要体现为：第一，我国宪法规定了公民的基本权利，这些基本权利需要法律根据宪法的规定具体化，界定这些权利的内容及其限制，然后通过实施法律来保护公民的基本权利。第二，如果公民的基本权利受到了侵害，则公民只能通过普通法律所设定的救济途径申请获得救济，不能直接诉诸宪法。这些救济途径可以是民事诉讼、刑事诉讼或者是行政诉讼，但在多数情况下救济仅限于针对财产权利和人身权利的具体行为侵害，不涉及政治权利，也不过多涉及抽象的立法行为。

## 第二节 人权司法保障的价值依据

司法程序的正当性依据首先体现在通过司法提供实体性权力救济上，其次还体现在司法过程中的程序性的权利保障上。还原成一般理论，即司法程序的正当性依据首先体现在其服务的实体性目标上，同时也体现在程序的自身价值上。程序具有服务于实体的价值。这种观点可见诸于边沁、波斯纳、德沃金等人的论著中。在《司法程序的原理》一书中，边沁将“最大多数人的最大幸福”这一功利原则运用到对司法程序的分析中。他认为：“程序的有效性最终取决于实体法的有效性。”实体法是根本的（radical），首要的（primary）和主要的（principal），而程序法是从属的（subservient，辅助的（accessory）和附属的（adjective）。“对于法的附属部分，唯一值得捍卫的对象或者说目的就是最大限度地把实体法付诸实施。”[①] 程序具有独立性的价值，法律程序“不应该被视为单纯的手段和形式”。[②] 这种观点同样在马肖、戈尔丁、萨默斯、沃克尔、蒂博特等的言论中有迹可循。[③] 由于程序的独立价值更容易被忽视，所以下文重点从人的尊严和程序的内在正义两个方面分析人权司法保障的价值依据。

### 一、对人的尊严的尊重

对人的尊严的尊重是司法要保障人权的第一个价值理由。正当程序当中具备依靠限定权力随意的特点：矛盾对立面的设定、不同程序角色的安排、程序的拆解和重组还有其附带的功能自治，形成一种决定权分散的权力钳制布局；透明、理性的程序使得各当事方在信息基本对称的情况下对

---

① Jeremy Bentham，Principles of Judicial Procedure，The Works of Jeremy Bentham，vol. II，ed. by John Bowring，Simpkin，Marshell&Co，London，1843，p.5–6.

② 季卫东：《法治秩序的建构》，北京：中国政法大学出版社，1999 年，第 13 页。

③ 关于这一理论的梳理，详见邓继好：《程序正义理论在西方的历史演进》，北京：法律出版社 2012 年版。

程序的切实推动和其通过程序对结果施加的实质性影响结合成了对决定人或程序制定方构成限制的效果。正当程序并不会以限制个人自由的方式来防止权力的肆意。而是既会通过合理方式控制权力的恣意扩大同时疏通个人合理自由的实现渠道，在尊重人的尊严同时也最大可能地兼顾实体权利的实现与社会公益的维护。

法律程序是否具有正当性，在于其能否保护一些独立的内在的价值，而不在于程序是否有助于产生正确的法律结果。[①] 萨默斯认为，结果本位主义和程序本位主义对于程序的阐述只是出发点有所不同，从而弥合了程序工具主义和程序本位主义的理论隔阂。运用过程的价值，对法律程序所追求的实体性结果以人们可接受的方式实现，是将法律程序的评价问题提升到了一个新的高度。[②] 贝勒斯认为对被裁判者人格尊严的尊重和程序适用者道德主体地位的尊重是程序正义的价值基础；程序正义的内涵及其标准，程序正义的理论基础与适用范围等是贝勒斯对程序正义论述的范畴。[③] 经过现代法治精神的洗礼，正当程序不再仅仅被视为实现外在价值的工具或手段，程序对于当事人尊严的保护价值愈发被与实体权利的保护放在同样重要的位置之上。

当程序参加人从程序控制方无法或只有很少的表述机会时，会因未得到听取而觉得自尊受损，某些资料证实，允许当事人自利的阐释方式依旧不够完备。为此，某些时刻大家就算获得不了希望的结果，但依旧会对过程保持较高的重视。例如，在一些法规和落实或适用环节，某个个体不会得到其希望的结果，原因是其对判决部分的影响力过小，但其依旧希望可以阐述自己的看法。在一些纠纷的应对环节之中，此种表述机会通常比结

① 陈瑞华：《程序正义的理论基础——评马修的“尊严价值理论”》，《中国法学》2000年第3期。

② See Robert S. Summers, Evaluating and Improving Legal Processes A Plea for Process Values, Cornell Law Review, Uol.60, 1974, p.44.

③ ［美］迈克尔·D. 贝勒斯：《法律的原则——一个规范的分析》，张文显等译，北京：中国大百科全书出版社1996年版，第19页。

果更为关键。这种情况说明：程序内在正义的价值在一定水平上是与程序设计对于结果能够接受的程度或者说程序对于结果公正起到的作用是分离的。[①]在一定层面上，在诉讼环节或其余的法规落实和适用环节内，假如有法官听取和关注及其他能够证实他在认真思考听到的内容一类的表现，就能得到较高的正义评价。此种程度的正义是从善意和尊重的看法中获得。其基础条件是：大家关注自身在群体内的身份与位置，说明该成员在此团体之内的作用。对个人而言，在法规落实之中身为执法人员，在对应的适用环节内身为纠纷其他方的法官等，都是此组织内的权威的代表，此类个人和权威间的关联，依靠程序正义得到展示。因此，群体的关键之处在于重视个体为何在较多时刻更重视程序，是由于公平的程序对个体给出了关键的信息。此信息说明了以其本身为基本的社会群体的作用和立足点，其本身处于被关注、相信、尊重的位置。

虽然在促进实体目标实现、证成其正当性问题上程序基本完成了实体法所需的配合，使法律作为一个整体呈现出尊重人的基本尊严的良性效果，但是作为一种独立价值，这里所强调的是离开关于结果的判断，正当程序自身所内在蕴含的对于人的尊严的尊重：对立面的设置、角色的分化和独立、理性论辩的程序安排以及基于论辩交涉的决定权分散，是对人独立自主尊严的确认与支持；利益必然会受到实体裁决影响的程序参加者平等地参与决定制作过程，实质性地影响决定，是人作为自主个体和道德独立主体被尊严对待的制度性表达；中立的决定者、平等的发言机会、对等的信息武装，是对程序参加者拥有平等人格和尊严的承认和尊重；程序的公开和信息的充分，是不将人视作可随意处置的客体，而将之视为能够完全根据信息进行理性判断和预期的自治主体的制度装置；同样，正是基于对个人私生活选择、私德空间、私生活安宁和私人信息的尊重，才有了公开原则的例外，以及对公权行使者职业操守的特殊要求。正当程序对尊严的尊重是正当程序内在道德性的根据。

---

① E. Allan Lind and Tom Tyler, The Social Phycology of Procedural Justice, Plenum Press, 1988, p.1.

## 二、正当程序的独立价值

司法要保障人权的第二个价值理由可以用正当程序的独立价值来解释。对任何合法权利进行限制，不仅要有实质的合法性，而且要遵守法律的正当程序。在实证研究的理论背景下，关于程序的“公正”或者“正当”并不是道德哲学的抽象建构。相反，它们体现在社会现象中，可以被社会公众和程序参加者凭经验和观察理解。

“自由的历史在很大程度上是恪守程序保障的历史。”[①] 如果将这句话中的“自由”替换为“人权”也同样适用，人权的历史在很大程度上是恪守程序保障的历史。原因就在于，正当程序在其产生之初就是为了防止权利被不当地剥夺。根据丹宁勋爵的考证，“正当法律程序”首次在成文法上的出现是1354年爱德华三世第二十八号法令第三章的规定：“未经法律的正当程序进行答辩，对任何财产和身份的拥有者一律不得剥夺其土地或住所，不得逮捕或监禁，不得剥夺其继承权和生命。”[②] 法国的《人权宣言》第7条也有类似规定：“除依法判决和按法律规定的方式外，任何人都不应受到控告、逮捕或拘禁。”1791年美国宪法第五修正案正式规定：“非经正当法律程序，不得剥夺任何人的生命、自由或财产”，1868年宣布生效的美国宪法第十四修正案又出现了“正当法律程序”。[③] 这意味着，管控权力、保障权利是程序起源和发展的逻辑主线。当政府对公民的人身自由权和财产权作出剥夺的决定时，必须满足正当且必要的理由。

程序天然地具有对正义的追求，强调程序独立价值，使程序自身彰显的正义价值得以贯彻无疑会是消除程序虚无主义和程序工具主义的一剂良

---

① Yale Kamisar, Wayne R. LaFave, Jerold H. Israel, Modern Criminal Procedure, 8th ed., West Publishing Co., 1994, p.53.

② ［英］丹宁勋爵：《法律的正当程序》，李克强等译，北京：法律出版社1999年版，第1页。

③ ［美］卡尔威因·帕尔德森：《美国宪法释义》，徐卫东等译，北京：华夏出版社1989年版，第279页。

方。长期以来，程序虚无主义在我国司法实践中的影响范围非常大。追查犯罪、制裁违法，达到实体主义的目的，被当成是司法正义的最高表现。与之相较，司法程序仅属于一类规则、环节。社会片面强调实体主义，程序就很可能被当成一种阻碍、限制，跨程序或丢弃程序就变成一种注定会出现的选择。程序工具主义反而是与我国以前强调社会利益高于一切的精神相契合的。社会利益在司法程序中表述为安全和秩序，两者与诉讼的结果又有直接的联系。社会利益的满足就是实现了追究犯罪，制裁违法的任务。此种对社会结果的追求，必然会最大限度地要求程序的工具价值，来满足社会利益的需要。

程序正义属于一个清晰的法律观念，还有学者提出的主观程序正义理论综合了从社会心理学视角和法学内的程序正义获得的体会和了解。主观程序正义理论的关注点与根据特定规范性标准来判定某个程序是否正义的客观程序正义理论不同，它更偏向于关注程序参加者和程序观察者对特定程序正义与否或正义程度的心理感受。主观程序正义影响到民众对司法机构的信任和对司法决定的服从，并影响到司法程序参与人对司法正当性的判断。[①] 而无论是传统的程序正义理论还是主观程序正义理论均体现了程序正义的内在独立价值，即正当程序的设计和实施所带来的司法运行所具有的正当性及其在当事人心理上所引发的认同感。在司法过程中保障人权具体而言通过程序的内在正义所具有的价值来影响司法程序参与人对司法正义的感知。

假如司法程序的有关方察觉对司法环节的管控出现不足，此种情况就会造成大众无法对其保持较高的信任度。传统理论强调人们之所以关心程序，是因为公平的程序让人们存在更大的概率获得其自身渴望获得的结果。程序的内在正义性追求结果的正义，但比以前更重视过程，将两者的关键之处结合在一起。结果与分配正义可阐释较多情况，但也要关注各种程序本身的正义与否所导致的针对结果的判定和感受及其所可能引发的各种作

① 苏新建：《主观程序正义对司法的意义》，《政法论坛》2014 年第 4 期。

用。大家注重程序正义，是大家关注得到的，把结果和目的等同起来，工具主义的程序观认为程序对结果有干扰。有学者指出：最符合个人希望的程序是把很多环节管控权分摊给诉讼当事方把最后的决策权交给他方的对应程序。[①]有学者研究表明，不管是运用对立式还是纠问式的司法审判方式，结果是无罪或有罪的人对公平的感受差异很大，两方面的人对裁决的结果的满意水准也有很大的差别。此种情况表明结果的关键之处在于结果对当事方有正面作用，他就会觉得身心顺畅并认为这是公平的，如果结果对其是负面作用，那么无论如何都会令他产生消极情绪。此种感受间的差别已经有数量级水准的差别。但不管是何种结果，对立式诉讼带来的公平感和满意感都比纠问式要高。此种情况表明在重视结果的基本条件下，大家对前者的判决方式感到更加满意，觉得此方式公平性更高。会出现此种感觉是由于此方式的审判方法内，法官属于消极判决者，诉讼行为是当事方组织、促进和引领的，当事方在进攻和防守上的权利是对等的，其可以彻底地发表自己的想法，程序本身的正义性使得诉讼过程的发生基本都是在其管控下进行的。为此，当事方愿意选用此种具有可以被“看得见”的正当程序开展诉讼。因此，在不能更改结果时，可以判定：通过提升当事方的程序正义感可以促使其更加活跃地参加活动、发表自己的看法，让其体会到自身可作用哪一个管控审理的环节。不管是在诉讼之内或是在其他法律所规定的诉讼相关活动落实的过程中，切实地参加和提升管控感，是体现正当程序独立价值的关键方式。

## 第三节　人权司法保障的政策依据

司法程序和司法理念是人类司法文明在具体时空条件下的特定主体实践。司法程序是司法文明的制度载体和实现方式。司法理念是司法文明的

---

① John. W. Thibaut, Harold. Kelly, The social Psychology of Groups, New York: Wiley, 1959, p.2.

精神旨归和价值呈现。通过司法的人权保障是指通过司法程序和司法理念来保障法律主体的法律权利，在此意义上，我们可以说司法文明的进步史就是人权的保障史。在特定的时空背景和政治环境之下，人权司法保障还与人民司法的政治意蕴以及治理现代化的必然要求密切相关。

## 一、人民司法的政治意蕴

董必武提出了“人民司法”的概念，他指出：“人民司法的基本精神，是要把马、恩、列、斯的观点和毛泽东思想贯彻到司法工作中去”。[①] 司法的人民性是我国司法的本质属性，建立在人民民主专政的国家性质的基础之上的“人民司法”理念是人民主权的具体体现。人民司法的基本内涵在“司法权来自和属于人民”这一逻辑前提之下还包含两层意思：一是司法依靠人民，二是司法为了人民。这与《中共中央关于全面推进依法治国若干重大问题的决定》规定的法治“为了人民、依靠人民、造福人民、保护人民”十六字箴言是相通的。司法为民要求司法工作建立在“为人民服务”的基础上，这也就决定了司法工作的评判标准在于“审判工作是不是便利于老百姓”[②]。这种“司法为民”的国家政策与西方国家“司法服务论”相契合。小岛武司指出：“法院所要面临的任务是适用法律，而此举的终极目标则在于针对其顾客——诉讼当事人的需求而提供其所需的服务。法院若忽视其向当事人提供合乎需求的服务而自我地从形式上去限定案件处理，则不免有本末倒置之嫌。”[③] 尤纳斯格·日马敦坦言：“法院的中立和独立与其说是法院出于它本身的考虑所享有的特征，不如说是法律消费者的一项人权。”[④] 虽然在话语上契合，但是“司法为民”的国家政策与

① 董必武：《董必武政治法律文集》，北京：法律出版社 1986 年版，第 117 页。

② 董必武：《董必武法学文集》，北京：法律出版社 2001 年版，第 47 页。

③ ［日］小岛武司：《诉讼制度的改革与法理实证》，陈刚、郭美松译，北京：法律出版社 2001 年版，第 156 页。

④ ［瑞典］尤纳斯格·日马敦：《司法制度的原则》，载北京大学法学院人权法研究中心编：《司法公正与权利保障》，北京：中国法制出版社 2001 年版，第 145 页。

西方国家“司法服务论”有本质上的不同，中国提出司法为民的法治理念目的是使国家司法机关凭借国家法律权威通过提供司法程序的平台实现或是恢复公民在实体法和程序法上的应有权利，这与商品经济领域所提倡的“以客户为中心”树立服务意识，进而促进的效益最大化的理念存在很大差异。也就是说，绝不能从字面上理解将“司法为民”解释为司法是提供私人资质的纠纷解决服务。①

在司法依靠人民和司法为了人民的政策指导下，“人民司法”这一政治性术语可以被理解为法律意义上的“司法的民主参与”和“人权司法保障”。其中，前者属于形式范畴，后者则属于实质范畴。在党的十八届三中全会和十八届四中全会召开以前，在尊重历史传统和国家根本政治制度的共同作用下，新中国成立以来，我国司法制度和司法改革主要侧重点和方向是对司法民主性的建设和探索。而在“人权司法保障”这一话语得到官方文件的正式确认后，为司法的保障人权功能提供了坚实的正当性基础。同时，“人权的司法保障”亦是对司法民主的拓展和延伸。因此，未来的司法改革在民主司法的基础上，有必要向“人权司法保障”的方向突进，全面展现司法的“人民性”。②

第一，在司法裁判请求权方面，司法为民要求司法机关保障公民司法裁判请求权的平等性，任何公民都享有请求法院为其解决纠纷的权利。民事诉讼中将“立案审查制”改为“立案登记制”就是法律中加强对这一权利保护的具体体现。司法裁判请求权要求无论采用调解、和解的哪一种方式解决纠纷完全由当事人自主决定，不受法院强制。通常而言，既然当事人选择向法院起诉，意味着当事人希望通过常规司法程序处理权利纠纷，法院有义务按照当事人的意愿以判决的方式解决问题。保障公民的司法裁判请求权就要求司法机关提升司法制度建设水平，提高司法职业工作者的

---

① 周翠：《我国民事司法多元化改革的现状与未来》，《中国法学》2018 年第 1 期。

② 江国华、周海源：《司法民主与人权保障：司法改革中人民司法的双重价值意涵》，《法律适用》2015 年第 6 期。

诉讼能力，努力为当事人提供诉讼上的便利，不因体制性、技术性的问题引发当事人纠纷解决方式的选择和司法救助能力之间的矛盾。扩大纠纷可诉性的范围；从体制上、制度上、技术上提高司法能力，尊重和保障当事人的向司法求助的权利。

第二，司法为民要求国家司法机关应当保障当事人的公正审判请求权的切实实现。除司法裁判请求权外，司法为民还要求司法机关有效保障公民的公正审判请求权。其中具体包含对司法程序公正和裁判结果的公正。当事人有获得法官不偏不倚居中裁判的权利；当事人具有程序参与权，可以通过有效的参与程序推动结果向其希望的方向发展的权利，即使最终裁判结果非其所愿，也要在司法诉讼过程中保障当事人实质地参与到程序当中；除法律特别规定外，当事人有权要求司法公开，包括审理公开和裁判公开，等等。

## 二、治理现代化的必然要求

完善人权司法保障制度，是“推进国家治理体系和治理能力现代化”这一全面深化改革总目标的具体内容。在现代国家，法治是国家治理的基本方式。作为法治的重要部分，司法治理也是国家治理的重要部分，有效的司法治理，公平、公正、高效、快速解决转型时期各类进入诉讼场域内的纠纷，是现代国家治理体系中的重要环节。

一方面，法治化是国家治理现代化的内在要求。法治是国家治理现代化的基本表征。主要体现在两个方面，一是现代法治为国家治理注入了良法的基本价值，现代法治为国家治理提供了善治的创新机制。法治化是国家治理现代化的必由之路。国家治理法治化包括治理体系法治化和治理能力法治化两个基本方面。[①] 在法治化的内部，司法化又是国家治理现代化的最新动向。现代国家治理都已经或正在发生“从行政治理到司法治理”的法治化转型。自从 20 世纪 60 年代以来，全球范围都出现了“司法治理”

① 张文显：《法治与国家治理现代化》，《中国法学》2014 年第 4 期。

(juristocracy)的潮流,司法成为社会治理的主导机制。[①]托克维尔曾谈道:“几乎所有的政治问题或道德问题迟早都要变成司法问题。”[②]这足以表明司法治理在现代国家治理中的地位。司法治理的基本逻辑是:政治问题法律化,法律问题司法化,司法问题程序化。[③]在现代国家中,立法权基于人民主权原则被赋予了优越的政治地位;行政权成为范围最广泛、技术最复杂、运行机制最健全、力量最强大的一种权力;相比而言,司法权力政治意愿最小、合法性基础最弱,主动性最差、力量最弱小。与其他社会治理方式相比,司法具有专业门槛高、技术性强的优势。通过司法裁判解决纠纷往往比通过立法和行政决策更加具有针对性和可接受性。司法化的效果,有助于减少和弱化敏感的政治冲突;从而有助于减少改革的阻力和对抗。[④]司法治理通过个案裁量实现司法形式正义和实质正义、法律效果和社会效果的统一,“让人民群众在每一个司法案件中都能感受到公平正义”。司法还具有中立性和程序性的特征,通过争取每个个案的案结事了,有助于防止纠纷扩大和激化;司法通过具体诉讼可以将某些“网状化”的较大规模群体冲突间接地分解为“点状化”的纠纷,有助于逐步消解冲突,防止纠纷冲突不断积累;此外,司法程序历时较长的特点为当事人和社会客观上提供了一个平复情绪的空间,借助实践的助力,可以化解激烈的矛盾。

另一方面,国家治理现代化在逻辑上也衍生出了司法治理现代化。现代化是一个历史和发展的范畴,现代化是文明演进和发展的目标。国家和法律乃是文明社会的一种标志,司法更是文明社会的一种重要表现形式。

---

① David Kennedy, The Methods and the Politics, in Legrand an Munday, Comparative Legal Studies: Traditions and Transitions, Cambridge: Cambridge University Press, 2003, pp. 349ff.

② [法]托克维尔著:《论美国的民主》(上),董果良译,北京:商务印书馆1988年版,第310页。

③ 高鸿钧:《法律:规制与解放之间》,《政法论坛》2012年第4期。

④ [英]博温托·迪·苏萨·桑托斯:《迈向新法律常识——法律、全球化和解放》(第二版),刘坤轮、叶传星译,北京:中国人民大学出版社2009年版,第423页。

“政治文明的基本标志是法治文明，法治文明的基本标志是司法文明”。在这个意义上，司法文明意味着“司法进步”（progress of justice），意味着更先进的司法理念、司法制度、司法行为和司法文化，是一个国家法治文明的指示器。法治现代化，尤其是司法现代化，其中最重要的衡量标准就是人权。法治发展的历史，也是人权发展的历史。[①]同样，司法的历史，也是人权的历史。人权保障与司法文明紧密相连。“在古代，司法的作用在于停止战争，惩罚坏人，褒扬好人；在现代，司法的作用在于维护正义、保障人权，正是由于人类对司法文明的越来越重视，才使人类走上了文明社会的发展道路。”[②]司法能否保障人权是衡量一个司法现代化程度高低的基本标志。

---

① 徐显明：《法治的真谛是人权——一种人权史的解释》，《学习与探索》2001年第4期。

② 张文显：《人权保障与司法文明》，《中国法律评论》2014年第2期。

# 第五章　人权司法保障的基本方式

人权概念最初是作为“自然权利”“道德人权”而被提出来的，正如米尔恩在其著作中所述，人权概念就是这样一种概念：存在某些无论被承认与否都在一切时间和场合属于全体人类的权利。人们仅凭其作为人就享有这些权利，而不论其在国籍、宗教、性别、社会身份、职业、财富、财产或其他任何种族、文化或社会特性方面的差异，因此，人权是一种最低限度的道德标准。[①] 但是，随着法国《人权和公民权宣言》等宪法性文件的问世，人权走上了制度化发展轨道。现代民主制国家和君主立宪制国家，甚至一些君主制国家都以宪法或其他法律形式确认和宣告人权。第二次世界大战结束以来，人权的制度属性愈加明显，制度化成为人权现代化的重要标志。法律上的具象化使得“人权”的含义比道德、哲学话语中的人权更为具体和清晰，人权宪法化、法律化、制度化使人权更有合法性和权威性，人权保障获得法律上的可操作性。制度化的人权保障实践使得现代法治文明在基本内涵上形成了相对稳定的一般性标准，在各国实践形式上则表现出多样性特征。实践表明，唯有通过宪法、法律、法规把人权转化为权利，才能将尊重和保障人权落到实处。

---

① 参见［英］米尔恩：《人的权利与人的多样性——人权哲学》，夏勇、张志铭译，北京：中国大百科全书出版社 1995 年版，第 6–12 页。

在中国，从新民主主义革命时期，到社会主义革命和建设时期，再到改革开放和社会主义现代化建设新时期，党成功开辟了人权保障和发展道路。我国“五四宪法”和现行宪法都明确规定了公民的基本权利和义务，其他法律具体规定了公民的权利和义务，其中绝大部分权利属于人权范畴。但是，在一个相当长的时期，尽管在实践上人民的各项基本权利得到宪法确认和保障，人权事业不断取得发展进步，但因为在理论上、舆论上“人权”被视为资产阶级的政治法律概念，所以，我国宪法和法律未曾使用过“人权”词语。直到 1997 年，党的十五大报告首次肯定人权概念，并提出“保证人民依法享有广泛的权利和自由，尊重和保障人权”，为人权入宪入法提供了最具权威性的政治依据和理论依据。党的十六大报告重申“尊重和保障人权”。2004 年，“国家尊重和保障人权”条款被郑重地写入《中华人民共和国宪法修正案》，开启了人权制度化新进程。

2004 年，宪法修正案规定“国家尊重和保障人权”，使尊重和保障人权成为根本法规定的一项基本原则，成为国家的神圣义务。这在我国宪法制度和政治文明史上具有里程碑意义。此后，我国宪法和宪法性法律文件不断丰富人权内容，一系列法律把尊重和保障人权作为其基本原则，例如《人民法院组织法》《人民检察院组织法》《国家情报法》《反恐怖主义法》《国家安全法》《反间谍法》等法律都十分明确地把“尊重和保障人权”作为其立法目的和整部法律的原则，以此法律原则有效制约和监督公权力、防范和制止公权力对人权的侵犯，进而有力保护公民的各项权利和合法权益。

随着法治功能的不断完善、司法权范围也在不断扩大，公民越来越对以司法的方式来保障人权有了越来越多的期待，保障人权已经被公认为现代司法的核心价值追求和司法体系建设的首要任务。司法尊重人权更多的是在强调司法权在司法程序中的不作为义务，即不滥用强制手段或刑罚权侵害公民权利。[①]这一应然的表达昭示了这样一个事实：司法权作为国家公权力的重要组成部分，具备对公民权利进行限制的可能。如果说人权可

① 江必新：《关于完善人权司法保障的若干思考》，《中国法律评论》2014 年第 2 期。

能受到的最大侵害是来自国家的侵害，那么作为拥有对公民人身、财产乃至生命予以剥夺或限制权力的司法机关，实际上并非“最小危险部门”；相反的是，在和平状态下，被滥用的司法权很有可能成为公民人权的重大威胁。

吊诡的是，司法经常在人权的保障中被寄予厚望。我国作为现代主义法治建设国家，人权保障成为司法体系完善的重要组成部分，并且成为国家人权保障水平的重要标志。[①]司法被视为人权保障的最终防线，最坚固的堡垒，最后的希望。司法是人权保护的最后一道防线。这种论调得到了许多学者的支持。“司法是社会公平正义的最后一道防线，也是人权的最终保护防线。”[②]“司法是社会公平正义的最后一道防线，它寄托着人们对社会公平正义的最后希望。”[③]“司法途径解决被看作处理冲突最重要的手段，同时也是处理其他冲突的基础保障，因此最终结论都是终局的，并且也是最为重要的解决办法，因此司法途径具有国家性的权威。”[④]司法是公民权利保障的最后一道防线，公民权利能否在最后程序上获得保护是以司法权能否合法、公正地行使作为前提的。[⑤]在国内法中规定受到侵犯的权利的救济途径是核心，也是国际人权公约在缔约国义务内容方面的基本特征。[⑥]还有学者提出：“司法在国家职能中具有保障人权实现的最终救济功能。”[⑦]类似的表述方式还有：“司法是人权保障的最后一道屏

① 徐显明主编：《人权法原理》，北京：中国政法大学出版社 2008 年版，第 310 页。

② 江必新：《谱写新时代人权法治保障的新篇章》，《中国法学》2017 年第 6 期。

③ 朱孝清：《错案责任追究与豁免》，《中国法学》2016 年第 2 期。

④ 董开军：《法官思维：个性与共性及其认识误区》，《中国法学》2010 年第 6 期。

⑤ 孙莉：《关于改革与法的内在精神的若干思考》，《中国法学》1996 年第 6 期。

⑥ Philip Alston；Gerard Quinn，The Nature and Scope of States Parties Obligations under the International Covenant on Economic，Social and Cultural Rights，Haman Rights Quarterly，Vol.9，No.2，1987. 转引自汪进元等：《〈国家人权行动计划〉的实施保障》，北京：中国政法大学出版社 2014 年版，第 278 页。

⑦ 莫纪宏：《论人权的司法最终救济性》，《法学家》2001 年第 3 期。莫纪宏：《论人权的司法救济》，《法商研究》2000 年第 5 期。

障。”[①] 司法是寻求权利救济最权威、最有效的制度安排。[②] 甚至还有学者将司法视为人权保障的最佳方式。“司法是人权保障的最佳方式。一方面，由于权利本身的缺陷决定了侵权是必然发生的；因此救济权利成为必要。权利救济的最佳方式是司法救济。另一方面，司法的特性决定了司法具有中立性，司法过程是建立在正当程序基础之上的，以及司法判决是由合格的法庭和法官作出的。”[③]

许多国际人权公约都明确要求缔约国确保为权利受到侵犯的个人提供有效的救济，特别是司法救济；还有的国际人权公约将请求或获得救济确认为一项人权。例如，《公民权利和政治权利国际公约》第 2 条第 3 款、《消除一切形式种族歧视国际公约》第 6 条、《消除对妇女一切形式歧视公约》第 2 条第 3 款等条款都规定，为公约所承认的权利或自由受到侵犯的个人提供有效的补救。即使是在对权利的司法裁判性不是特别明显的《经济、社会、文化权利国际公约》中也有一些条款，包括第 3 条、第 7 条第 1 款第 1 项、第 8 条、第 10 条 3 款、第 13 条第 2.3.4 款以及第 15 条第 3 款，也可以由许多国家法律体系内的司法和其他机构加以适用。

本书认为，“司法是人权保障的最终防线”其实是“司法是维护社会公平正义的最后一道防线”这一政治话语的“山寨版”表述。事实上，对于人权保障与权利救济，司法有时候并不是最后一道防线。有时，权利救济功能由“信访”最终承担。在特定的社会背景下，信访成为群众维权的有效法宝，成为当代中国公民维护正义的最后一道防线。[④] 权利救济虽然并非信访产生的初衷，而是只有在法定权利救济渠道存在不足和局限时才会发挥补充作用。信访的权利救济功能实质上是通过个案的个性化处理方式作为一种合理补充来弥补刚性制度的缺陷。要弱化信访的权利救济功能，一项根本的举措就在于提高司法救济的权威性和有效性，把公民的权利诉

① 参见孙国华、何贝倍：《人权与社会主义法治》，《法学家》2001 年第 6 期。

② 参见李林：《建设法治社会应推进全民守法》，《法学杂志》2017 年第 8 期。

③ 王夏昊：《司法是人权保障的最佳方式》，《现代法学》2003 年第 2 期。

④ 张清：《农民阶层的宪政分析》，《中国法学》2005 年第 2 期。

求引向正式的司法救济渠道。

2017 年 12 月发布的《中国人权法治化保障的新进展》中的相关表述为“司法是人权保障的重要防线”。除此之外，并没有第二种关于“人权司法保障”的官方表述。因此本书的关注重点不在于司法对权利救济的最终性上，而是把重点放在司法对权利救济的重要性上。司法在人权保障中的重要作用，并非不证自明的，本部分将通过不同的论证方式，从不同角度来分析人权司法保障的制度优势。人权司法保障的制度优势不在于司法对权利保障的有效性、高效性、最终性，而在于其权利救济的安全性。人权司法保障是一种无害的权利救济方式，无害性主要体现在司法过程中权利保障和权力制约的制度设计。对于司法保障人权的制度优势，传统中，多采取列举权力清单的论证方式加以证明，这部分则创新设计了赋权密度论证与控权密度论证的视角，力图更加周延地证明以司法方式保障人权的优势。

## 第一节　人权保障在党的政策和党规中的体现

中国共产党是执政党，尊重和保障人权是中国共产党人的崇高理念和不懈追求。中国共产党坚持依法执政、依法治国，持续推进人权在党的政策和党内法规中制度化。首先，党的全国代表大会报告提出尊重和保障人权的方针政策。党的十五大报告首次明确提出：“尊重和保障人权”，党的十六大报告、十七大报告重申尊重和保障人权，党的十八大报告在总结党的事业成就时强调：“人权得到切实尊重和保障”，并对一系列重要人权作出原则性、政策性规定。党的十九大报告提出：“加强人权法治保障，保证人民依法享有广泛权利和自由。”党的十九大报告不仅提出“推进人权保障的法治化”的纲领，而且对保障和发展人民在经济、政治、社会、文化、生态等各领域的权利进行了理论阐述和制度安排，并有的放矢地提出：“保护公民的人身权、财产权和人格权。”党的二十大报告进一步提出：

“推动人权事业全面发展。”党的全国代表大会报告关于尊重和保障人权的一系列论述和政策声明，极大地推动了我国人权制度化进程。

其次，作为关于党的路线、方针和政策的重要文献，中共中央全会的决定、决议申明和规定了尊重和保障人权。例如，党的十八届四中全会通过的《中共中央关于全面推进依法治国若干重大问题的决定》申明“国家尊重和保障人权”，提出要“依法保障公民权利，加快完善体现权利公平、机会公平、规则公平的法律制度，保障公民人身权、财产权、基本政治权利等各项权利不受侵犯，保障公民经济、文化、社会等各方面权利得到落实，实现公民权利保障法治化。增强全社会尊重和保障人权意识，健全公民权利救济渠道和方式”①。十八届五中全会提出，在“十三五”期间“人权得到切实保障，产权得到有效保护”。十九届四中全会通过的《中共中央关于坚持和完善中国特色社会主义制度推进国家治理体系和治理能力现代化若干重大问题的决定》进一步提出：“加强人权法治保障，保证人民依法享有广泛的权利和自由。”十九届五中全会通过的《中共中央关于制定国民经济和社会发展第十四个五年规划和二〇三五年远景目标的建议》提出：“促进人权事业全面发展。”除此之外，党的一系列政策性、规范性文件也鲜明体现尊重和保障人权。党的政策对人权的宣示和推动人权事业全面发展的决策，极大地丰富了人权的制度体系。

党内法规是以规范党务行为、调整党内关系、调整党与国家和社会的关系、健全党的建设为目的的规范制度体系，是中国特色社会主义法治体系的重要组成部分。尊重和保障人权是《中国共产党章程》和党内法规体系的基本原则和核心价值，也是党内法规的重点内容。例如，《中国共产党章程》总纲明确规定：“中国共产党领导人民发展社会主义民主政治。……发展更加广泛、更加充分、更加健全的全过程人民民主，推进协商民主广泛多层制度化发展，切实保障人民管理国家事务和社会事务、管理经济和

① 《中共中央关于全面推进依法治国若干重大问题的决定》（2014 年 10 月 23 日中国共产党第十八届中央委员会第四次全体会议通过），《人民日报》2014 年 10 月 29 日，第 1 版。

文化事业的权利。尊重和保障人权。”[①]《中国共产党章程》还把人权原则运用于党内生活，提出“必须充分发扬党内民主，尊重党员主体地位，保障党员民主权利，发挥各级党组织和广大党员的积极性创造性”[②]。中国共产党中央委员会还印发了《中国共产党党员权利保障条例》，系统性地提出了对党员权利的保障措施和程序，以期“完善权利保障措施，畅通权利行使渠道，增强工作实效”。

## 第二节　人权的法治化表达

人权可能受到的最大侵害是来自国家的侵害，由于司法机关拥有对公民人身、财产乃至生命予以剥夺或限制的权力，司法机关实际上并非“最小危险部门”；但是当公民的合法权益处于和平状态时，国家司法部门滥用司法权力可能会使公民的人权受到极大威胁。另外，截至目前我国法学理论知识与实践记载中，司法还是被人们看作保障人权最重要的手段，因此司法保障人权具有公理性地位，人们对司法的权威性也鲜少怀疑。近年来，中国不断健全人权司法保障机制，进一步完善人权司法保障程序，努力提高人权司法保障执行力，切实保障被羁押人合法权利。从进一步优化司法职权配置，到建立健全司法责任制；从推进司法公开，到废止劳动教养制度；从不断完善律师执业权利保障制度，到试点改革人民陪审员和人民监督员制度，都记载着人权司法保障体系逐渐完善的进程。这一系列制度上的变化往往都是被学者和实践工作者通过权利列举的方式加以论证。

在国家政策层面，本书以党的全国代表大会报告作为研究素材，1997年党的十五大首次出现“人权”的概念。此后，党的十六大报告中将“尊重和保障人权”确立为新世纪、新阶段党和国家发展的重要目标。2013年11月，党的十八届三中全会通过的《中共中央关于全面深化改革若干重大

---

① 《中国共产党章程》，北京：人民出版社2022年版，第13–14页。

② 《中国共产党章程》，北京：人民出版社2022年版，第24页。

问题的决定》（以下简称《决定》）中，第一次提出“人权司法保障制度”的概念，为如何用人权司法保障的理念指导制度的发展指明了方向；这一概念的提出充分体现了中国共产党对人权保障工作的高度重视，对发挥司法在保障人权中的突出作用的更高追求，以及切实贯彻落实国家尊重和保障人权的宪法原则的政策配合。在司法权运行方面要维护宪法法律权威，深化行政执法体制改革，确保依法独立公正行使审判权与检察权，健全司法权力运行机制，完善人权司法保障制度。制度保障是司法权在现实中有效运行的基础，在具体制度方面，《决定》指出要规范涉案财物的查封、扣押、冻结、处理司法程序体现了对公民财产权的保护；为保护公民的生命权，减少适用死刑罪名；在刑事司法方面，健全完善错案防止、纠正、责任追究机制，重视加强对刑讯逼供状况的治理，完善非法证据排除规则；首次将用司法制度保障人权写入到党的文件中，这意味着建立和完善相关审判机制，并充分发挥司法制度在保障人权过程中的重要作用。党的十八届四中全会作出的《中共中央关于全面推进依法治国若干重大问题的决定》明确提出要“加强人权司法保障”。党的十九大报告提出要“维护国家法制统一、尊严、权威，加强人权法治保障，保证人民依法享有广泛权利和自由”。党的十九大报告中虽然并没有提及人权与司法保障的关系，但是明确规定了“加强人权法治保障，保证人民依法享有广泛权利和自由”。从“加强人权法治保障”的语义内涵来看，“加强人权法治保障”要比“加强人权司法保障”的要求更加广，不仅强调了人权要获得“司法保障”，人权还要获得包括“立法保障”“执法保障”“法律监督保障”等一系列法治保障，说明了党的十九大报告推进了对人权保障的普遍性和广泛性的关注，为人权保障提供了更加有效的法治保障平台。人权保障既是法治中国建设的逻辑起点、价值终点和过程监测指标，又是司法改革的核心内容、发展方向和验证标准。完善人权司法保障是法治中国建设的重要的着力点、较佳的切入点和坚实的落脚点。最高人民法院工作报告中也提出要加强人权司法保障，坚决维护法律面前一律平等；在司法审判中继续实行以事实为根据，以法律为准绳的司法原则；继续贯彻落实宽严相济的刑事政策；

努力实现程序公正和实体公正相统一，严格公正司法。

在国家法律层面，以法律来规定和保障人权是普遍的做法，也是我国立法的显著特征。自从2004年“人权入宪”将“人权”概念在我国由政治概念正式上升到法律概念以来，人权保障精神越来越贯彻到多个法律当中。我国立法机关积极回应人民群众对保障人权和发展人权的新要求新期待，把人权保障作为立法的重点领域，加快充实和升华人权保障的法律规定。编纂《中华人民共和国民法典》，制定《中华人民共和国反家庭暴力法》《中华人民共和国疫苗管理法》，修订《中华人民共和国环境保护法》《中华人民共和国食品安全法》《中华人民共和国安全生产法》《中华人民共和国个人所得税法》《中华人民共和国消费者权益保护法》，全方位加强对公民人身权、财产权、人格权、婚姻自主权、继承权、劳动权、环境权、安全权等的保护，逐步完善经济、社会和文化领域立法，使人民的经济、文化、社会各方面权利得到更充分保障；制定《中华人民共和国电子商务法》《中华人民共和国网络安全法》《中华人民共和国个人信息保护法》《中华人民共和国数据安全法》等，加强对数字人权等新兴权利的保护；修订《中华人民共和国刑事诉讼法》《中华人民共和国民事诉讼法》《中华人民共和国行政诉讼法》，加强对公民诉讼权和实体权利的法律保护；修订《中华人民共和国妇女权益保障法》《中华人民共和国未成年人保护法》《中华人民共和国老年人权益保障法》《中华人民共和国残疾人保障法》等，加强对妇女、儿童、老年人、残疾人等特定群体的权益保护。新中国成立以来第一部以“法典”命名的法律《中华人民共和国民法典》以人为本，以人民为中心，以权利为本位，对依法维护人民权益、推动我国人权事业发展，具有重大意义。

司法中最集中且直接地体现在有关人权保障的价值追求则被规定在有关诉讼程序的《刑事诉讼法》《民事诉讼法》和《行政诉讼法》当中，诉讼人权保障是人权司法保障的最主要的方式。而随着法律规定的不断修订和落实也会推动人权保障在司法领域内的不断完善与落实。在具体的法律条文中往往会以列举权利清单的方式明确诉讼当事人和其他诉讼参与人在程序中的权利。在学术研究中，学者们也历来习惯用列举法律权利的论证司法保障人权的优越性。其中，《刑事诉讼法》和《行政诉讼法》强调的是防止和救济公民人权受到来自国家权力的侵害，《民事诉讼法》则侧重于救济公民权利受到其他公民和社会的妨碍。

## 一、刑事诉讼中的人权保障

2012 年首次将尊重和保障人权写入到修订的《刑事诉讼法》中，使其成为了《刑事诉讼法》的指导思想，同时也成为刑事诉讼的现实任务。在这一思想指导下，保障人权在《刑事诉讼法》的具体制度中得到落实和延伸。

法院坚持严把死刑案件质量关，确保死刑只适用于极少数罪行极其严重的犯罪分子。完善冤假错案的防范纠正机制，严格落实非法证据排除规则，2018 年各级法院按照审判监督程序再审改判刑事案件 1821 件，其中依法纠正“五周杀人案”等重大冤假错案件 10 件。[①] 会同司法部加强推进律师辩护全覆盖。贯彻落实无罪推定、疑罪从无的原则，在宣告无罪方面取得了实质性的进步：依法宣告 517 名公诉案件被告人和 302 名自诉案件被告人无罪。

根据《刑事诉讼法》第 11 条、第 14 条、第 34 条、第 35 条等的规定，明确了犯罪嫌疑人、被告人的辩护权和获得帮助的权利。将辩护律师参与诉讼的阶段提前到侦查阶段，这样由专业人士尽早进入诉讼程序可以有效避免被追诉人由于对法律的不熟悉而造成权利被侵害，这与历史相比是一个保障人权方面的重大的进步。

为进一步治理刑讯逼供，禁止被追诉人自证其罪，法律规定了犯罪嫌疑人拥有对与本案无关的问题有拒绝回答的权利。一方面根据刑讯逼供的虚假口供定案是冤假错案产生的根源，有效治理和预防刑讯逼供可以保证侦查沿着正确方向前进，另一方面也是保障犯罪嫌疑人的合法权益，防止

① 周强：《最高人民法院工作报告》，《人民日报》2019 年 3 月 20 日。

其处于被追诉地位时受到来自侦查人员不必要的侵扰，打探犯罪嫌疑人的隐私，能够最大限度地保障犯罪嫌疑人的切身合法权益免受侵害。

犯罪嫌疑人、被告人的人身权利和财产权利受到侵犯时有取得赔偿的权利。根据我国《国家赔偿法》规定，审判机构、侦查机关、审判人员、监狱管理部门在执行权利具有下列情况，需要对当事人作出有效赔偿：第一，检察部门对犯罪嫌疑人的犯罪证据没有明确掌握，并且错误拘留犯罪嫌疑人的情况；第二，缺乏对犯罪证据的掌握而错误逮捕犯罪嫌疑人的情况；第三，依据审判监督流程审判时被判为无罪的，但原判刑罚已经执行完毕的情况；第四，刑讯人员逼供犯罪嫌疑人并且采用殴打等暴力手段造成犯罪嫌疑人身体受到伤害或者致犯罪嫌疑人死亡的情况；第五，刑讯人员违法使用警用器械、武器使犯罪嫌疑人身体受到伤害或者导致死亡的情况。另外，根据我国《国家赔偿法》相关规定，相关部门在执行审判、检察、侦查、根据职权管理条例出现下列情况的，当事人具有索赔的权利：第一，执法人员违法查封、冻结、追缴犯罪嫌疑人合法权利的；第二，依据审判监督合法程序审判后改判为无罪的，并且对犯罪嫌疑人的惩罚以及财产已经造成损失的情况。

建立羁押必要性的审查制度，明确监视居住适用时间、条件。细化逮捕条件，完善逮捕环节。切实保障被羁押人的合法权利，进一步改善监狱、看守所监管条件，强化对监管活动和刑罚执行的监督，严格规范减刑、假释和暂予监外执行，规定刑事被告人或上诉人出庭受审可以穿便装而非囚服，切实保障被羁押人的人格尊严、人身安全、合法财产和申诉、控告检举等合法权利。

建立并完善司法救助制度，加大受害人保护力度。2013 年以来，政府每年对法律援助的投入以 10% 以上的速度增长，截至 2015 年底，公安机关累计对 6338 人发放司法救助资金约 1.4 亿元。根据《中国司法领域的新进展》白皮书显示：2014 年 1 月至 2015 年 10 月，各级检察机关共受理 1.3 万多人国家司法救助申请，发放救助金 1.2 亿元。各级法院 2013—2015 年共为有困难的诉讼当事人减免诉讼费 6.25 亿元。2016 年达到 21.2 亿元，全国办理法律援助案件数超过500万件。为建立国家司法救助制度最近3年我国财政共投入50亿元资金，救助人数达27.4万人。2018年我国法院共审结国家赔偿案件1.5万件。对生活困难当事人发放司法救助款10.8亿元，减免诉讼费2.6亿元。

进一步完善未成年刑事案件诉讼程序，为未成年犯罪人改造后重新回归社会提供机会，对未成年犯罪人要实行教育、感化、挽救的方针。新修订的《刑事诉讼法》在特别程序中专门增加了一章关于未成年人刑事案件程序的内容，其中特别提到处理未成年人案件应当坚持以教育为主、惩罚为辅的原则，由熟悉未成年人身心特点的审判人员、检察人员和侦查人员承办未成年人刑事案件。加强涉未成年人案件审判，完善社会调查轻罪记录封存等机制，积极开展回访帮教工作。近年来，未成年人重新犯罪率基本控制在1%～3%，未成年人罪犯数和犯罪案件数量从2009年以来连续9年下降。

纵观历年来最高人民法院工作报告可以发现，其中“保障人权”的表述基本都是同刑事诉讼相联系，尤其是刑事案件中的犯罪嫌疑人、被告人权利保护倍受重视。在每年的报告中通过统计公布阶段性受理和审结案件数量、平反典型冤假错案、统计审判监督案件、宣告无罪案件等方式展示我国在落实罪刑法定、疑罪从无的法律原则，司法人权保障方面取得的进展。例如，依法惩治刑事犯罪，严格落实宽严相济的刑事政策。根据报告，2017年我国各级人民法院再审改判刑事案件数量为6747件，其中包括依法纠正呼格吉勒图案、聂树斌案等重大冤错案39件涉案78人。2018年依法宣告517名公诉案件被告人和302名自诉案件被告人无罪。此外，2015年还认真落实习近平主席特赦令和全国人大常委会决定，实现了新中国成立以来的第八次特赦，依法特赦罪犯31 527人。

## 二、行政诉讼中的人权保障

《世界人权宣言》《公民权利和政治权利公约》《经济、社会和国际权利公约》等国际条约都将一国政府列为人权保障的责任主体，政府不仅应该限制权力、防止自身妨害公民权利而且更应该为公民人权的实现提供保障措施。国家机关是国家的载体，理应享有尊重和保护人权的义务。不同国家机关对于人权保障有着不同的分工。立法机关主要承担着将“应有权利”转化为“法定权利”的职责，行政机关和司法机关主要承担着将“法定权利”落实为“实有权利”的职责。可是在现实中，我们看到强大的政府权力往往是公民人权的重大潜在威胁，而通过行政诉讼来对抗国家行政权力的侵害是保障公民人权非常重要的方式。相比于力量薄弱的个人和社会力量，司法机关以其中立性和国家法律的强制执行力成为当人权受到来自政府的侵害时最有力的救济机关。特别是在法治国家，司法权是具有裁断被诉行政行为是否有效的终局性权力，在这种情况下，司法无疑成为救济被行政机关侵害的人权的最重要的手段。

“立案难、审理难、执行难”是行政诉讼中一贯存在的问题。在最新修订的行政诉讼法中明确规定人民法院依法受理行政案件，行政机关不得干预、阻碍。

首先，扩大了行政诉讼的受案范围，将可诉行政行为不只限于具体行政行为，这一方面有利于保障公民诉权，另一方面也有利于司法机关更好地对行政机关进行监督。第二，将原先的主观的行政原告判断标准改为客观行政标准，《行政诉讼法》第 25 条第 1 款规定：“行政行为的相对人以及其他与行政行为有利害关系的公民、法人或者其他组织，有权提起诉讼。”第三，强化了司法对于行政行为的监督作用：将明显不当的行政行为纳入司法审查范围，规定法院有权撤销明显不当的行政行为。强化了行政机关工作人员出庭的要求，法律规定被诉行政机关负责人“应当”出庭应诉。

## 三、民事诉讼中的人权保障

自从 20 世纪 90 年代初，我国民事诉讼理论界就开始关注诉讼模式转换问题。而关于我国民事诉讼领域的司法改革目标也主要是围绕着由职权主义向当事人主义转换进行的。诉权的维护和诉权范围的适当扩大是民事诉讼保障人权的主要方式。通过对建立在当事人主体性的承认基础上的处分原则和辩论原则在法律制度中的不断落实，实现当事人和法院在民事诉讼中的任务分配和相互关系，达到用当事人权利制约司法权力。2012 年修改的《民事诉讼法》明确规定民事诉讼法要保护当事人的合法权益，保证当事人能够充分行使其诉讼权利。

民事诉讼活动作为一种平等主体之间解决纠纷的选择，不应过度强调国家公权力，法院不应过多干涉当事人的诉讼行为。民事案件当事人的处分权不仅包括实体法上的处分权也包括程序法上的处分权，尤其程序法上处分原则的贯彻既是当事人诉讼主体性的必然要求，也是私法自治原则在诉讼法中的体现。通过变“立案审查制”为“立案登记制”充分保障公民诉权的落实。“立案审查制”过分强调了国家对公民获得司法救济权的审查，“立案登记制”则更有利于保障公民的司法保护请求权，在法庭上通过双方当事人的举证、质证等一系列法庭审判程序达到纠纷真正意义上的解决是对当事人诉权真正的保障。坚持处分原则是保障人权的体现在于二者深层次的保护基础均为公民的自由选择权，因此尊重民事案件中当事人处分权的履行是我国司法程序上对人权保障的重要体现，从另一个方向来讲，辩论和处分原则的贯彻落实也会使得通过司法的纠纷解决方式更好地为社会所接受。

此外，公益诉讼制度的确立是我国 2012 年新修订的《民事诉讼法》中的一大亮点。有别于普通民事诉讼案件，公益诉讼的目的是维护社会公益，保障公民环境权、消费者权利等群体性人权。民事公益诉讼制度的确立为民众集体性人权受损的救济途径提供了更多的选择，进一步扩大了诉权行使范围，标志着我国在维护公民社会文化权利的司法制度方面取得了标志性的进展，对维护社会整体利益有着举足轻重的作用。

在各类法律、政策、文献中明确列举公民权利的立法方式和论述方式虽然具有通俗易懂、明确快捷的优势，但是关于列举权利清单的论证方式，

可能存在两种批评：一方面，概括性人权保障条款在诉讼程序中可以起到对权利列举范围的“兜底”作用，那么既然如此，在具体的法律条文中法律权利的列举又如何能够体现人权保障的程度、如何防止兜底条款的滥用是实践中必须面对的难题。另一方面，对于公民权利，法无明文禁止即自由，既然如此，没有被列举的权利和自由，只要未被禁止，都属于权利主体所享有。本书认为，列举的权利附随着对公权力主体的请求权，有权要求其尊重、保护、提供便利、帮助实现等权能。这些是权利清单之外的权利所不具有的权能。

### （一）人权的法治化保障

法治是人权最有效的保障。人权的最终实现，离不开国家的立法、执法和司法保障。在中国特色社会主义新时代，我们把尊重和保障人权贯穿于立法、执法、司法、守法各个环节，不断提升人权法治化保障水平，让人民群众在每一项法律制度、每一个执法决定、每一宗司法案件中都感受到了权利保护和公平正义。

国家行政机关的执法是国家履行尊重和保障人权责任的主渠道，是人权保障最常规、最普遍的场域与环节。我国行政执法机关坚持“法定职责必须为、法无授权不可为”的法治政府理念，依法、规范、文明执法，完善行政执法程序，探索建立行政裁量权基准制度；开展行政执法公示制度、执法全过程记录制度、重大执法决定法制审核制度试点；实行行政执法人员持证上岗和资格管理制度等；[①] 弘扬“法不禁止则自由”“法不禁止即可为”的法治精神，不得在法律之外为自己设定权力，不得违背法律法规随意作出减损公民、法人和其他组织合法权益或者增加其义务的决定；[②] 坚持执法的平等原则、比例原则、严格原则，在作出

① 参见中华人民共和国国务院新闻办公室：《中国人权法治化保障的新进展》，《人民日报》2017年12月16日，第6版。

② 参见中华人民共和国国务院新闻办公室：《中国人权法治化保障的新进展》，《人民日报》2017年12月16日，第6版。

行政处罚等行政行为的过程中，充分考虑必要、适度、相称、合理的要求，坚决纠正“该立案而不立案、不该立案而立案”等滥用执法权问题，禁止执法“作选择、搞变通、打折扣”，维护法治的统一、尊严、权威，保障公民在法律面前一律平等的基本权利。

行政机关坚持尊重和保障人权的宪法原则，将切实保护人权的理念融入行政执法全过程，对严重侵犯群众合法权利的行为、侵犯群众权益问题零容忍、严查处、快追责，充分发挥行政执法保护人权的独特作用，以严格公正文明执法的实际成效增强了人民群众的幸福感、获得感、安全感。

在执法领域，制约监督行政执法行为也是人权保障的重要措施。习近平总书记指出：“纵观人类政治文明史，权力是一把双刃剑，在法治轨道上行使可以造福人民，在法律之外行使则必然祸害国家和人民。”[①] 国内外的实践表明，权力异化、权力滥用是人权的最大破坏者，故强化对行政权力的制约监督是人权保障的关键所在。依法治国首在依法治权，防范权力尤其是无所不在的行政权力对人权和公民权利的不法侵害。在全面依法治国新时代，我们坚持依法设定权力、规范权力、制约权力、监督权力，把行政权力关进制度的笼子、纳入法治轨道，促进各级行政机关及其工作人员树立权由法定、权依法使、有权不可任性等基本法治观念，依照法定权限和程序依法决策、依法行政、保护人民、接受监督，使侵犯人民群众合法权益特别是基本人权和公民基本权利的现象得到有效控制。

司法是维护公平正义的最后一道防线，也是依法维护公民权益、切实保障人权的最后一个环节。2012 年 12 月 4 日，习近平总书记在首都各界纪念现行宪法公布施行三十周年大会上发表重要讲话时就强调指出：“要依法公正对待人民群众的诉求，努力让人民群众在每一个司法案件中都能感受到公平正义，决不能让不公正的审判伤害人民群众感情、损害人民群

① 习近平：《在省部级主要领导干部学习贯彻党的十八届四中全会精神全面推进依法治国专题研讨班上的讲话》2015 年 2 月 2 日，载中共中央文献研究室编：《习近平关于全面依法治国论述摘编》，北京：中央文献出版社 2015 年版，第 37–38 页。

众权益。”[①] 党的十八大以来，我们党全面深化司法体制改革，不断健全人权司法保障制度机制，人权司法保障得到切实加强，取得显著成效。一是树立正确司法理念，把定纷止争、打击犯罪同保障人权、救济权利有机统一起来，将人权保障贯穿司法权运行各个阶段、各个环节、各个方面。二是依法公正对待人民群众的诉求，强化诉讼权利保障，人民法院改立案审查制为立案登记制，切实做到有案必立、有诉必理，充分保障当事人的诉权。三是严格贯彻罪刑法定、证据裁判、非法证据排除等法律原则，要求侦查、羁押、起诉、审判各环节严把事实关、程序关、法律适用关，保障被羁押人的人身安全和其他合法权利不受侵犯，充分发挥庭审在查明事实、认定证据、保护诉权、公正裁判中的决定性作用，切实做到案件事实证据经得起法律检验，确保无罪的人不受刑事追究，有罪的人受到公正惩罚，有效防止重大冤错案件的发生。四是坚持公正司法、有错必纠，果断纠正冤假错案司法机关密切配合，对定罪证据不足的案件依法宣告被告人无罪，确保无罪的人不受刑事追究。在过去十年，各级法院纠正重大冤假错案 60 余件 120 多人，依法宣告 8491 名被告人无罪。五是以保障被羁押人合法权利为基本理念，加强监狱、看守所制度建设；强化对监管活动和刑罚执行的监督，保障被羁押人合法权利不受侵犯；严格规范减刑、假释和暂予监外执行，依法向社会公开减刑、假释、暂予监外执行的法定条件、程序和结果，确保刑罚变更的公平公正；改善监狱、看守所监管条件，规范监狱、看守所生活医疗管理，保障被羁押人的健康权利。六是激活特赦制度，彰显人道精神。根据党中央决策部署，全国人民代表大会常务委员会两次作出特赦决定，国家主席习近平签署主席特赦令，政法机关依法实施，对部分服刑罪犯实行特赦。第一次特赦是 2015 年为纪念中国人民抗日战争暨世界反法西斯战争胜利 70 周年实行的特赦，特赦服刑罪犯 31 527 人。

---

① 习近平：《在首都各界纪念现行宪法公布施行三十周年大会上的讲话》2012 年 12 月 4 日，载中共中央党史和文献研究院编：《习近平关于尊重和保障人权论述摘编》，北京：中央文献出版社 2021 年版，第 136 页。

第二次特赦是2019年中华人民共和国成立70周年之际实行的特赦，特赦服刑罪犯23 593人。对无工作单位、无劳动能力、无生活来源、无法定赡养人的被特赦人员依法按政策落实最低生活保障等措施，帮助被特赦人员顺利融入社会。[①]

### （二）人权的纪检监察保障

纪检监察机关是党内监督和国家监察的专责机关，是制约公权、保障人权的铁军，在人权保障方面发挥着极其重要作用。纪检监察的主要对象是那些具体行使党的执政权和国家立法权、行政权、监察权、司法权，具体掌握着各种经济、政治、文化、社会资源的各级领导干部，即"关键少数"。"关键少数"是依法依规保障人权的关键，发挥着保障人权的关键作用。但同时必须看到，腐败作为权力异化和权力运行之扭曲，构成了对人权的最大侵害，因而反腐败是保障人权最有力的行动。党的十八大以来，我们党不断加强对领导干部特别是主要领导干部的监督，不断完善党政监督体系，促进各级领导干部尊法、学法、懂法、用法，强化尊重和保障人权的法治理念；以"得罪千百人、不负十四亿"的使命担当，开展了史无前例的反腐败斗争，不敢腐、不能腐、不想腐一体推进，"打虎""拍蝇""猎狐"多管齐下，反腐败斗争取得压倒性胜利并全面巩固，消除了党、国家、军队内部存在的严重隐患，确保党和人民赋予的权力始终用来为人民谋幸福。[②]据不完全统计，在党的十九大到二十大期间，全国纪检监察机关共立案306.6万件，处分299.2万人，其中，处理严重违纪违法、触犯刑

---

① 参见中华人民共和国国务院新闻办公室：《中国人权法治化保障的新进展》，《人民日报》2017年12月16日，第6版。

② 参见习近平：《高举中国特色社会主义伟大旗帜，为全面建设社会主义现代化国家而团结奋斗》（二〇二二年十月十六日），载习近平：《习近平著作选读》（第一卷），北京：人民出版社2023年版，第11–12页。

律的 32.6 万人次。[①]

## 第三节　赋权密度

司法被认为是人权保障的最坚固堡垒。本书通过一种新的方式来证成这一命题，为此，创制了一个新的概念："赋权密度"。物理学上"密度"的定义是物体的质量除以体积，"密度"是对特定体积内的质量的度量[②]，在科学上用来鉴别物质。这里赋权密度是指法律规范文本中设定法律权利的内容占法律规范全部内容的比重。赋权密度有两种计算方式：一是法律规范文本单位文字中所含有的权利内容的文字数量，简单来讲，就是指一部法律中权利条款的字数与法律规范文本总字数的比值；二是法律规范文本单位条文中所含有的权利条款的条数，简单来讲，就是指一部法律中权利条款的条数与法律规范文本总条数的比值。上述两种比值越高，就说明赋权密度高，反之则低。

赋权条款分为五种：一是直接权利条款，通常包含"权利""权""有权""可以""自由"等关键词，例如："各民族公民都有用本民族语言文字进行诉讼的权利""在审判过程中，被告人能够依法拒绝辩护人继续提出辩护，同时也可以重新委托新的辩护人为其辩护。二是权利条款和权力主体应当回应前者的权利。比如，被告人具有辩护的合法权益，因此司法部门应依法保障被告人的合法辩护权利。三是权力主体应当为权利主体做某事的规定，权力主体的义务有一个明确的对象指向，这一定程度上使被告人取得合法权利。比如复审法院判决不开庭审理，需要询问被告人意

① 参见《十九届中央纪律检查委员会向中国共产党第二十次全国代表大会的工作报告》（2022 年 10 月 22 日中国共产党第二十次全国代表大会通过），载本书编写组编：《党的二十大文件汇编》，北京：党建读物出版社 2022 年版，第 72–73 页。

② ［美］克里斯托弗 · G. 普利：《物理其实很简单》，李桂莲、张卓伟译，上海：上海科学技术出版社 2014 年版，第 1 页。

见，并且听取辩护人、当事人代理人的意见。四是法律规定的法定代理人、辩护人、证人、诉讼代理人以及相关人员等诉讼行为参与者对诉讼当事人的保护，这些保护条款也间接赋予其权利。例如："法律援助机构可以在人民法院、看守所等场所派驻值班律师。犯罪嫌疑人、被告人没有委托辩护人，法律援助机构没有指派律师为其提供辩护的，由值班律师为被告人以及犯罪嫌疑人提供法律援助、选择程序、案件处理意见、申请变更强制措施等法律帮助"。五是法律规定的赋予法定代理人、诉讼代理人、辩护人、证人、鉴定人和翻译人员等诉讼参与人的权利，该权利是为了保护诉讼当事人的权利而设立，例如："辩护律师可以同在押的犯罪嫌疑人、被告人会见和通信。"

## 一、行政处罚和刑事诉讼赋权密度的对比分析

当权利受到国家之外的第三者侵害的时候，人权保障存在三种途径：一是权利人自己保障，二是通过他人协助来保障，三是寻求国家权力保障。国家权力保障人权的方式又分为立法保障、执法保障和司法保障。在制度设计上，收容遣送制度、劳动教养制度、行政处罚与刑罚都可以剥夺公民的人身自由和财产，且前三种处罚并未经过司法程序，这是与未经法院审判不得非法剥夺任何公民的财产和自由的现代法治精神是严重不符的，前两种也业已被废除。国务院行政法规《城市流浪乞讨人员收容遣送办法》于 2003 年被废止，《国务院关于劳动教养问题的决定》和《国务院关于劳动教养的补充规定》也于 2013 年被废止。

故本部分先来对比一下，执法保障人权的赋权密度和司法保障人权的赋权密度，选取的法律规范文本是行政处罚法（包括治安管理处罚法）和刑事诉讼法。刑事诉讼法的赋权密度的计算方法为刑事诉讼法中赋权条款的字数除以刑事诉讼法全部条文的总字数所得出的百分比，赋权条款的统计见表 5.1（由于刑事诉讼法中赋权、控权密度条款过多，因此不在正文展示，放在附录中）。

表 5.1　刑事诉讼法的赋权条款统计

| 类型 | 条目 |
| --- | --- |
| 1. 直接权利条款 | 第二条，第九条，第三十二条，第三十四条，第四十五条，第五十八条，第九十九条，第一百零一条，第一百一十条，第一百二十条，第一百二十二条，第一百八十二条，第一百九十八条，第一百九十九条，第二百一十条，第二百二十七条，第二百五十二条，第二百八十八条，第二百九十三条，第二百九十四条，第二百九十九条，第三百条，第三百零五条，第三百零六条 |
| 2. 权利 + 应当 / 可以 | 第十一条，第十四条，第三十条，第三十三条，第三十七条，第一百一十四条，第一百一十七条，第一百九十七条，第二百二十九条，第二百八十二条 |
| 3. 公权力机关应当为当事人 | 第三十条，第三十五条，第三十六条，第八十五条，第八十八条，第一百一十一条，第一百二十条，第一百二十一条，第一百二十二条，第一百三十二条,第一百三十九条,第一百四十二条,第一百四十五条,第一百五十二条,第一百五十四条,第一百六十六条,第一百六十七条,第一百七十三条，第一百七十七条，第一百七十八条，第一百八十条，第一百九十条，第二百零七条，第二百一十七条，第二百一十九条，第二百二十四条,第二百三十一条,第二百三十四条,第二百三十六条,第二百三十八条,第二百四十五条,第二百五十一条,第二百五十三条,第二百六十条，第二百六十二条，第二百六十三条，第二百六十五条，第二百七十条，第二百七十七条，第二百七十八条，第二百八十一条，第二百八十五条，第二百八十六条，第二百八十九条，第二百九十条，第二百九十三条，第二百九十四条，第二百九十五条，第三百条，第三百零一条，第三百零四条，第三百零六条 |
| 4. 其他主体对当事人权利的保护 | 第三十六条，第三十七条，第三十八条，第一百七十三条 |
| 5. 其他主体权利 + 应当 | 第三十九条，第四十条，第四十一条，第四十三条，第四十六条，第四十八条，第四十九条，第八十八条，第一百六十一条，第二百五十一条，第二百八十一条 |

行政处罚法（包括治安管理处罚法）的赋权密度的计算方法为：一是行政处罚法（包括治安管理处罚法）中赋权条款的字数除以统计基数的总字数所得出的百分比，二是权利条款的条数与法律规范文本总条数的比值。行政处罚法的统计基数为：第一章总则、第三章行政处罚的部门、第四章行政处罚部门的管辖权和适用权、第五章行政部门处罚的判决、第六章行政处罚的执行、第七章法律责任、第八章附则的字数的总和，第二章行政处罚的种类和设定的规定不在统计范围内。治安管理处罚法的统计基数为：第一章总则、第四章处罚程序、第五章执法监督、第六章附则字数的

总和，第二章处罚的种类和适用和第三章违反治安管理的行为和处罚不在统计范围内。赋权条款的统计见表 5.2。

**表 5.2　行政处罚法（包括治安管理处罚法）的赋权条款统计**

<table>
<tr><th colspan="2">类型</th><th>条目</th></tr>
<tr><td rowspan="5">行政处罚法的赋权条款</td><td>1. 直接权利条款</td><td>第一条、第六条、第三十五条、第四十九条</td></tr>
<tr><td>2. 权利 + 应当 / 可以</td><td>第三十二条、第四十二条、第五十四条、第五十六条</td></tr>
<tr><td>3. 公权力主体应当为当事人</td><td>第三十一条、第三十四条、第三十七条，第四十条、第四十二条、第五十九条</td></tr>
<tr><td>4. 其他主体对当事人权利保护</td><td>无</td></tr>
<tr><td>5. 其他主体权利 + 应当</td><td>无</td></tr>
<tr><td rowspan="5">治安管理处罚法的赋权条款</td><td>1. 直接权利条款</td><td>第一条、第八十一条、第八十四条、第八十六条、第九十四条、第一百零一条</td></tr>
<tr><td>2. 权利 + 应当 / 可以</td><td>第一百一十四条、第一百一十七条</td></tr>
<tr><td>3. 公权力主体应当为当事人</td><td>第五条、第八十七条、第八十九条，第九十二条、第九十四条</td></tr>
<tr><td>4. 其他主体对当事人权利保护</td><td>无</td></tr>
<tr><td>5. 其他主体权利 + 应当</td><td>无</td></tr>
</table>

## 二、行政复议和行政诉讼赋权密度的对比分析

在某种程度上，公民的人权与国家的权力会形成对立，从公民角度来看，国家应当对其人权进行保障，而国家的权力体系却在一定程度上削弱了公民的人权，这种矛盾是客观存在的。因此，无论在任何情况、任何环境下，政府若想对公民的人权进行保障都会遇到困难。[①] 针对这种矛盾，我国现行的法律内容中已经授权司法机关可以对行政诉讼与国家赔偿诉讼进行审理裁判，以此进行对相关单位权力合法性的监督与审查，并且形成了行政权力制约的制度体系。

中国的行政诉讼法是在 20 世纪 90 年代初颁布并开始实行的，从此，中国司法的人权保障进入了一个新的阶段，是我国运用司法审判保障人权

① Jack Donnelly，Universal Human Rights in Theory and Practice，Cornell University Press，1989，p.15

的一个重要方面。行政诉讼法的出台，使得“民告官”的权利真正得到了法律的确认和司法的保护，这也同时标志着我国民主政治水平迈上了一个新的台阶。当公民权利受到行政权力侵害时，除了通过司法寻求行政诉讼之外，还可以通过向行政机关寻求行政复议。本部分探讨的是，行政诉讼和行政复议的赋权密度对比，选取的法律规范文本是行政诉讼法和行政复议法。行政诉讼法的赋权密度的计算方法为：一是行政诉讼法中赋权条款的字数除以行政诉讼法全部条文的总字数所得出的百分比；二是权利条款的条数与法律规范文本总条数的比值。赋权条款的统计见表 5.3、表 5.4。

**表 5.3　行政诉讼法的赋权条款统计**

| 类型 | 条目 |
|---|---|
| 1. 直接权利条款 | 第一条、第二条、第九条、第十条、第二十五条、第二十九条、第三十一条、第三十二条、第四十四条、第四十五条、第四十七条、第四十八条、第五十四条、第五十五条、第八十二条、第八十五条、第九十条 |
| 2.”权利”+”应当” | 第三十六条、第五十二条、第九十一条 |
| 3. 公权力机关应当为当事人 | 第三条，第九条，第五十一条 |
| 4. 其他主体对当事人权利保护 | 第二十五条、第三十条、第三十二条、第六十五条 |
| 5. 其他主体权利 + 应当 | 无 |

行政复议法的赋权密度的计算方法为：一是行政复议法中赋权条款的字数除以行政复议法全部条文的总字数所得出的百分比，二是权利条款的条数与法律规范文本总条数的比值。

**表 5.4　行政复议法的赋权条款统计**

| 类型 | 条目 |
|---|---|
| 1. 直接权利条款 | 第九条、第二十二条、第二十五条 |
| 2. 权利 + 应当 | 第十一条、第十二条、第十九条 |
| 3. 公权力机关应当为当事人 | 无 |
| 4. 其他主体对当事人权利保护 | 无 |
| 5. 其他主体权利 + 应当 | 无 |

若想真正对公民的人权有所保障，并且更好地实现法治社会，首先需

要的就是对权力进行制约。然而，对权力的制约最好的方法就是通过法律。博登海默曾经在其研究中表明，掌权者会受到法律条文的限制，因此，在权力行使的过程中也会受到法律的约束而不得放任行使；与此相反的是，如果没有法律进行约束，权力将可以在掌权者手中自由的运用，这样所造成的后果与所形成的局面将是无法预料的，也就很容易导致紧张的社会矛盾出现。[①] 因此，法律条文与制度约束的方法在制约权力时会起到较好的作用，如果将此方法应用在司法诉讼领域内，同样可以削弱司法权力的扩大与掌权者的权力自由程度，进而起到稳定司法秩序的效果。在对权力制约的众多方法中，以权力制约权力是最为具体化的一种。在法律或者制度中，公民享有个人权利，而国家或者政府权力在与公民权利形成对抗时，公民的力量是弱小的，尤其是私人、个体在对抗国家权力时相对薄弱。因此，法律所赋予的公民人权也就成为其对抗国家权力的重要手段。而除了公民的个人权力与国家权力相对抗之外，政府的一种权力与另一种权力之间的对抗也会形成较好的制约，而这种制约相对于前者就好比外部制约。在我国的权力系统中，司法领域内的权力制约的权力就是法律监督权，监督权可以有效地对司法权力的合法性进行监督与管理。但是在实际制约过程中两种权力之间的距离很难掌控，分离较远易导致制约效果差，而距离近就会混淆两种权力，司法独立性就差。因此，就目前我国的司法环境来看，制约司法权力最为有效的方法就是采用个人权利对司法权力进行制约。并且，行政复议的形式在解决纠纷的过程中相较于其他机制也拥有较强的优越性，具有解决纠纷效率更高的特点。[②] 根据我国当前的司法权力现状，只有将行政复议与行政诉讼相结合，将前者的主渠道功能与后者的最终保障功能相融合才能更好地解决我国当前存在的行政争议问题与部分权力矛盾现象。

---

① ［美］博登海默：《法理学——法律哲学与法律方法》，邓正来译，北京：中国政法大学出版社 2004 年版，第 372 页。

② 应松年：《把行政复议制度建设成为我国解决行政争议的主渠道》，《法学论坛》2011 年第 5 期。

## 三、民事行政刑事诉讼法赋权密度的对比分析

民事诉讼法的赋权密度的计算方法为民事诉讼法中赋权条款的字数除以民事诉讼法全部条文的总字数所得出的百分比，对此，有两点值得说明。

第一，刑事诉讼程序法的赋权密度最高，行政诉讼次之，民事诉讼法最低。对此，第一种解释方式是法律程序所涉利益的重要性标准。在贝勒斯看来，如果一项裁判涉及的利益不具有重要性，那么就没有必要制定严格的法律程序。因为受影响利益越重要，错误成本就会越高。法律程序所涉及的利益具有重要性越高，法律程序就越严格。另外，在一旦司法主动介入到对非正式的私人关系，司法程序的正当性就显得尤为重要，因为司法的进入非但不是私人所期待的效果，该行为本身也是对司法被动性及对个人空间尊重的背离。可能会因此对私人关系的和谐产生刻板的、不利的，甚至是恶性破坏的结果。这一点在婚姻家庭关系中体现得最为明显。[①] 因为刑事诉讼程序直接涉及被告人生命、自由等利益的处分，相较于行政诉讼和民事诉讼中的财产利益，具有重要的更高位阶，因此，其程序中的人权保障程度更高。

第二，民事诉讼法的赋权密度低于行政诉讼，尤其是刑事诉讼，原因在于：在刑事诉讼中，被追诉人需要对抗侦查、公诉等权力，在行政诉讼中原告要对抗行政权力，而民事诉讼的双方当事人是平等的权利主体，因而民事诉讼法中的权利条款和控权条款都较少，民事诉讼程序的主要矛盾则是当事人处分权与审判权之间的关系。

赋权条款见表 5.5。

---

① ［美］迈克尔·D. 贝勒斯：《程序正义——向个人的分配》，邓海平译，北京：高等教育出版社 2005 年版，第 187 页。

表 5.5　民事诉讼法赋权条款整理

| 类型 | 条目 |
| --- | --- |
| 1. 直接权利条款 | 第二条、第五条、第八条、第十一条、第十二条、第十三条、第三十四条、第四十五条、第四十九条、第五十条、第五十一条、第五十三条、第五十四条、第五十六条、第五十八条、第七十六条、第七十九条、第八十一条、第一百一十八条、第一百二十条、第一百三十九条、第一百五十八条、第一百六十四条、第一百九十九条、第二百一十四条、第二百二十一条、第二百二十五条、第二百二十六条、第二百三十六条 |
| 2. 权利 + 应当 / 可以 | 第四十四条、第五十四条、第五十五条、第五十七条、第六十一条、第六十四条、第八十一条、第一百零六条、第一百二十五条、第一百二十六条、第一百二十七条、第一百三十六条、第一百四十七条、第一百四十八条、第一百五十九条、第一百六十七条、第一百八十二条、第一百八十六条、第一百八十九条、第一百九十三条、第二百零一条、第二百零三条、第二百一十六条、第二百三十条、第二百三十七条、第二百三十八条、第二百四十四条 |
| 4. 其他主体对当事人权利的保护 | 第八十一条、第一百零一条 |
| 5. 其他主体权利 + 应当 / 可以 | 第一百五十六条、第一百八十一条、第一百九十五条、第一百九十七条、第二百二十七条 |

民事诉讼中的人权保障主要是通过当事人主义来实现的。经历了历次司法改革的洗礼，现如今我国已初步形成了当事人主义的诉讼模式。目前，职权主义在我国现行的民事诉讼体制当中有着较为明显的表现，不过其整体趋势是向着当事人主义方向发展的。相比之下，英美法等西方国家都极力提倡当事人主义，这些国家的法律体系则赋予了诉讼参与人更为充分的权利。[①] 在现代民事诉讼体系当中，其主线是当事人主义，诉讼关系结构是由处分主义和辩论主义共同为主导构成的。而民事诉讼的基本结构则是由辩论原则与处分原则共同构成，这也是当事人主义的两大支柱所在，对民事诉讼当中当事人与法院所分别要承担的任务及二者之间的关系进行明确划分，让当事人权利制约司法权力的目的得以实现，这就是民事诉讼基

① 江必新：《国家权力科学管理视阈下的审判管理》，《法律适用》2017 年第 5 期。

本结构的核心精神所在。处分原则内容主要体现在，在程序启动、诉讼标的确定及终结诉讼上，当事人一直都占据着主导作用。就整体上来说，诉讼过程当中要想终结程序，则需要当事人借助有利一方，或是双方，或是双方进行任意性妥协等三种途径来实现，以此来体现当事人支配诉讼的权利。所以，处分原则等内容虽涵盖了程序始终和诉讼标的这两个方面的内容，但最终体现的还是由当事人主导这一内容。简单来说，处分原则充分体现出了当事人有权支配诉讼标的和相关程序出入口方面，借此将法院权利的干预排除掉。

广义层面上的当事人主义也涵盖了处分权主义在内，不过狭义层面上的当事人主义主要指的是辩论主义，也就是当事人收集诉讼资料从而有效避免法官的突袭裁判。[①] 一般认为辩论原则有三大要旨：首先，事实如对裁判有明显意义的，则必须是由当事人所提出来，如此方能作为裁判依据；其次，法院应把自认的事实纳入裁判依据范畴内；最后，法院所调查的证据仅仅包括当事人所提出的证据。上述三大要旨之间是存在着一定的内在逻辑关系的，具体来说就是，第一要旨是基础含义，该基础含义进行延续之后便形成了第二与第三要旨。简单来说，出现在辩论过程当中的且作为法院裁判依据的应包括对裁判有着明显意义的事实在内。

一般来说，主要通过下列两种途径来实现裁判的事实依据的真实性：首先，以共识优先性为基础，若是一方当事人主张事实且另一方当事人对此表示自认，那么双方针对这一事实没有争议，法院也不需要再进行审查与证明。其次，当当事人一方主张事实但另一方提出争议时，就有必要进行证明，这就需要当事人提出证据从而让法官对此事实进行确信。这样一来，辩论原则的三大要旨就能够形成一个有机整体，简单来说就是，法院裁判的依据来源于诉讼过程当中当事人所提出的双方没有争议的事实或是存在争议但已经过证实的事实，法官在诉讼过程当中不允许带入私人知识，显著事实除外。也就是说，当事人在作为裁判基础的事实性诉讼资料提出

① 段文波：《庭审中心视域下的民事审前准备程序研究》，《中国法学》2017 第 6 期。

方面是占据着支配地位的，以制约审判权力。

结合上述分析来看，基于处分原则和辩论原则所建立起来的当事人主导型民事诉讼对民事诉讼当中当事人和法院各自所要承担的基本任务与职责进行了明确划分。就整体而言，程序内容取决于当事人，这是权力制约特征的一种突出体现，具体来说就是需不需要诉讼和在哪一种范围内对裁判对象进行限定都是由当事人基于处分原则来决定的；以辩论原则为前提的裁判依据的诉讼资料来源方面也会制约着司法权的形成。[①] 换言之，也只有在当事人主义结构下，方可把诉讼结果看成是当事人自我行为的结果，最终让当事人发自内心的认可并接受程序结果而并不是法院所赋予的结果。[②]

可以肯定的是，在人权司法保障的不同方面刑事诉讼、行政诉讼与民事诉讼分别发挥着积极作用：民事诉讼解决的是个人主体之间的纠纷，保护的是平等的权利；行政诉讼解决的是个人行为与政府行为之间的矛盾，通过司法机关的介入使相对弱势的公民个人有机会与力量强大的政府相抗衡，以恢复可能被行政行为侵害的合法权利；而刑事诉讼与前两者相比保护的社会关系与公民权利内容更加丰富且程序更加复杂，刑事诉讼相关部门对其所保护的权利的主动性更强更高。此外，与行政诉讼和民事诉讼不同的是国家通过刑事诉讼不只要对具体案件当事人的法定权利进行尽职尽责的保护，而且还要对被追诉人的依法追责来恢复被伤害的社会关系，并通过诉讼的形式间接地对社会上不特定的多数人进行保护。

## 第四节　控权密度

法律程序的功能取向应当且必须是通过权力制约的人权保障，该设计

---

① 冯珂：《从权利保障到权力制约：论我国民事诉讼模式转换的趋向》，《当代法学》2016 年第 3 期。

② ［日］中野贞一郎、松浦馨、铃木正裕：《新民事诉讼法讲义》，有斐阁 2008 年版，第 29 页。

理念相比于空洞的权利宣告来说，其有着无可比拟的制度优势。在此意义上，司法在抵御国家权力对公民权利侵害的任务中所扮演的角色就是制约其他国家权力。在国外的研究中，有学者对公共权力的司法控制进行法律分析，以此作为保障独立、公正和适当法律程序的手段，以确保公民在相关方面的法律地位的存在，并将个人宪法申诉机构视为保护人权的真正和有效的机制。[①]还有学者研究司法权对立法权的制约，以防止权利被多数人的民主侵害。法院更加重视保护个人权利，这反映出民主不足以等同于简单的多数主义。少数群体往往需要得到保护，免受多数人的压迫。对赤裸裸的多数权力进行一些检查，对于一个建立在鼓励多样性而不是否定多样性基础上的真正民主社会来说是必要的。目前，法院似乎是唯一有能力提供这种检查的机构，但这并不是说法院是发挥这种作用的最理想机构，或者权利是实现这种作用的灵丹妙药。[②]与“赋权密度”相对，本节用“控权密度”一词表示法律规范中为防止权力机关肆意用权的控制，以此保障公民权利的程度。按照权力控制的来源将控权条款分为“同类型权力主体之间的权力制约”与“不同类型权力主体之间的权力制约”。“同类型权力主体之间的权力制约”是指法院上下级、检察院上下级以及行政机关上下级之间的监督制约；“不同类型权力主体之间的权力制约”是指审判机关、检察机关、行政机关相互之间的监督制约。同样区分两种计算方式，一是计算一部法律中控权条款的字数与法律规范文本总字数的比值；二是计算法律规范文本单位条文中所含有的权力控制条款的条数，简单来讲，就是指一部法律中权利条款的条数与法律规范文本总条数的比值。上述两种比值越高，就说明控权力度越强，权利保障程度强；反之则弱。

---

① Muraviov V.，Mushak N. Judicial Control of Public Power As a Legal Instrument For Protection of Human Rights and Fundamental Freedoms in Ukraine［M］// Rule of Law，Human Rights and Judicial Control of Power. Springer International Publishing，2017.

② Walker Kristen，Who's the Boss – The Judiciary，the Executive，the Parliament and the Protection of Human Rights. U.w.austl.l.rev 1995，pp.253–254.

## 一、刑事诉讼和行政处罚程序控权密度的对比分析

本部分来考察一下，在权利救济的两种途径中，刑事诉讼和行政处罚程序中的权力制约程度的高低比较。刑事诉讼法的控权密度的计算方法为刑事诉讼法中控权条款的字数除以刑事诉讼法全部条文的总字数所得出的百分比，控权条款的统计参见表 5.6。

**表 5.6　刑事诉讼法的控权条款统计**

| 类型 | 条目 |
| --- | --- |
| 1. 同类型权力主体之间的权力制约 | 第一百三十五条、第二百三十八条、第二百四十三条、第二百四十六条、第二百四十七条、第二百四十八条、第二百五十四条、第二百六十一条、第二百六十二条、第二百六十五条 |
| 2. 不同类型权力主体之间的制约 | 第八条、第三十一条、第七十五条、第八十条、第八十五条、第九十一条、第九十二条、第一百条、第一百一十三条、第一百三十条、第一百三十四条、第一百四十三条、第一百六十五条、第一百七十条、第二百一十四条、第二百二十二条、第二百二十八条、第二百三十二条、第二百四十五条、第二百五十一条、第二百五十四条、第二百五十五条、第二百五十六条、第二百六十三条、第二百六十六条、第二百六十七条、第二百七十三条、第二百七十四条、第二百七十五条、第二百七十六条、第二百八十二条、第二百九十条、第二百九十四条、第二百九十八条、第三百零七条 |

行政处罚法（包括治安管理处罚法）的控权密度的计算方法为行政处罚法（包括治安管理处罚法）中控权条款的字数除以行政处罚法和治安管理处罚法的统计基数所得出的百分比，控权条款的统计参见表 5.7。行政处罚法的统计基数为：第一章总则、第三章实施行政处罚的机关、第四章当中对行政处罚的管辖以及适用的相关规定、第五章与行政处罚有关的决定、第六章行政处罚的执行、第七章法律责任、第八章附则的字数的总和，第二章行政处罚的种类和设定的规定不在统计范围内。治安管理处罚法的统计基数为：第一章总则、第四章处罚程序、第五章执法监督、第六章附则字数的总和，第二章处罚的种类和适用以及第三章违反治安管理的行为和处罚不在统计范围内。

表 5.7　行政处罚法（包括治安管理处罚法）的控权条款统计

| 类型 | | 条目 |
|---|---|---|
| 行政处罚法控权条款 | 1. 同类型权力主体之间的制约 | 第五十四条、第五十五条、第五十六条、第五十八条、第五十九条、第六十条、第六十一条 |
| | 2. 不同类型权力主体之间的制约 | 第五十三条 |
| 治安管理处罚法控权条款 | 1. 同类型权力主体之间的制约 | 第八十七条 |
| | 2. 不同类型权力主体之间的权力制约 | 第一百零五条、第一百零六条、第一百一十四条 |

相互比较可知，刑事诉讼法的控权密度总数略大于行政处罚法（包括治安管理处罚法），特别注意的是，刑事诉讼法中的权力控制主要由不同类型权力主体之间的相互制约构成，而行政处罚法中的权力控制主要由相同类型权力主体之间的相互制约构成。

## 二、行政诉讼和行政复议程序控权密度的对比分析

行政诉讼法的控权密度总数略小于行政复议法，见表 5.8。但是，特别应当注意的是：刑事诉讼法中的权力控制主要是由不同类型权力主体之间的相互制约构成，而行政处罚法中的权力控制主要由相同类型权力主体之间的相互制约构成。毋庸置疑，前者是一种更为有效的权力制约方式。

表 5.8　行政复议法的控权条款统计

| 类型 | 条目 |
|---|---|
| 1. 同类型权力主体之间的制约 | 第三条、第三十二条、第三十四条、第三十五条 |
| 2. 不同类型权力主体之间的控权密度 | 第三十八条 |

防止国家权力过度侵犯公民权利是法治的本质之一，而制约与监督是控制权力和保障权利两种最基本的实现方式。制约与监督在权力控制方面所侧重的功能重点及由此引发的权力架构不尽相同。因此，准确把握制约与监督在制度和功能上的区别是理解制约与监督不同的内在逻辑和运行机

制的前提。

在诉讼程序中，为了保证权力的互相制约，通常都会对诉讼过程进行分权，把一个事权分解成多个环节，并由不同的权力主体行使。复议程序中的权力监督更多源自权力的纵向授权，权力机关在给其他机关纵向授权以后，还需要对权力授予者进行一定的监督，从而防止权力滥用现象的出现。在监督过程中，如果发现权力授予者没有依法行使权力，就要受到一定的惩戒，监督主体并不直接干涉正常的权力运行过程，其重心在于对违规行为的事后纠正与惩罚；而在制约过程中，由于各权力体之间存在互相约束的关系，因而能够将防控环节前置，对可能发生的失误进行提前预防。

监督关系是一种单向关系，而制约关系是一种互动的双向关系。监督模式着重采取在权力体系外部的整体施压方式来对所控权力主体行使权力的整个过程进行监视和督促，推动被监督权力主体依法行使权力，只有在被监督主体“违规”的情况下才会对权力主体采取强制性措施；制约是自权力行使之初就一直伴生在权力主体之间的一股内在力量，它是利用权力行使的程序化、制度化、规范化来保证权力主体行使权力的合法性，实现权力间的制衡进而杜绝权力滥用现象，故从根本上保障国家权力行使的合理化。①

在行政复议和行政处罚程序中，一直存在“弱制约—强监督”的控权模式，即权力之间的制约性很小，但是外部机构对权力的监督性很强。在此模式下，监督的固有缺陷被进一步扩大，制约的良好功能被削减。

与之相比，虽然在司法程序中，尤其是刑事司法程序中，也存在监督的色彩。但是检察机关作为法律监督机关，并不同于行政系统内部上下机关的监督，这种监督具有如下特征。第一，部分监督。根据我国宪法，人民检察院虽然是我国的法律监督机构，但是它没有全面的法律监督职责。也就是说，我国的人民检察院并没有和人民代表大会一样的普遍监督权。我国宪法明确规定：全国人大及其常委会有权对国务院、中央军委、最高

① 陈国权、周鲁耀：《制约与监督：两种不同的权力逻辑》，《浙江大学学报（人文社会科学版）》2013 年第 6 期。

人民法院、最高人民检察院实施宪法和法律的情况进行监督。因此，人民检察院的法律监督权具有特殊性，它不同于其他机构的一般监督权。第二，诉讼监督。这也是检察院法律监督权有别于其他机构法律监督权的重要体现。根据我国法律，检察院行政法律监督权的唯一途径就是参与诉讼程序。因此检察院的法律监督权有别于通常以旁观者的姿态、凌驾于被监督者之上来行使监督权。检察院的法律监督权需要公检法三家配合完成。之所以采用这样的机构设置方式，也是为了使法律监督权具有相互制约性，从而保证其依法行使。第三，程序监督。检察院的法律监督只能启动解决问题的程序，对于后续的事件处分权，并不归检察院所有。从程序性特点可以看出，检察机关只有司法或执法过程中的权力，而没有决定司法结果的权力，这项权利由人民法院所有。总之，从本质上来看，检察监督有着很强的权力相互制约的特征，本质上属于权力制约的范畴。

## 第五节 小　结

中国的司法改革正在经历一场由实践探索升级为制度模型进而实现自主话语体系构建与传播的转型。在日益开放的世界性学术交流与话语互鉴的人类命运共同体协同发展中，如何解决国外先进理论在我国法治实践中遭遇的现实困境，实现域外法律概念的本土转型升级是当代中国司法改革与人权话语研究需要攻克的重要课题。我们不仅要理解保障人权的英美法教义，更需要在此基础上区分其类型划分基础、识别其历史发展脉络，搭建起适应中国本土发展的研究框架，使之形成一个由内而外、丰富饱满的理论体系，成就属于中国人自己的法治话语。对琐碎信息的简单加减拼凑不可能达到认识论上的飞跃，任何一种理论的成熟总是以对概念、表达、思想的精致化提炼为标志，并在此基础上衍生出系统化的知识体系。通过对法律法规中规定的保障人权的条文进行分类化列举，然后总结其进步性的方式来论证，使得中国式的人权司法保障话语表达总是停留在与经验事实相联系的初级描述，无法达到经验积累的升华与话语传播对理论深度更加高级的追求，也无法突显司法与其他人权保障方式相较的对比优势。分散的权利表达不能体现出法律体系内部各概念或要素之间的逻辑建构过程、层次之间的关系与整个法律体系的脉络结构，因此也无从体察制度进步的效果、治理思维的变化与保障经验的积累。

权利密度的归纳方式则通过有计划地归属分类、有步骤的排列组合完成了对整体完备形态的司法对于公民权利保障程度的描述，用一个科学化、体系化的方式将朦胧的司法之下的人权体系变成一个有组织的协同体。“赋权密度”与“控权密度”是推进司法理论走向精致化与科学化的概念。可以说“密度”的概念可以适用于各类内容占比的分析与描述。本书试图开创这种权利密度的方式进行论证，可以采用一种浓缩且纯粹的方式将司法程序对于权利的保护方式和保障力度很好地呈现出来，便于分析与批判。同时也尝试以一种中国自主的表达方式来诠释司法中最精密层次的人权保障状态。

经过上述分析，我们可以直观地得知：司法的方式相较于执法的方式在人权保障方面有独特的优势，这种优势体现在程序性的权利赋予和权力制约的程度上。如果我们进一步追问，司法通过程序性的权利赋予和权力制约想要达致一个什么样的效果，这时答案就指向了权利的平等保障。权利的平等保障是“人权司法保障”这一政治话语最核心的法理表达。权利的平等保障是也是司法保障人权的最大制度优势。前文所述，在以刑事诉讼和行政诉讼为代表的“权利—权力—权力”三方诉讼构架中，主要通过控制权力和赋予权利来实现司法的平等；在以民事诉讼为代表的“权利—权力—权利”三方诉讼构架中，则是主要通过权利自决来实现司法的平等。

权利的平等司法保障是“法律面前人人平等”这一宪法原则在司法程序中的逻辑延伸。在以追求司法公正为最高价值目标的司法程序中，司法平等具有极其特殊的地位。有学者指出，司法的内核是公正，而公正的内核是平等，司法平等是司法公正的底线。①

① 白建军：《公正底线——形式司法公正性实证研究》，北京：北京大学出版社 2008 年版，第 23—24 页。

由于诉讼两造具有相反的利益追求，必定存在结果意义上实体权利的此消彼长，败诉方甚至部分胜诉方容易产生司法不公的利己偏向。在多数情况下，司法裁判关注的是问题在现实层面的解决，但是法院的裁决不是一定都从心理层面上解决了问题。通常即使在终审结果已经下达时，败诉的一方会因心理预期的落空导致其坚持认为裁判决定是错误的，会怀疑司法裁判的公正性，认为自己遭受了不公平的司法待遇。在这种背景下更要通过程序性权利的平等保护，来让民事诉讼和行政诉讼的败诉方以及刑事诉讼的被告人心服口服。戈尔丁强调公正的诉讼程序能将纠纷从心理上得到真正解决，而不仅仅是将案件结束，这样的诉讼程序在真正解决纠纷的同时，还能够促进当事人对整个司法制度的信任，而这种信任构成了法律制度存在和发挥效用的基础。[①] 贝勒斯认为程序正义的真正价值基础在于对被裁判者人格尊严和道德主体地位的尊重。[②] 在三角诉讼架构中，法院居于顶点位置，如果双方当事人的地位不平等就会造成法院与原、被告之间关系的不稳定，这就使得本应是诉讼公平基础的三角形构造摇摆不定，法院的中立裁判者地位不可能得到保证。与此相反，如果可以对双方当事人诉讼权利进行平等保障，进而营造出司法中立的姿态、理性和客观的方式，则有利于达致胜败皆服的结果，司法的权威亦由此树立。

司法平等的外延包括平等地保护当事人的实体权利和诉讼权利，这句话包含两层意思。第一，实体权利的平等保护。从形式逻辑来分析，实体权利的平等保护包括权利类型的平等保护和权利主体的平等保护。从法理和现行法律制度来看，实体权利的平等保护只包括权利主体的平等保护。所有主体，不论民族、种族、性别、年龄、职业、家庭出身、宗教信仰、教育程度、财产状况，当权利受到侵害时，都有权诉诸法院，请求司法救济以获得司法平等保护，享有平等的司法救济权利。第二，司法程序中的

① ［美］戈尔丁：《法律哲学》，齐海滨译，北京：生活·读书·新知三联书店 1987 年版，第 228 页。

② ［美］迈克尔·D. 贝勒斯：《法律的原则——一个规范的分析》，张文显等译，北京：中国大百科全书出版社 1996 年版，第 19 页。

当事人诉讼地位平等，实体权利被侵害者固然需要用诉讼权利维护自己的合法权益，可能的第二性法律义务的承担者也同样需要用诉讼权利来对抗相关当事人提出的不合法的主张和请求。双方需要在一个平衡的诉讼结构中平等行使诉讼权利、履行诉讼义务，从而形成平等对抗的诉讼格局。

从司法平等的范围来看，司法平等以审判为中心，尊重当事人在审判中的主体地位，保证控辩双方地位平等。但是，司法平等原则的最集中体现于审判程序，并有限地溯及侦查程序，并不能适用于司法执行程序。哈珀·李借律师阿蒂克斯之口说："有一种方式能够让一切人生来平等——有一种人类社会机构可以让乞丐平等于洛克菲勒，让蠢人平等于爱因斯坦，让无知的人平等于任何大学的校长。这种机构，先生们，就是法庭"。[①]

从司法平等的义务对象而言，司法平等的权利诉求主要是当事人对法院提出的，作为代表国家行使公共权力的国家机关——法院有义务在审理案件时平等中立地对待各方当事人并为其提供同等的保护，不允许因任何原因给予差别对待。法院必须平等地对当事人合法的诉讼权利予以承认、维护和保障，而不得对一方"偏爱"而对另一方"歧视"。[②]在审判阶段，法官作为裁判者一是要做到给予当事人形式上的平等，使各方当事人的程序性权利得到保障，给予双方当事人同等的程序参与机会，包括出庭、法庭辩论、质证过程机会的平等分配；二是要对原被告或是控辩双方还原的事实、出示的证据、辩论的内容等实质性权利予以同等的关注和考虑。"在不平衡而扭曲的诉讼结构中，法院无法手持公平的天平。"[③]司法平等从法理上提出了诉讼格局的平衡性。

就司法平等的制度内容而言，当事人诉讼地位平等，包括两个方面的制度构造：一是当事人平等地享有诉讼权利，二是当事人对等地享有诉讼权利。首先，双方当事人共同享有并能独立行使相同的诉讼权利。例如在

---

① ［美］哈珀·李：《杀死一只知更鸟》，高红梅译，南京：译林出版社2012年版，第251页。

② 胡玉鸿：《论马克思主义的司法平等观》，《法学》2003年第1期。

③ 龙宗智：《我国检察学研究的现状与前瞻》，《国家检察官学院学报》2011年第1期。

民事诉讼中，这种类型的权利包括但不限于：起诉权、申请回避权、证据搜集权，申请财产保全的权利，申请不公开审理，上诉权，再审申请权，等等。其次，当事人享有对等的诉讼权利。即法律在赋予一方专有权利的时候，要同时给予对方当事人可以与这种专有权利相抗衡的对应权利，以此来实现形式上双方法律武器的公平。例如，在民事诉讼中，专为原告享有的诉讼权利包括放弃、变更诉讼请求，撤诉；而承认、反驳诉讼请求和反诉则专为被告享有。例如，在刑事诉讼中，律师在审查起诉阶段的阅卷权，在审判阶段的阅卷权、调查取证权、质证权、申请权、辩论权等诉讼权利。程序的展开是当事人平等对抗的过程，权利设置的对等性则保证了一方当事人行使诉权，要受到另一方当事人诉权的制约。

从司法平等的本质上来说，司法平等是“武器的平等”。[①]“武器的平等”指的是，通过相应诉讼手段，使原告、被告双方之间的攻击与防御能力尽可能处于平等的地位，通过平等基础上的攻击防御以谋求有利于自己的诉讼结果。司法平等只是要求一种“形式的平等”，即“诉讼地位平等和诉讼手段对等”，并不意味着双方实力相当。[②]实践中，诉讼地位平等的当事人有可能因经济能力、法律素质等现实问题导致诉讼能力不平等，这时诉讼法甚至会通过武器配置上的倾斜来实现平等的对抗。例如，嫌疑人、被告人的举证能力和条件都普遍低于控诉机关，但是在保障嫌疑人、被告人合法权益的相关制度的设置中法律就规定了不得强迫自证其罪、律师帮助权的保障等措施，以此来促进程序中的实质平等。再如，法律援助制度的目标也在于实现司法平等，法律援助制度从某种意义上来说，可以理解为一种“法律扶贫”，即国家通过帮助法律援助受援群体接受免费法律服务，努力实现权利的司法平等。

---

① 胡玉鸿：《对等权利与行政诉讼》，《法学评论》2004 第 1 期。

② 龙宗智：《中国法语境中的检察官客观义务》，《法学研究》2009 年第 4 期。

# 第六章　人权司法保障的局限初探

在保障人权的问题上，现代社会已然将司法推至国家权力的顶峰，与立法权、行政权傲立而视，分庭抗礼。作为“立宪民主的守护者”[①]，在上帝已死的今天，最高法院作为权威的释经者，其宪法判决俨然成了圣餐中的饼与酒，甚至如考文所言，成为了“基督的血与肉”。[②]同时，又如德沃金所言：“法院是最重要的国家部门，但同时也是被百姓误解最深的部门。”[③]司法的限度是公民误解法院的首要缘由，在人权保障的问题上同样如此。

在我国司法实践的发展进程中，有学者曾论言：“司法体制的理想化建构未能承载起人权保障的完美构想，在面对人权体系的开放性与诉权的积极主张时，我国司法改革应当在权力的暴力性与自我约束、权利竞争关系以及改革与诉权实现等层面重新构筑司法体制，以缓解人权保障与司法供给之间的矛盾。”[④]诚然如此，司法机关仍然应当结合自身情况和条件来正确估计现实，客观理性地认识到司法的限度，如此方能真正有效地实

---

① ［以］巴拉克：《民主国家的法官》，毕洪海译，北京：法律出版社 2011 年版，译者前言。

② ［美］爱德华·S. 考文：《司法审查的起源》，北京：北京大学出版社 2015 年版，第 1 页。

③ ［美］德沃金：《法律帝国》，北京：中国大百科全书出版社 1998 年版，第 10 页。

④ 蒋银华：《司法改革的人权之维——以“诉讼爆炸”为视角的分析》，《法学评论》2015 年第 6 期。

现人权保障。与盲目扩张司法权相比，重视对司法权的底线进行维护更为重要。司法权所能够承担的政治使命并不是无限的，若是其负担过重则很容易带来“过劳死”的后果。[①]我们必须意识到，司法权威的树立需要司法恪守其边界，有所不为方能有所为。

本节中对司法的限度、边界、界限以及由此导致的司法的局限所作出的分析，目的并非要厘清由法律规定的司法的应然边界，而是意图从理论上分析其能力的边界。有学者认为，司法权面临两个边界，一方面要按照权力分立理论廓清与其他权力的界限明确司法职能；此外，也要对机关公职人员的权力进行限定，从而防止公民的自由权利受到侵犯。有学者指出：“当当事人权利与国家司法权发生制度性矛盾时，当事人权利相较于国家司法权较为弱小，且国家司法权没有受到任何限制，因此很容易导致两者关系的失衡，故当事人的权利极有可能受到侵害。因此在法治发达的国家中，国家司法权受到限制，从而使其能与当事人权利保持相对平衡，进而保障当事人的合法权利，也避免法官进行不合理的审判。”[②]这种分析不是本书的目的。

## 第一节　司法程序方面的限度

曾有学者从制度层面作出分析，认为现行的国家司法体制限制了当事人获得司法救济的范围。由于法院没有宪法解释权，也不可以对政府的行政行为进行事前审查，因此法院无法对立法侵权和行政侵权给予司法救济，由此表现出某种程度的司法不作为。[③]因此，公民宪法权利体系的完善是公民权利保障机制完善的规范前提；司法权独立于行政权是公民权利保障机制完善的制度前提；与国际人权公约接轨是公民权利保障机制完善的技

① 董茂云：《从废止齐案“批复”看司法改革的方向》，《法学》2009年第3期。

② 孙万胜：《司法权的法理之维》，北京：法律出版社2002年版，第134页。

③ 参见任喜荣：《有限的宪法典与宽容的宪政制度》，《中国法学》2004年第2期。

术需要。而本书所要做的是一种抽象理论层面的分析。

## 一、人权可诉性的局限

在现代文明中，司法救济是当事人权利救济的核心，可诉讼性又是司法救济的前提。此外，司法救济的逻辑前提也是其具有可诉讼性，反映的是接近司法审查的可能性及其程度。“可诉性”作为现代法治的重要概念之一，是目前法学界使用频率较高的词汇之一。人权可诉性存在四个理论前提：法律的可诉性、行为的可诉性、纠纷的可诉性和权利类型的可诉性。

第一，可诉性的法律。此概念是指在诉讼过程中可适用的法律规范。法律从立法意图、立法原则、立法规则等多个方面出发，形成了一套完整的规范从而对民众进行规范。同时，公众可以基于法律，利用争端解决程序，并通过国家司法机构对自身的合法权利进行保护。[①] 国外著名法学家坎特罗维奇认为其他社会规范与法律的根本区别在于法律的可诉性。“法律是国家权力机关制定并用于规范公民行为的社会规则总和，违反法律将受到法院的审判，法律的执行受到国家强制力保护，而其他社会规范并不如此，因此它与其他社会规范的最根本区别在于可诉性。”[②] 上述法律只是理想状态下的法律形式。在现实中，法律分为可诉法和不可诉法。不可诉法仅仅是一些具有象征意义、宣示意义或叙述意义的法律。可诉性越强，法律的操作性也就越强；没有可诉性的法律，往往都是操作性较差的法律，不符合法律之形式完整性和功能健全性之要求。由于社会的急剧发展与转型，立法上宜粗不宜细的指导原则，以及鉴于人权问题的复杂性，在我国的人权立法的过程中，还依然存在着“政策性立法”“原则性立法”或者“政治性宣言”，大量的立法条文缺乏具体、详尽的操作性规范。

第二，可诉性的行为。法律对人类的行为进行了规范，体现了法律对人类行为的要求，因此这种守法行为应该拥有可诉性。这里的守法行为主

① 王晨光：《法律的可诉性：现代法治国家中法律的特征之一》，《法学》1998 第 8 期。

② Hemann Kantorowiez：The Definition of Law，Cambridge University Press，pp. 790–958.

要是指行政、刑事、民事行为。这种议论主要存在于行政法学领域，一般而言，内部行为不具有可诉性，外部行为才存在可诉的可能，在外部行政行为中，抽象行政行为不具有可诉性，具体行政行为具有可诉性。

第三，纠纷的可诉性。纠纷的可诉性即纠纷的可司法性、案件的可受理性。

当纠纷发生后，纠纷主体可以把纠纷赋予司法属性。其目的是纠纷能更加公正地得到解决。而“公正”落实到具体个案并非抽象的宏大叙事可以解决问题，它需要法官针对案件的具体情况进行裁判。司法发挥解决纠纷、恢复社会正义之机能需要具备的基本要件是当事人诉诸司法的问题须有“可裁判性”。“纠纷的可诉性是实现当事人的裁判请求权的逻辑前提，纠纷可诉性的广度反映了裁判请求权的实现程度。”[①]一直以来，纠纷的可诉性多为民法学界所探讨。法院必须分析纠纷的可诉性，遵循“有限受理”的原则。

第四，权利的可诉性。对人权的可诉性应该说已经达成基本统一的认识。公民权利和政治权利的可诉性得到广泛承认。至于生存权和发展权，其不可诉性是绝对的。经济、社会和文化权利则存在一定难度，对经济和社会权利具有可诉性的怀疑论在人权领域内曾经长期占据主导地位。例如，有学者甚至否定了经济、社会和文化权利的权利属性。认为社会权并非严格意义上的权利，最多只能算是政治行为的纲领性规定。[②]还有学者指出，如果我们将消极人权界定为真正的人权，则积极人权不过是

---

① 刘敏：《论纠纷的可诉性》，《法律科学》2003 年第 1 期。

② ［日］大沼保昭：《人权、国家与文明：从普遍主义的人权观到文明相容的人权观》，北京：生活·读书·新知三联书店 2003 年版，第 203 页。

人类的一些需要而已。[1]

有学者将经济、社会、文化权利分为三种：第一，强大的实体权利；第二，弱小的实体权利；第三，仅有宣告性权利或没有司法审查权。[2]与此同时，文化、社会、经济权利的保障方式可以分成三种：（1）宣告型保障模式。在这种模式下，文化、社会、经济权利没有司法性同时也不能被给予司法救济。此模式的经典案例如下：在爱尔兰的T.D. v. Minister for Education案中，当事人认为主管教育的行政机关没有给精神病儿童提供足够的教育，因此违反了爱尔兰宪法第42条。但是爱尔兰最高法院终审驳回了当事人的上诉，驳回理由是"本机关无该事项的审判权"。[3]（2）立法裁量主导型模式。在此模式下，国家宪法认为公民拥有文化、社会、经济权利，同时也给了立法机关足够大的空间去保障此类权益。此模式的经典案例如下：美国联邦最高法院在处理San Antonio Independent School District v. Rodriguez案件时，认为美国国家宪法只要求立法机关的行为满足最低限度即可。[4]（3）司法救济主导模式。在这种模式下，司法机关如专门的宪法法院作为保障公众权利不受侵害的主要部门，在权利受到侵害后司法机关需要承担起权利救济的任务。该模式的经典案例可以参考南非的Grootboom案，在该案件中，南非宪法法院通过对政府住房政策的审查，确认其违反了南非宪法第26条的规定。因为南非政府的住房政策没有考虑到社会弱势群体的极度需房要求，它只考虑了公众的长期和中期需房要

① 关于人的基本需要与人的权利的区分以及相关讨论，可参见：Michael A. Santoro，Human Rights And Human Needs：Diverse Moral Principles Justifying Third World Access To Affordable Hiv/Aids Drugs，31 North Carolina Journal of International Law and Commercial Regula-tion，2006，p.923；Melanie Beth Oliviero，Human Needs And Human Rights：Which Are More Fundamental?40 Emory Law Journal，p.911（1991）；Ann I. Park，Human Rights And Basic Needs：Using International Human Rights Norms To Inform Constitutional Interpretation，34 UCLA Law Review，1987，p.1195.

② Mark Tushnet，Social Welfare Rights and the Forms of Judicial Review，82 TEX. L. REV.（2003），pp. 1898-1908.

③ T.D. v. Minister for Education［2001］4 I.R. 259（Ir. S.C.）.

④ San Antonio Independent School District v. Rodriguez，411 U.S. 1（1973）.

求，故存在一定的不合理性。与此同时，对于急需住房的开普敦贫困公民，政府并没有给予他们一定的关照，因此违反了南非宪法第 26 条。[①] 司法救济模式对文化、社会、经济权利的保障作用速度要大于立法裁量模式。换句话说，抽象的立法裁量模式对公民文化、社会、经济权利的直接保障作用不如司法救济模式明显。但是司法救济模式的长期保障作用要优于立法裁量模式。因此当司法救济和立法裁量模式达到理想中的平衡状态时，其对文化、社会、经济权利的保障作用将发挥到最佳状态。换句话说，当司法救济的作用处于立法不作为和平衡状态之间时，司法机关的积极作用对保障上述三者权利更加明显；当立法裁量的作用处于平衡状态和司法不作为之间时，立法机关的积极作用对保证上述三者权利更为明显。

为了实现经济、社会和文化权利的可诉性，新的诉讼方法被开拓，主要有两种方式：一是通过公益诉讼，拓展传统诉讼主体资格的范围，以实现对经济、社会和文化权利的司法救济；二是通过对民事权利进行延伸性解释，受经济、社会和文化权利的丧失也可以解释为其人身和财产利益受到侵害，从而将其纳入民事权利的范围之内，确立了对这类权利的司法保护。不过这只限于经济、社会和文化权利针对的尊重义务没有履行的情况。而且，经济、社会和文化权利的诉讼在主体上，是针对私权利主体的，而非国家。[②] 经济、社会和文化权利中有关平等权利以及涉及国家消极义务

---

① Government of the Republic of South Africa and Others v. Grootboom and Others，（CCT11/00）［2000］ZACC 19；2001（1）SA 46；2000（11）BCLR 1169；（2000）.

② Mario Gomez 指出，国家的尊重义务并不特指针对某些权利的国家义务，国家尊重人权的义务并不仅仅限于公民权利和政治权利，在经济、社会和文化权利方面，国家也负有同样的义务。Mario Gomez，Social Economic Rights and Human Rights Commissions，17 Hum. Rgts. Qt. 155 ，at 155（1955）. 本书认为，更进一步，不仅国家对经济、社会和文化权利有尊重义务，私权利主体对对方的经济、社会和文化权利也有尊重义务。

或核心义务等事项是可诉的，有关积极义务是否可诉存在一定争议。[①]

**表 6.1　中国人权状况白皮书的权利项目**

| | |
|---|---|
| 1991 年《中国的人权状况》 | 生存权，政治权利，公民享有经济、文化和社会权利，司法中的人权保障，劳动权，宗教信仰自由，少数民族的权利保障，计划生育与人权保护，残疾人的人权保障 |
| 1995 年《中国人权事业的进展》 | 生存权和发展权，公民、政治权利，司法中的人权保障，公民的劳动权和劳动者的权益，公民的受教育权利保护妇女、儿童合法权益，少数民族权利的保障，残疾人权益的保障 |
| 1996 年《中国人权事业的进展》 | 人民的生存权和发展权，公民的民主权利，人权的司法保障，劳动者权利的保障，公民的受教育权利，妇女、儿童的合法权益，少数民族的权利保障 |
| 1998 年《中国人权事业的进展》 | 人民的生存权和发展权，公民政治权利的保障，人权的司法保障，公民的经济、社会、文化权利，妇女、儿童的合法权益，少数民族的权利 |
| 2000 年《中国人权事业的进展》 | 人民生存权和发展权的改善，公民政治权利的保障，人权的司法保障，公民的经济、社会和文化权利，妇女、儿童权利的保护，少数民族的平等权利和特殊保护 |
| 2003 年《中国人权事业的进展》 | 人民的生存权和发展权，公民权利和政治权利，人权的司法保障，经济、社会和文化权利，妇女、儿童权益，少数民族的平等权利和特殊保护，残疾人权益 |
| 2004 年《中国人权事业的进展》 | 人民的生存权和发展权，公民权利和政治权利，人权的司法保障，经济、社会和文化权利，少数民族的平等权利和特殊保护，残疾人权益 |
| 2009 年《中国人权事业的进展》 | 人民的生存权和发展权，公民权利和政治权利，人权的司法保障，经济、社会和文化权利，少数民族的平等权利和特殊保护，残疾人权益 |
| 2012 年《中国人权事业的进展》 | 经济建设中的人权保障，政治建设中的人权保障，文化建设中的人权保障，社会建设中的人权保障，生态文明建设中的人权保障 |
| 2013 年《中国人权事业的进展》 | 发展权利，社会保障权利，民主权利，言论自由权利，人身权利，少数民族权利，残疾人权利，环境权利 |
| 2014 年《中国人权事业的进展》 | 发展权利，人身权利，民主权利，言论自由权利，公正审判权，少数民族权利，妇女、儿童和老年人权利，残疾人权利，环境权利 |

① Ida Elisabeth Koch，supra note{8}；Michael K.Addo，The Justiciability ofEconomic，Social and Cultural Rights，（1988）14 Commonwealth Law Bulletin 1425；EricBarendt，Grievances，Remedies and the State，（1987）7：1 Oxford Journal of Legal Studies 125;Martin Scheinin，Economic，Social and Cultural Rights as Legal Rights，in Asbjorn Eide et al（eds.），Economic，Social and Cultural Rights：A Textbook，second edition，Martinus NijhoffPublishers. 2001，pp.29-54.

在中国人权状况白皮书的权利项目中，大部分都是不可诉的权利，见表6.1。在将民生问题纳入法治化轨道的问题上，我国现行体制明显存在不足。虽然劳动法、教育法、社会保险法等主要保障公民经济、社会、文化权利的实体法规定已经显示出我国在立法裁量上的进步，但是关于基本权利的立法工作尚未达到宪法所提出的具体化、精细化、体系化要求。在经济、社会、文化权利的配套司法制度上，民法、刑法以及三大诉讼法并没有对经济、社会、文化权利的保障作出全面的司法解释，也没有将已有之法的效力发挥到最佳。

事实上，无论是立法裁量还是司法救济，在保障经济、社会以及文化权利的路径上都是殊途同归的。权衡立法裁量与司法救济是要求我们在司法救济不济的情况下，立法机关须对其保障的范围与深度进行延伸；如果立法裁量不作为或是不及时的时候，司法机关也必须逐步推进其保障的范围与深度，反哺立法。换而言之，不论是立法机构裁量不立法还是司法机关裁判“不救济”的观点都是错误的。有研究工作者结合我国实际提出了我国未来的制度变革应采取这样一种法律发展模式：即结合先进性立法经验与司法机关在司法运行过程中在司法实践中所获得的制度变革经验，先在司法机关的阶段性改革上进行试验，在实践经验发展逐步成熟，实施效果显著的情况下再正式上升为现实法律。

## 二、司法被动性的特征

在通过司法的人权保障问题上，存在的第二个问题是司法救济的被动性特征。司法被动性的特征注定了其只能在尊重和保护的意义上来保障人权，而且其保护职能是一种消极的被动的保护，这一点与立法和执法方式有根本的区别。与立法相比，司法机制确实“可以在权利救济被提起的第一时间发现制度存在的漏洞和问题”，在第一时间内“及时洞察”社会权利诉求，司法充当着观察微观社会矛盾纠纷的“灵敏”的“显示器”，但是这一切都受限于其被动性特征。被动性注定了对于司法在权利救济方面不能被过多苛求。

托克维尔曾就司法的被动品格进行了如下表述：就性质而言，司法权本身并非主动的。我们只有积极推动司法权才能让其行动起来。人类可以请司法权来对某一非法行为进行纠正，那么其就会进行纠正；也可以向其告发某一犯罪案件，那么司法权就会对犯罪的人予以惩罚；也可以让其对某一项法案进行审查，那么其就会对该法案进行解释。然而，司法权本身是无法进行罪犯的追捕、非法行为的调查以及事实的纠察工作的，若是司法权打着法律的检查者这一旗号来主动出面的话，就势必会予人一种越权的嫌疑。

托克维尔还强调，司法的被动特性是其“最重要的特征”。[①] 在司法程序中，行政诉讼、刑事自诉同民事诉讼一样具有被动性，程序性裁判的启动必须以程序性申请为前提。再进一步来讲，必须要在有人提出诉讼请求的情况下方能进行下列程序性裁判活动，包括法院司法授权、初次听审警察的逮捕、羁押等行为，以及司法审查被羁押者的申请。简单来说，针对权利遭到侵害的人所提供的救济的司法审查实际上是属于被动性的制度设计。法院所进行的司法裁判活动是必须要有相关的诉讼请求的，另外，就算是程序性事项的合法性审查也需要在申请者所提出的诉讼请求范围之内进行。

如果说司法被动性的第一层的含义是“不告不理”的话，那么，第二层含义则是如同法谚所云“法院不得对于未向其诉求的事项有所作为”，即法院审理的范围应限于原告的诉讼请求。审判的适当范围是对权利主张和罪行指控所提出的问题作出权威的决定。[②] 实际上，司法权的本质属性同时涵盖了司法能动性和司法被动性两个方面，只是二者的出发点不同而已，但都对诉讼有着一定左右，二者的共同目的都是要确保当事人的权利

① ［法］托克维尔：《论美国的民主》（上册），董果良译，北京：商务印书馆 1988 年版，第 110–111 页。

② Lon L. Fuller, Positivism and Fidelity to Law—a Reply to Professor Hart, Harvard Law Review, 1958, p.369.

与利益得以最大程度地保护，让立法过程当中所存在的不足能够得以有效克服。

司法被动性的第三层含义是，为了体现对诉讼参与人权利的尊重，在诉讼过程当中，逐渐淡化审判者“过分积极”的角色，恪守司法的被动性。以前，程序的主宰者是审判者，而现如今，程序主导者则是当事人。不论是在第一审程序还是上诉审抑或是再审程序当中都能够充分反映出司法裁判权的被动性。结合各国的法律体系来看，英美法系国家与大陆法国家虽然有着不一样的上诉审构造及审级设置，不过上诉审法院在重新审查未生效判决的时候都会受到上诉申请的事项范围的限制。另外，在再审程序方面，英美法与大陆法系国家也各有不同，不过二者有一点是一样的：再审程序的启动必须要由检察机关与被告人双方申请启动，所有法院都无权对某一已产生法律效力的裁决进行自主撤销并启动再审程序。

司法的局限是由司法被动性的特质所决定的，就人权保障方面而言，“司法万能主义”是不切实际的，人们要想借助司法来对人权进行全方位的保障实际上就是一种空想而已，突破司法权力被动性将严重侵害到法治原则。

司法一旦去除其被动品格，那它就不再是基于当事人的请求、依据既有法律裁判纠纷争议的司法，它极有可能越过司法权力的边界而主动介入社会问题的处理从而成为第二个行政机关，或主动进行司法立法而变为第二个立法机关。

## 第二节　司法审判与完全正义的距离

司法仅仅能解决有限的问题，这就是司法局限的核心命题。从宏观角度来说，国家权力结构包含了司法权运作边界的问题。如欧美国家三权分立的政治体制架构当中就涵盖了司法权，并对司法权、立法权和行政权这三者的界限，也就是权力边界进行了明确划分。就微观角度而言，我们可结合具体事件来对司法权的边界表现进行如下说明：在诉权保障与司法的关系上。这是应然层面的规范分析，下文拟探讨司法在能力上的界限。

判决是一种社会秩序的形式，在制度上致力于“理性”决策。司法裁判对理性拥有更高的追求，既是一种社会秩序的优点，同时也是一种社会秩序的缺点。[①] 法院依据诉讼程序来实施权利救济，棚濑孝雄曾提到，作为生产正义的一种制度，司法制度的成本问题也是需要纳入考虑范围内的。[②] 结合当前实际来看，权利救济大众化已成为一种趋势，司法制度如果没有考虑成本问题，那么就可能会引发功能不够全面的问题。司法活动不仅要注重借助严格的程序来对当事人的合法权利予以充分保护，这会消耗掉巨大的司法资源。与此同时，权利救济迟延也是不可避免的。

## 一、不完全正义难题

在司法中的人权保障这一层面，司法被当作国家权力尊重公民权利的标杆。正当程序、形式理性是司法所独有的工具理性，这些使得司法有别于道德、政策等方式，在人权保障上具有不可代替的优势。纵使如此，司法也是可错的，司法中的正义是一种不完全正义。我们应该警惕幼稚的法治理想主义观念，不能将司法与正义直接等同，试图实现司法对人权保障的垄断。

司法的限度的第一种原因是来自于司法和立法的偏差。通过司法达成的正义是受主客观条件制约的现实正义。当我们试图把正义的法律和法律所应有的正义精神现实地运用于司法之中时，现实的正义与理想的正义必然有一定的差异。司法不能完全实现立法目的，在这个意义上，我们说司法正义是一种不完全正义。

① Lon L. Fuller, Positivism and Fidelity to Law—a Reply to Professor Hart, Harvard Law Review, 1958, p.367.

② ［日］棚濑孝雄：《纠纷的解决与审判制度》，王亚新译，北京：中国政法大学出版社1994年版，第283-296页。

无论法律对司法程序的安排多么正义，也不能确保结果的绝对无错。正如罗尔斯所说：因人们所设定的判决标准比较高，且尽可能要求做到公平公正，不能出现冤枉无辜的情况发生，这就使得我们不可避免地会出现错误。同时，人类的可错性以及在取证过程当中可能存在的各种偶然性也会导致错误的发生。[①]罗尔斯将刑事审判程序作为“不完全正义”的典型例证，其主张就算人类认真遵循法律，且公正适当的引导过程，也一样会出现结果错误的情况。另外，他还认为过错还可能来源于某些偶然的特殊情况，进而使得法律规范的目的受到不良影响。[②]哈特认为法律的“开放结构”使得法官不得不依靠自由裁量权做出裁判；而法官的裁判活动是具有可错性的。[③]正是基于实际判决活动的可错性的考虑，在哈贝马斯看来，德沃金所设想的赫拉克勒斯是靠不住的，为此，其提出了法律商谈的理想要求，也就是“合作的理论形成程序”。哈贝马斯认为，我们不能通过论意来解释规范性判断的正确性，好的理由所支持的可接受性就是“正确性”。如果判断的有效性条件能够被满足，那么其就是有效的。不过，有没有满足这一事实，就只能通过商谈，准确来说就是论辩的形式来对事实进行论证，经验证据即理想直觉当中所提供的事实是不能拿来判断事实有没有被满足的。[④]

司法本身就具有可错性，承认结果的可错性就预设了一种自我反思和自我纠错的机制。审级制度的设置本身就是为了纠错。[⑤]相反，如果一味追求降低错判率，甚至会架空两审终审的诉讼制度，因为下级法院法官为

---

① ［美］罗尔斯：《政治自由主义》，万俊人译，南京：译林出版社 2000 年版，第 450 页。

② ［美］罗尔斯：《正义论》，何怀宏、何包钢、廖申白，北京：中国社会科学出版社 1988 年版，第 229 页。

③ ［英］赫伯特·哈特：《法律的概念》，许家馨、李冠宜译，北京：法律出版社 2011 年版，第 136–140 页。

④ ［德］哈贝马斯：《在事实与规范之间》，童世骏译，北京：生活·读书·新知三联书店 2011 年版，第 277 页。

⑤ 刘红臻：《新一轮司法改革的难题与突破》，《法制与社会发展》2014 年第 6 期。

降低错判率，很可能会唯上是从，使二审形同虚设。[①] 司法公正需要努力向完全正义靠近，不过要想做到绝对正义则是不可能的，也就是说将永远有一条无法跨越的鸿沟横贯在完全正义和不完全正义二者间。完全正义作为一种理想的正义状态，是我们的永恒追求。

由此可见，诉讼法属于一种不完全的正义，因此其正当性就在于借助严格的程序来让不正确的判决得以最大程度地减少，让追究无辜者的情况得以尽可能避免。事实认定与法律规范适用的可错性决定了唯一正解和完全正义只能是一种“痴人说梦”。根据很多年度公开的刑事案件的辩护率、逮捕率等相关数字来看，同时结合针对性策略来降低这些数字或比值，是有助于我国人权保障这一良好形象的树立的，同时还有助于国际社会客观评价我国的人权保障情况。[②] 但是，古今中外我们都无法彻底消除司法的可错性，而只能尽己所能地减少这种可错性。一轮接一轮的以司法公正为目标的司法改革，只不过是在一系列的减少可错性的制度努力中，使得包含了可错风险的裁判被赋予一种可接受的制度正当性罢了。

## 二、有限正义难题

司法有限的第一种原因是来自法律和社会的偏差。纵使司法绝对无错，经由司法实现的正义也是一种有限度的正义。司法公正是与制度因素相联系的正义概念，是一种法律之内的正义，所以司法公正是一种有限的正义。[③] 在这个意义上，我们说司法正义是一种不完全正义。

---

① 周永坤：《错案追究制与法制国家建设——一个法社会学的思考》，《法学》1997 年第 9 期。

② 谭世贵：《论司法信息公开》，《北方法学》2012 年第 3 期。

③ 郑成良：《法律之内的正义：一个关于司法公正的法律实证主义解读》，法律出版社 2002 年版，第 80–87 页。法治主义意义上的司法公正则是法律之内的正义，其目的是有条件地实现实质合理性，并选择了合理的规则形式作为手段。郑成良：《论法律形式合理性的十个问题》，《法制与社会发展》2005 年第 6 期。也有学者持类似观点：追求法律之内的正义是公正司法的基本品质，实现法律之内的正义是公正司法的基本要求。江必新：《在法律之内寻求社会效果》，《中国法学》2009 年第 3 期。

由于案件事实的不可逆性和人类认识局限的存在，作为案件结论小前提之事实具有开放性。[①] 在适用法律的过程当中，即便法官对法定程序进行严格遵守来进行裁判，其结果也未必是公正的。贝勒斯曾指出：发现真相是纯科学的主要目的，与之相比，发现全部真相，单纯的发现真相都不是法律的目的所在。[②] 这并不意味着司法不欲去发现客观真相，而是由于制度条件所限只能无可奈何地去接受打折扣的真实。法官毕生都在追求司法公正。但我们也应该认识到，人的认识能力并非无限的、全能的，而法律则是由立法者所制定出来的，这就决定了法律势必会存在缺陷。由于人类理性的有限性以及法律的滞后性，我们无论如何都不可能制定出一部完全正义的法律。

富勒在《司法的形式与界限》一文中提出了有效司法的界限问题，讨论了司法的社会功能定位和司法有效性的场域。为解决这一问题，富勒引入"多中心任务"（polycentric tasks）这一概念。关于"多中心任务"一个形象的比喻是蜘蛛网，每个交叉点都是一个性质不同的分配张力的中心。[③] 在谈到隐蔽的多中心因素时，甚至在最简单的案件中也几乎总是存在，多中心任务则不适合运用于司法裁决这种个案式的、分割化的、程序主义的技术处理。"判决一般只能承认一方当事人的全部或部分主张而否定另一方的主张，即采取'非黑即白'的形式"[④]。案件纠纷是复杂的，法律条文是简单抽象的，此种纠纷难以通过简单的法律适用就能得到恰当或令人满意的解决，司法判决难以通过简单的"支持"或"不支持"诉讼请求来决断。如果无视司法判定结果的单线性与大众诉求的复杂性、多元性之间的差异，司法机关依照程序对案件所作的判定可能无助于纠纷的解决，

---

① 周赟：《开放的事实——并及我国〈刑事诉讼法的修订问题〉》，《现代法学》2013年第1期。

② ［美］迈克尔·D. 贝勒斯：《法律的原则——一个规范的分析》，张文显译，北京：中国大百科全书出版社1996年版，第23页。

③ L. Fuller，The Forms and Limits of Adjudication，92 Harvard Law Review，1978，p.395.

④ 王亚新：《论民事、经济审判方式的改革》，《中国社会科学》1994年第1期。

判决书只会沦为胜诉方当事人的“权利白条”。“现在让我提一个多中心的问题，它很难像通常那样通过裁决来处理，在这种情况下，裁决的形式有时被修改以适应问题的性质。”[①]若是强行进行处理则很容易引发下列后果：裁决解决失败，后果无法预测导致不能执行决定；决定或许会被人们忽略，或是被抵制，或是被改变。[②]时至今日，摆脱启蒙主义过于抽象的人权观，科学看待人权问题的复杂性。“将人权保护规定为宪法基本原则，把各种政治、经济、文化、社会问题归入人权问题，探索其解决方法，这些作法是战后发达国家的共同倾向。”[③]“多中心任务”不适合司法解决的思想，为人权保障推进过程中法律与政治、经济、文化、社会等领域的分野提供了新的分析工具。

对各种纠纷进行公正解决是司法制度的根本目的所在，国家承担着公正解决纠纷这一义务就是赋予公民诉权的本质所在，这让诉权具备了人权性特征。为此，我们可做出如下定义：当公民认为自身权利与他人行为出现纠纷的时候就有权请求司法救济，这就是人权当中的诉权。在解决纠纷方面，因司法固有局限的存在势必会使得诉权保障和司法限度二者间出现张力。为此，我们必须努力地平衡诉讼保障与司法的限度，以此方能科学合理地设计司法制度。[④]

沃尔德隆曾对美国法院的决策进行了深入分析指出：在解决纠纷对公民权利进行保障时，法官应具备制度选择意识，如果纠纷并不适合以司法来进行裁决的话，那么可根据实际情况将其转移至市场或是政治当中，其也具备纠纷化解与权利供给这一功能。在许多情况下，其他机关或是制度

① Lon L. Fuller, Positivism and Fidelity to Law–a Reply to Professor Hart, Harvard Law Review, 1958, p.395.

② Lon L. Fuller, Positivism and Fidelity to Law–a Reply to Professor Hart, Harvard Law Review, 1958, pp.395–398.

③ ［日］大沼保昭：《人权、国家与文明：从普遍主义的人权观到文明相容的人权观》，北京：生活·读书·新知三联书店 2003 年版，第 2 页。

④ 吴英姿：《司法的限度：在司法能动与司法克制之间》，《法学研究》2009 年第 5 期。

做得都比司法要优秀。[①]

实践当中，司法者和立法者对司法的预期，与当事人理想当中“司法是无所不能”的这一形象都有可能会出现一定差距。从根本上来说，司法是存在固定弊端的，具体表现在司法的限度以及在保障人权当中司法所具有的不可替代性。由此可见，我们必须树立现实主义的司法正义观，正确看待司法所扮演的角色，减少司法限度衍生的代价。具体而言：我们不仅要掌握好限制司法能力的关键要素，对保障性、体制性以及机制性的障碍问题进行有效解决，还要在司法资源与司法能力无法满足人权保障的实际需要的情况下，对多元化人权保障机制进行进一步的探索。

## 第三节　司法执行与权利保护的偏向

在保障人权的问题上，司法机关必须对自身的能力有正确的估计，对司法的限度有清醒的认识。[②]本部分的分析以刑事司法作为切口。刑事司法的首要目的是实现国家刑罚权。现代刑事司法程序设计是要力图建立一套防止国家滥用权力，合理规制刑事追诉权、惩罚权，谨防国家权力践踏人权，突出保护公民主体地位的制度体系。结果导致对被追诉人的人权保障成为刑事程序的显性要求，而惩罚犯罪便沦为了刑事程序的隐性目的。

### 一、并重论的逻辑论证

通说认为，中国刑事司法中的人权保障所经历的发展过程呈现出三个方面的转变：一为由重打击轻保障向打击犯罪与保障人权并重的转变，二为由重全体轻个人向保障全体公民权利与保障公民个人权利并重的转变，三为由注重被害人权利保障向被害人权利与犯罪嫌疑人、被告人权利保障

① ［美］尼尔·K.考默萨：《法律的限度——法治、权利的供给与需求》，申卫星、王琦译，北京：商务印书馆2007年版，第一部分。

② 梁迎修：《权利冲突的司法化解》，《法学研究》2014年第2期。

并重的转变。

第一，由重打击轻保障向打击犯罪与保障人权并重的转变。犯罪是严重危害社会秩序的行为，只有依法惩治犯罪，才能维护社会的和谐稳定，才有人民的安居乐业。但是惩治犯罪必须依法进行，防止出现冤、错案件。必须保障犯罪嫌疑人、被告人的合法权益，增强庭审的抗辩性，这是刑事司法中的人权保障的重要体现。中国政府强调打击犯罪，努力维护社会成员的人身和财产安全。但随着人权保障体制的不断完善，在刑事司法中对当事人权利的保障受到越来越多的重视，日益呈现出打击犯罪与保障人权并重的局面。

第二，由重全体轻个人向保障全体公民权利与保障功能个人权利并重的转变。保障全体公民的权利与保障个人的权利在本质上是一致的，但在具体的实践中又是存在差别的。中国政府强调维护全社会广大人民群众的利益，强调维护社会成员的集体人权。但是随着国家对人权理念理解的不断深入，对刑事司法中的受害者个人权利的保障开始给予越来越多的重视。在司法实践中，犯罪人被追究刑事责任后，被害人的损失难以得到应当有的赔偿，被害人已经遭受的损失也会不因为犯罪人被公诉机关追究而得到减轻，这使得保障被害人权利的问题成为人权保障的重要问题。在不断总结实践经验教训的基础上，中国刑事司法中的人权保障日益呈现出保障社会全体公民的权利与保障受害者个人权利平衡的态势。

第三，由注重保障被害人权利保障向重视被害人权利与犯罪嫌疑人、被告人权利保障并重的转变。刑事司法如何更好地实现保障犯罪嫌疑人、被告人的人权与保障公民特别是被害人的人权平衡一直是人们所关注的。中国强调维护刑事司法诉讼中的被害人的权利，打击犯罪。但随着司法人权保障体制的不断完善，犯罪嫌疑人和被告人的权利保护制度愈发全面、细致，被追诉人的应有权利受到越来越多的重视，不会被轻易剥夺，日益呈现出对被害人的人权与犯罪嫌疑人、被告人的人权的平衡保护的局面。

保障人权与打击犯罪并重的理论命题是学者对于司法实践中口号和话语所不加反思的强行转化。刑事诉讼有两大目的：首先，对犯罪进行惩罚。

这是《刑事诉讼法》追诉和打击犯罪这一功能的主要体现；其次，对人权进行保障。这主要体现在充分保障案件当事人和其他诉讼参与人，尤其是被追诉人在诉讼程序当中所行使的诉讼权利，同时也体现在不追究无罪的人的刑事责任。[①] 我们从当前大多数官方文件当中就可以看到惩罚犯罪和保障人权相结合的思想，以中央政法委《关于切实防止冤假错案的规定》开篇第 1 条为例，文件中明确指出：设立该条例的主要目的在于依法对犯罪进行惩罚，对人权予以尊重及保障，促进司法公信力的提升，让社会公平正义得到维护。另外，惩罚犯罪和保障人权并重这一基本原则在《最高人民检察院关于办理当事人达成和解的轻微刑事案件的若干意见》的 1 条以及《关于充分发挥刑事审判职能作用深入推进社会矛盾化解的若干意见》的 3 条当中都可看到。见表 6.2。

**表 6.2　司法实践中惩罚犯罪与保障人权并重的话语总结**

<table>
<tr><td rowspan="8">犯罪与保障人权并重</td><td rowspan="8">中央法规司法解释</td><td>最高人民检察院关于加强职务犯罪侦查预防能力建设的意见</td><td>进一步坚持惩罚犯罪与保障人权并重</td></tr>
<tr><td>人民检察院办理延长侦查羁押期限案件的规定</td><td>应当坚持惩罚犯罪与保障人权并重、监督制约与支持配合并重、程序审查与实体审查并重的原则</td></tr>
<tr><td>最高人民检察院关于印发最高人民检察院第七批指导性案例的通知</td><td>各级检察机关坚持惩罚犯罪与保障人权并重</td></tr>
<tr><td>最高人民检察院关于刑罚执行监督工作情况的报告</td><td>各级检察机关坚持惩罚犯罪与保障人权并重</td></tr>
<tr><td>最高人民检察院关于人民检察院规范司法行为工作情况的报告</td><td>明确提出惩治犯罪与保障人权并重、程序公正与实体公正并重、司法公正与司法效率并重等”六个并重”</td></tr>
<tr><td>最高人民法院印发《关于建立健全防范刑事冤假错案工作机制的意见》的通知</td><td>牢固树立惩罚犯罪与保障人权并重的观念</td></tr>
<tr><td>最高人民检察院关于切实履行检察职能防止和纠正冤假错案的若干意见</td><td>始终坚持惩罚犯罪与保障人权并重、实体公正与程序公正并重、互相配合与依法制约并重</td></tr>
<tr><td>最高人民检察院关于印发《最高人民检察院关于办理当事人达成和解的轻微刑事案件的若干意见》的通知</td><td>惩罚犯罪与保障人权并重</td></tr>
</table>

① 陈光中：《刑事诉讼法修改若干问题之展望》，《法学》2008 年第 6 期。

续表

<table>
<tr><td rowspan="12">犯罪与保障人权并重</td><td rowspan="9">中央法规司法解释</td><td>最高人民法院印发《关于充分发挥刑事审判职能作用深入推进社会矛盾化解的若干意见》的通知</td><td>二是惩罚犯罪与保障人权并重</td></tr>
<tr><td>最高人民检察院关于印发《最高人民检察院关于适用〈关于办理死刑案件审查判断证据若干问题的规定〉和〈关于办理刑事案件排除非法证据若干问题的规定〉的指导意见》的通知</td><td>牢固树立打击犯罪与保障人权并重、实体公正与程序公正并重的观念</td></tr>
<tr><td>最高人民法院、最高人民检察院、公安部等关于加强协调配合积极推进量刑规范化改革的通知</td><td>牢固树立打击犯罪与保障人权并重、定罪与量刑并重、实体公正与程序公正并重的社会主义刑事执法理念</td></tr>
<tr><td>最高人民法院、最高人民检察院、公安部等印发《关于办理死刑案件审查判断证据若干问题的规定》和《关于办理刑事案件排除非法证据若干问题的规定》的通知</td><td>牢固树立惩罚犯罪与保障人权并重的观念、实体法与程序法并重的观念</td></tr>
<tr><td>最高人民法院印发《最高人民法院关于进一步加强刑事审判工作的决定》的通知</td><td>坚持惩罚犯罪与保障人权并重</td></tr>
<tr><td>最高人民检察院关于开展规范执法行为专项整改情况的报告</td><td>树立打击犯罪与保障人权并重、执行实体法与执行程序法并重、法律效果与社会效果并重、加强法律监督与自觉接受监督并重的观念</td></tr>
<tr><td>最高人民检察院关于印发《最高人民检察院关于进一步加强公诉工作强化法律监督的意见》的通知</td><td>坚持打击犯罪与保障人权并重</td></tr>
<tr><td>最高人民检察院关于认真落实最高人民法院、最高人民检察院、公安部《关于严格执行刑事诉讼法切实纠防超期羁押的通知》精神进一步做好相关工作的通知</td><td>牢固树立实体法与程序法并重、打击犯罪与保障人权并重的刑事诉讼观念</td></tr>
<tr><td>最高人民检察院、公安部关于印发《最高人民检察院、公安部关于公安机关办理经济犯罪案件的若干规定》的通知</td><td>应当坚持惩罚犯罪与保障人权并重、实体公正与程序公正并重、查证犯罪与挽回损失并重</td></tr>
<tr><td>部门规章</td><td>中国法治建设年度报告（2011）</td><td>以及惩罚犯罪与保障人权并重的原则</td></tr>
<tr><td>行业规定</td><td>关于《中华人民共和国刑事诉讼法修正案（草案）》的说明</td><td>惩罚犯罪与保障人权并重</td></tr>
<tr><td>立法草案</td><td></td><td></td></tr>
</table>

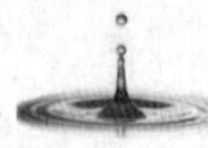



续表

| | | | |
|---|---|---|---|
| 犯罪与保障人权并重 | 法规解读 | 尊重保障人权严格规范执法——最高人民检察院、公安部有关部门负责人就联合修订发布《最高人民检察院公安部关于公安机关办理经济犯罪案件的若干规定》答记者问 | 《规定》在严格遵循和深入贯彻惩罚犯罪与保障人权并重精神 |
| | | 最高检法律政策研究室负责人就第七批指导性案例答记者问 | 检察机关一直强调要坚持惩罚犯罪与保障人权并重的司法理念 |
| | | 有违必查、有责必问、切实把职务犯罪侦查权关进制度的笼子里——最高检规范办负责人就《最高人民检察院职务犯罪侦查工作八项禁令》答记者问 | 坚持惩治犯罪与保障人权并重、程序公正与实体公正并重、司法公正与司法效率并重 |
| | | 坚决守住防范冤假错案的司法底线——最高人民法院刑三庭负责人就《最高人民法院关于建立健全防范刑事冤假错案工作机制的意见》答记者问 | 树立打击犯罪与保障人权并重的理念 |
| | | 全面正确履行刑事诉讼法律监督职责始终坚持惩罚犯罪与保障人权相统一——最高人民检察院法律政策研究室主要负责人就《人民检察院刑事诉讼规则（试行）》答记者问 | 二是惩治犯罪与保障人权并重 |
| | | 最高人民法院、最高人民检察院、公安部等有关负责人就《关于办理死刑案件审查判断证据若干问题的规定》和《关于办理刑事案件排除非法证据若干问题的规定》答记者问 | 牢固树立惩罚犯罪与保障人权并重的观念 |
| | | 《关于办理刑事案件严格排除非法证据若干问题的规定》理解与适用 | 二是坚持惩罚犯罪与保障人权并重 |
| | | 《关于办理刑事案件收集提取和审查判断电子数据若干问题的规定》理解与适用 | 四是坚持打击犯罪与保障人权并重 |
| | 白皮书 | 人民法院工作年度报告（2013 年） | 坚持惩罚犯罪与保障人权并重 |
| | | 人民法院工作年度报告（2012 年） | 人民法院坚持惩罚犯罪与保障人权并重 |
| | | 中国的民主政治建设 | 坚持打击犯罪与保障人权并重 |
| | 工作报告 | 中华人民共和国第十二届全国人民代表大会第四次会议最高人民检察院工作报告 | 我们坚持惩治犯罪与保障人权并重、实体公正与程序公正并重 |
| | | 中华人民共和国第十二届全国人民代表大会第二次会议最高人民检察院工作报告 | 坚持惩治犯罪与保障人权并重、实体公正与程序公正并重 |
| | | 中华人民共和国第十二届全国人民代表大会第一次会议最高人民法院工作报告 | 坚持惩罚犯罪与保障人权并重 |
| | | 中华人民共和国第十一届全国人民代表大会第四次会议最高人民检察院工作报告 | 坚持惩治犯罪与保障人权并重 |

续表

<table>
<tr><td rowspan="13">犯罪和保障人权并重</td><td rowspan="6">工作报告</td><td>中华人民共和国第十一届全国人民代表大会第三次会议最高人民检察院工作报告</td><td>坚持打击犯罪与保障人权并重</td></tr>
<tr><td>中华人民共和国第十一届全国人民代表大会第二次会议最高人民检察院工作报告</td><td>坚持打击犯罪与保障人权并重</td></tr>
<tr><td>中华人民共和国第十一届全国人民代表大会第一次会议最高人民检察院工作报告</td><td>坚持打击犯罪与保障人权并重</td></tr>
<tr><td>中华人民共和国第十届全国人民代表大会第五次会议最高人民法院工作报告</td><td>坚持惩罚犯罪与保障人权并重</td></tr>
<tr><td>中华人民共和国第十届全国人民代表大会第二次会议最高人民检察院工作报告</td><td>坚持打击犯罪与保障人权并重</td></tr>
<tr><td>中华人民共和国第九届全国人民代表大会第五次会议最高人民检察院工作报告</td><td>坚持打击犯罪与保障人权并重</td></tr>
<tr><td rowspan="3">中央法规司法解</td><td>最高人民法院、最高人民检察院、公安部关于严格执行刑事诉讼法，切实纠防超期羁押的通知</td><td>牢固树立实体法和程序法并重、打击犯罪和保障人权并重的刑事诉讼观念</td></tr>
<tr><td>最高人民检察院关于印发《最高人民检察院关于进一步加强公诉工作的决定》的通知</td><td>坚持惩罚犯罪和保障人权并重、实体法与程序法并重的思想</td></tr>
<tr><td>公安部关于进一步加强和改进刑事执法办案工作切实防止发生冤假错案的通知</td><td>要树立打击犯罪和保障人权并重的理念</td></tr>
<tr><td>法规解读</td><td>最高人民法院、最高人民检察院、公安部等有关负责人就《关于办理死刑案件审查判断证据若干问题的规定》和《关于办理刑事案件排除非法证据若干问题的规定》答记者问</td><td>做到惩治犯罪和保障人权并重</td></tr>
<tr><td rowspan="3">工作报告</td><td>中华人民共和国第十一届全国人民代表大会第五次会议最高人民检察院工作报告</td><td>坚持惩治犯罪和保障人权并重</td></tr>
<tr><td>中华人民共和国第十一届全国人民代表大会第四次会议最高人民法院工作报告</td><td>坚持惩罚犯罪和保障人权并重</td></tr>
<tr><td>中华人民共和国第十一届全国人民代表大会第一次会议最高人民法院工作报告</td><td>坚持惩罚犯罪和保障人权并重</td></tr>
</table>

有学者分析了并重论在理论和实践中的危害性。他们认为并重论严重脱离了现代法的价值目标体系，不符合法的一般原理。他们指出以并重论指导刑事诉讼法律制度的建构并在实践中加以落实有违现代社会所倡导的民主与法治理念。以这样一种理论指导法治建设会导致刑事诉讼法的立法、执法、司法走向误区，进而丧失其应有的独特价值。并且这种提法在根本上与现代国家治理的基本理念以及诉讼法的基本原则相悖。长此以往，会诱发社会上出现法律虚无主义和程序虚无主义的倾向。他们认为并重论的内在逻辑显然具有有罪推定的思想倾向性，是导致国家公共权力滥用及冤假错案不断滋生的罪魁祸首。法律实践中已经充分证明刑事诉讼目的并重论命题的非理性与有害性，且必将对构建社会主义和谐社会事业带来巨大冲击。①

还有学者指出强调惩罚犯罪与保障人权并重在实践过程中存在的困境。王敏远教授等认为："保障人权与打击犯罪并重的目标定位，这实际上是回避了打击犯罪与保障人权两种价值目标内在冲突的自欺欺人。现实中只能或者强调以确保打击犯罪为前提，兼顾保障人权；或者强调以切实保障人权为前提，兼顾打击犯罪。"② 田文昌律师等则指出："打击犯罪与保障人权并重，这里也同样不存在并重的问题，并重永远只是一个理想境界而已。"③

我们应当适时舍弃打击犯罪与保障人权并重的调和主义，解决在诉讼价值观问题上的忽左忽右或者无所适从是我们当下的任务。

## 二、偏重论的逻辑论证

人权话语被普遍赋予以犯罪嫌疑人和被告人程序权利保障为导向的意

① 参见郝银钟：《刑事诉讼目的双重论之反思与重构》，《法学》2005 年第 8 期。

② 王敏远等：《死刑错案的类型、原因与防治》，《中外法学》2015 年第 3 期。

③ 田文昌等：《"刑辩独立性与有效性"学术研讨会综述及发言摘要》，《刑法解释》2016 年第 1 期。

涵，在刑事司法中“保障人权”具体指向的是犯罪嫌疑人和被告人的权利。有学者认为，在刑事诉讼领域，保障犯罪嫌疑人、被告人的各项诉讼权利是人权保障理念的重心所在。[①] 而刑事诉讼法是人权保障法，应当重构以正当程序保障人权为诉讼目的范式的新刑事诉讼法和新刑事诉讼法学。[②]

有学者指出，当前我国刑事司法界存在一种认识误区：将刑事法律当成“被追诉人的大宪章”，过于强调保护被追诉人的人权。事实上，无论是从犯罪的本质、刑罚的根据、刑法的调整对象看，还是从刑法和刑事诉讼法的目的与任务看，刑事司法中保护的都应当是包括被害人、被追诉人在内的全体公民的人权。[③]，这里存在的问题是将刑事司法的目的和任务定位为保护全体公民人权又陷入“全面论”的误区，“保障包括被害人、被追诉人在内的全体公民的人权”只不过是“并重论”的翻版。本书在此基础上进一步展开分析。

问题在于，惩罚犯罪与保障人权（犯罪嫌疑人、被告人的人权保障）根本不在同一个逻辑序列上。《刑事诉讼法》第 1 条即开宗明义地表明了其“惩罚犯罪、保护人民”的立法目的与根据。“惩罚犯罪，保护人民”的具体意义就是对犯罪进行惩罚，从而让人民的权利得以充分保障，但其中并未提及要保障犯罪嫌疑人和被告人的人权。因为“人民”是相对于“敌人”来说的，犯罪分子并不在“人民”这一概念的外延意义上，也就是说，不少犯罪嫌疑人、被告人都不在“人民”的范畴之内。[④] 而我国《刑事诉讼法》第 2 条将“保证准确、及时地查明犯罪事实，正确应用法律，惩罚犯罪分子，保障无罪的人不受刑事追究，教育公民自觉遵守法律，积极同犯罪行为作斗争，维护社会主义法制，尊重和保障人权，保护公民的人身权利、财产权利、民主权利和其他权利，保障社会主义建设事业的顺利进行”规定为

---

① 叶青、张栋：《中国刑事诉讼法学研究四十年》，《法学》2018 年第 9 期。

② 郝银钟：《刑事诉讼目的双重论之反思与重构》，《法学》2005 年第 8 期。

③ 王昌奎：《论刑事司法中的人权保护》，《现代法学》2016 年第 4 期。

④ 陈光中：《中国刑事诉讼法典第一编第一章“任务和基本原则”的修改建议稿和理由》，载陈光中、江伟主编：《诉讼法论丛》第 11 卷，北京：法律出版社 2006 年版，第 14 页。

刑事诉讼的任务。结合这一规定来看，对人权的尊重与保障是通过查明犯罪事实，惩罚犯罪分子等手段实现的。这里的“尊重和保障人权”不仅包括人民的人权保障，还包括犯罪嫌疑人、被告人的人权保障。

惩罚犯罪与保障人权（犯罪嫌疑人、被告人的人权保障）的关系厘清存在三种具体的策略。一是目的与原则，二是目的与限制，三是目的与任务。

第一，目的与原则。这种观点的论证思路是：刑事诉讼的目的就是惩罚犯罪，保障人权是为达成这一目的、围绕“惩罚”这一核心而展开的整个程序中应当遵循的重要原则之一。①

第二，目的与限制。这种观点的论证思路是：刑事诉讼只有查明犯罪事实才能实现惩罚犯罪的效果，进一步达到刑罚的一般性预防效果，如此才能保障安全与秩序。而尊重和保障人权是追求刑事诉讼目的时必须遵守的限制。②

第三，目的与任务。从字面的语义来看，惩罚犯罪是刑事诉讼法的目的，保障人权是刑事诉讼法的任务。保障人权只不过是刑事诉讼活动在实现惩罚犯罪这一目的过程中的附随性任务。至此，通过法教义学的分析，惩罚犯罪与保障人权（犯罪嫌疑人、被告人的人权保障）的逻辑关系，已经初现雏形。

刑事诉讼法是对刑事司法活动的规范性表达，并不足以揭示其本质属性。《刑事诉讼法》第 1 条“惩罚犯罪，保护人民”的规定属于边界条款，业已触及法律规范的边缘和界限，向前追溯即刑事政策的范畴，向后延伸即关于刑事诉讼程序的法律规定。刑事诉讼法以被告人为基点，以人权保障为目的，以实现法律之内的正义为至上；而刑事政策以被侵害的法益为基点，其价值目标是效率优位，以有效地预防、打击和控制犯罪为使命。“从初始意义上讲，刑事诉讼本质上是国家为追诉和惩罚犯罪，维护统

---

① 王天林：《原则抑或目的——刑事诉讼“双重目的论”之逻辑悖反及其伪成》，载《华东政法大学学报》2010 年第 3 期。

② 刘昶：《刑事诉讼的目的、限制与正当性——德国刑事诉讼正当性理论及其启示》，《西部法学评论》2016 年第 6 期。

治秩序而创设的一种制度装置”。[1] 这种制度装置的“首要目的不是保护被告人或犯罪嫌疑人的基本人权，而是维护社会秩序和公共安全”。[2] 只有当我们跳出刑事诉讼法来看刑事司法活动时，才能窥得其全貌。

刑事诉讼是刑罚执行的前置程序，刑罚是刑事司法最后环节，是刑事诉讼的最终走向。在这个意义上，刑事诉讼与刑罚目的相一致。惩罚犯罪才是刑事司法的本质，保障人权不过是一种过程性和手段性约束；保障被害人的权利才是司法的根本目的，被追诉人的权利保障不过是司法褫夺权利本相的自我正当化方式。[3]

刑事诉讼程序的直接目的是对犯罪进行惩罚、对犯罪进行预防，根本目的是保护法益以及保障人权。由此可见，刑罚是实现刑事诉讼程序直接目的的主要途径。但是，当谈及刑罚的时候，问题再一次被规范性的表象模糊化。

我国《监狱法》第 1 条明确指出：为了确保刑罚能够得以正确执行，让罪犯得以惩罚及改造。彼得郎的观点是，惩罚是犯罪的必然后果，刑罚存在的目的是有目的地施加痛苦给犯了罪的人。相比于外科手术等给人所带来的痛苦相比，这里所说的施加的痛苦是有很大差异的。同时，这也表明惩罚一定要有明确详细的理由及目的性。[4] 各研究工作者对罪犯改造与保障罪犯权利的内涵与价值进行了各种讨论，还有的学者甚至将惩罚看成了体罚。[5] 本书认为，国家站在功利主义或是报应主义的角度上，有组织、有计划地对判定为有罪的人施加痛苦的这种方式即为惩罚。

---

① 周长军：《制度与逻辑》，北京：中国方正出版社 2005 年版，第 42 页。

② 桑本谦：《反思中国法学界的“权利话语”——从邱兴华案切入》，载《山东社会科学》2008 年第 8 期。

③ “人权之保障，以法律为护符；权利剥夺之种类及范围，亦以法律为根据。”蔡枢衡：《中国法理自觉的发展》，北京：清华大学出版社 2005 年版，第 161 页。陈伟：《死刑执行的仪式流变与理性回归》，《比较法研究》2018 年第 1 期。人权话语已经成为了判断死刑制度的一种重要标准，潜移默化地影响着司法不得不对死刑采取越来越慎重的态度。

④ Peter Lang，The End of Punishment，Frankfurt am Main，2007，p.15-16.

⑤ 刘崇亮：《监狱惩罚机能及其限制》，《中国监狱学刊》，2009 年第 6 期。

监狱的法律属性从历史和逻辑出发都可以定性为惩罚的本质机能，而改造机能只能为次生机能。监狱机制自其存在至今它目的始终未发生根本性的变化，只是随着人类政治与工业文明的发展而对其意义有了一定程度上的拓展延伸而已。部分启蒙思想家站在人道主义的角度上将改造功能嫁接到了惩罚上面：作为一种不得已的“恶”的刑罚是为了实现至高的善而存在。[①]因此，司法对于犯罪嫌疑人、被告人、罪犯的人权保障不过是“鳄鱼的眼泪”，我们不能被司法的“眼泪”模糊了我们的双眼，而忽略了其剥夺权利的真相。

司法以一方的权利救济为目的，以另一方权利剥夺为结果，以实现矫正正义。揭开公平、正义、平等的温情脉脉的面纱，剥夺权利的獠牙才是司法的本相。这是“法”字“从去”的真正隐喻。“灋，刑也，平之如水，从水；廌，所以触不直者去之，从去”。事实上，尊重被追诉人人权仅仅是对司法的最低限度要求。在尊重人权之上，司法机关还需通过司法权运行为被害人人权提供切实保护。根据一个国家对侵犯人权行为惩罚的有效性来评价该国的人权司法保障才是最为客观合理的。[②]1991 年《中国的人权状况》白皮书中的“中国长期以来一直是世界上刑事案件发案率和犯罪率最低的国家之一”，《1996 年中国人权事业的进展》白皮书的“中国依法打击严重刑事犯罪活动，切实保障人民的人权和生命财产安全”，《2009 年中国人权事业的进展》白皮书中的“中国依法惩治犯罪，保障公民的生命财产安全和其他各项人权不受侵犯”，《2016 年中国人权事业的进展》白皮书中“依法办理各类刑事案件，保障人民群众生命财产权利”，这些表述实际上都是这一理念的基本体现。

无论是司法中的人权保障，还是通过司法保障人权，都逃不脱矫正正义的理论范畴。亚里士多德将矫正正义比喻为“如果一条线段被分成两个不等的部分，法官就要把较长线段的超过一半的部分拿掉，把它加到较短

---

① 刘崇亮：《本体与属性：监狱惩罚的新界定》，《法律科学》2012 年第 6 期。

② 孙谦：《论逮捕与人权保障》，《政法论坛》2000 年第 4 期。

的线段上去”。[1]美国学者马丁·斯通认为：亚里士多德所描述的实现矫正正义的交易事实是“侵害行为实施者明白其获得的‘利益’或者‘收益’与受害人的损失是相等的”，而由“法官在司法审判过程中通过移转一方的获益以及另一方的损失来恢复‘平等’状态”。[2]第一性分配正义是通过立法实现，立法对正义的分配必须基于公平原则，是一种初始的制度性分配。当初始的分配正义面临争议、产生纠纷时，就需要通过司法这种法定的救济程序予以矫正。

矫正性和救济性的特征使得司法本身并不直接具备创设正义或是供给正义的功能，司法只会在立法所规定初次分配正义受到破坏时“出场”。通过正当程序使被损害的正义得以恢复，以此起到定纷止争、促进权利衡平的作用。因此，司法输出的正义本质上是一种矫正正义。司法作为矫正正义的供给机制，主要是由法官通过法律或其他社会规范的适用来修补受到损害的利益关系，或者为发生争议的利益关系提供新的权威的厘定方案。矫正正义旨在恢复利益平衡，却无法带来权利增量。有学者认为：“法律文本提供了权利生长的可能性，权利增量的实现，很大程度上要通过司法裁判活动来实现。”[3]不可否认的是，司法裁判对行政相对人权利实现具有不可轻视的功能。所谓“有救济才有权利”也表达了相同的意义。但是一方权利的增长必定是以相对方权利的克减为前提的，因此就权利的总量而言，并未增加。与司法相比，通过社会经济文化的发展来保障人权事业进步是根本途径。但是，需要注意的是，并非任何一种发展都必然带来人权状况的改善，不均衡、不全面、不可持续的发展反而与人权保障目标背道而驰。这时，人权与发展关系的理顺要依靠法治。在通过发展保障人权，以此做大人权增量的前提下，通过司法保障人权方可进一步有所作为。正

① ［古罗马］亚里士多德：《尼各马可伦理学》，廖申白译，北京：商务印书馆 2016 年版，第 151–152 页。

② ［美］马丁·斯通：《侵害与受害的意义》，载［美］格瑞尔德·J. 波斯特马编：《哲学与侵权行为法》，陈敏、云建芳译，北京：北京大学出版社 2005 年版，第 195 页。

③ 罗豪才主编：《现代行政法制的发展趋势》，北京：法律出版社 2004 年版，第 295 页。

如《中国人权发展50年》中所提到的："在促进和保障人权的方式方法上，强调稳定是前提，发展是关键，改革是动力，法治是保障。"在这个意义上，中国人权实践中以发展权为核心的人权话语体系是对西方主流以个人自由权利为核心的人权话语体系的超越。中国人权话语既具有西方文明的共性，同时又体现出了鲜明的中国品性。

## 第四节　结语：在法治轨道上推进人权现代化

### 一、人权现代化是中国式现代化的题中之义

中国式现代化作为经济、政治、文化、社会、生态文明建设全面推进的现代化，必然蕴含着人权现代化。可以说，"人权现代化"是从中国式现代化这一科学命题中引申出来的科学概念，是中国式现代化在人权领域的具体实践。人权现代化既是中国式现代化的重要组成部分，又是其价值目标和动力之源，而且人权现代化贯穿于社会主义现代化的各个领域和各个方面。中国式现代化规定并确保了人权现代化的本质属性和前进方向，是中国人权事业的坚实依托和宏大舞台。同时，在马克思主义人权观和当代中国人权观指引下的人权现代化也丰富了中国式现代化的时代内涵，夯实了中国式现代化的人权基础，人权现代化发展水平是衡量中国式现代化发展水平的重要标尺。习近平总书记论述的当代中国人权观是中国式现代化理论在人权领域的重要体现，是习近平新时代中国特色社会主义思想的重要组成部分。

#### （一）中国式现代化是全面的现代化

"现代化"最先发生于西方社会，其标志是工业化和城市化。但现代化不等于西方化。现代化有多种类型，每个国家在追求现代化的历史过程中都会有自己的鲜明特征和自主道路。各个国家和地区的发展条件、历史

文化、制度形式存在着显著差异，因此，西方国家的现代化发展模式，不是也不可能成为唯一的“标准模板”。改革开放以来，我国用不到50年的时间，完成了二百多年以来的三次工业革命所累积的现代化任务，创造了人类社会现代化新奇迹。习近平总书记所概括的中国式现代化深刻地体现了现代化发展的一般规律、社会主义现代化发展的普遍规律，更具有中国自己的特殊规律。在中国共产党领导下，我国人民成功走出了一条合规律性与合目的性相统一的现代化发展道路。党的二十大报告集中阐述了“中国式现代化”的科学内涵、本质要求、重大原则等，指出“中国式现代化”，是中国共产党领导的社会主义现代化，既有各国现代化的共同特征，更有基于自己国情的中国特色。[①] 概括而言，中国式现代化是人口规模巨大的现代化，是全体人民共同富裕的现代化，是物质文明和精神文明相协调的现代化，是人与自然和谐共生的现代化，是走和平发展道路的现代化。“中国式现代化的本质要求是坚持中国共产党领导，坚持中国特色社会主义，实现高质量发展，发展全过程人民民主，丰富人民精神世界，实现全体人民共同富裕，促进人与自然和谐共生，推动构建人类命运共同体，创造人类文明新形态。”[②] 推进中国式现代化，必须坚持和加强党的全面领导，坚持中国特色社会主义道路，坚持以人民为中心的发展思想，坚持发扬斗争精神。从党的二十大报告的科学论述可知，中国式现代化是一个综合概念，是包括经济现代化、政治现代化、文化现代化、社会现代化、生态文明现代化、国家治理现代化、人的现代化、造福人类的现代化等在内的全面现代化。与全面现代化理念相适应，以习近平同志为核心的党中央明确提出和强力推进“五位一体”总体布局和“四个全面”战略布局，完成了

① 习近平：《高举中国特色社会主义伟大旗帜，为全面建设社会主义现代化国家而团结奋斗》（二〇二二年十月十六日），载习近平：《习近平著作选读》（第一卷），北京：人民出版社 2023 年版，第 18 页。

② 习近平：《高举中国特色社会主义伟大旗帜，为全面建设社会主义现代化国家而团结奋斗》（二〇二二年十月十六日），载习近平：《习近平著作选读》（第一卷），北京：人民出版社 2023 年版，第 20 页。

脱贫攻坚、全面建成小康社会的历史任务，创造了经济快速发展和社会长期稳定两大奇迹，成功推进和拓展了中国式现代化。

习近平总书记的中国式现代化理论既是全面现代化的根本遵循，也是人权现代化的指导思想和行动指南。在中国式现代化理论的指引下，在中国式现代化的驱动下，人权现代化得以科学谋划、有效推进，取得了令世人刮目相看的历史性突破。

### （二）人的现代化是中国式现代化的价值目标

中国式现代化坚持以人为本，以人的全面发展为人权价值取向。中华传统文化历来强调对人的尊重和关怀，先秦思想家孔子、孟子、荀子、墨子以及其后的许多思想家都强调："万物之中，以人为贵""济大事者，必以人为本""理天下者，以人为本"等。为无产阶级和全人类立言、代言的马克思主义创始人更是强调以人为本，以人的全面而自由的发展为价值取向。马克思、恩格斯坚信，未来社会"将是这样一个联合体，在那里，每个人的自由发展是一切人的自由发展的条件"[①]。

中国共产党人把马克思主义人学观、社会观、历史观、人权观与中华优秀传统文化相结合，致力于建设一个每个人都能够自由而全面发展的新型社会。促进人的全面发展、自由发展，是党推进中国式现代化的一个重要奋斗目标，也是中国人权事业的最高追求。[②]

习近平总书记高度重视人在现代化进程中的主体地位，始终把人的全面而自由的发展作为推进人权事业的核心议题。习近平总书记明确指出："人，本质上就是文化的人，而不是'物化'的人；是能动的、全面的人，

---

① 习近平：《在纪念马克思诞辰200周年大会上的讲话》（2018年5月4日），《人民日报》2018年5月5日，第2版。

② 参见许先春：《当代中国人权观的发展脉络、丰富内涵及深远意义》，《党的文献》2023年第1期，第32页。

而不是僵化的、‘单向度’的人。”[①]“现代化的本质是人的现代化。”[②]党的十九大报告明确指出要“不断促进人的全面发展”，“更好推动人的全面发展”。这就意味着中国式现代化在推进社会全面进步的同时，承载着持续推进人的现代化、促进人的全面发展的历史使命。总体来说，人的现代化是社会主义现代化的实践主体和价值追寻。人的全面而自由的发展是人的现代化的核心要义，用政治法律语言表达，就是人权及其现代化。

### （三）人权现代化是推进中国式现代化的动力源泉

人权现代化不仅是中国式现代化的重要方面和维度，也是中国式现代化的强大动力。近代以后，由于西方列强入侵和封建统治腐败，中国逐步沦为半殖民地半封建社会，中华民族遭受了前所未有的劫难，生存权利遭到严重践踏，人的尊严更难以保障。据估算，当时中国有 80% 的人长期处于饥饿、半饥饿状态，几乎每年都有几万乃至几十万人因饥饿而死亡。作为马克思主义政党，中国共产党在成立伊始，就把争取民族独立、人民解放和实现国家富强、人民幸福的历史使命扛在肩上并为之努力奋斗。中国共产党成立一百多年来的历史就是推动中国现代化的历史，也是一部党团结带领人民为争取人权、尊重人权、保障人权、发展人权而不懈奋斗的历史，是推进人权现代化的历史。

人权现代化是中国式现代化的强大动力。中国式现代化以人民为中心，为了人民、依靠人民。人民是新时代中国社会的价值主体，也是推动中国式现代化的实践主体。“中国人民历经苦难，深知人的价值、基本人权、

---

① 习近平：《文化育和谐》，载习近平：《之江新语》，杭州：浙江人民出版社 2007 年版，第 150 页。

② 习近平：《在中央城镇化工作会议上的讲话》（2013 年 12 月 12 日），载中共中央文献研究室编：《习近平关于社会主义经济建设论述摘编》，北京：中央文献出版社，2017 年版，第 164 页。

人格尊严对社会发展进步的重大意义。”① 中国革命、建设、改革的历史充分证明，人类社会的历史也一再证明，人民对人权的追求、对人权的享有，具有强大的能量，可以源源不断地释放出推进现代化的力量。任何事物都是相互作用的，没有人的现代化，就没有真正意义上的社会现代化，人的现代化和社会现代化是相互作用的。社会现代化的日益发展，大大提高了人的现代化素质；而人的现代化程度的提高，又促进了社会现代化的不断发展。经过艰辛探索，中国开创了改革开放和社会主义现代化建设新时期，开启了中国特色社会主义新时代，中华民族迎来了从站起来、富起来到强起来的伟大飞跃，踏上了全面建设社会主义现代化国家新征程。全面建设社会主义现代化国家是中国人权事业发展的新起点，而人权事业的发展，特别是人权现代化，必将在全面建设社会主义现代化国家、全面推进中华民族伟大复兴的历史进程中呈现出不可估量的推力。

### （四）中国式人权现代化的历史成就

在新民主主义革命时期、社会主义革命和建设时期、改革开放和社会主义现代化建设新时期，我们党都矢志不渝地推进人权事业，领导人民取得了革命、建设、改革的伟大胜利，不断向前推进中国人民的生存权、发展权和其他各项基本权利保障，使中国人民成为国家、社会和自己命运的主人。党的十八大以来，以习近平同志为核心的党中央坚持把尊重和保障人权作为治国理政的一项重要工作，把人民幸福生活作为最大人权，把生存权、发展权作为首要的基本人权，系统谋划人权建设，推动我国人权事业取得新的历史性成就。这主要体现为：党高举人民幸福生活是最大人权的旗帜，团结带领人民全面建成小康社会，实现了从贫困到温饱到总体小康再到全面小康的历史性跨越，历史性地解决了绝对贫困问题，为尊重和

---

① 习近平：《致“二〇一五·北京人权论坛”的贺信》（2015年9月16日），载中共中央党史和文献研究院编：《习近平关于尊重和保障人权论述摘编》，北京：中央文献出版社2021年版，第4页。

保障人权打下了更为坚实的物质基础；秉持人民民主是社会主义的生命、全过程人民民主是社会主义民主政治的本质属性等先进理念，不断坚持和发展全过程人民民主，切实保障人民当家作主，使人民享有更加广泛、更加充分、更加全面的民主权利；认真贯彻落实宪法确定的民族平等、宗教信仰自由等政治原则和社会政策，全面贯彻党的民族政策和宗教政策，坚持各民族一律平等，尊重群众宗教信仰，保障各族群众合法权益；坚持全面依法治国，推进人权保障法治化，维护和发展社会公平正义，协调推进经济、社会、文化权利和公民权利、政治权利全面发展；坚持“为民造福是执政为民的本质要求”的理想信念，坚持在发展中保障和改善民生，建成了世界上规模最大的教育体系、就业创业体系、社会保障体系、医疗卫生体系，大力改善人民生活环境质量；坚持人民至上、生命至上的世界观和方法论，众志成城，有力应对重大疫情和重大自然灾害，最大限度保护了人民生命安全和身体健康；坚持严格执法、公正司法，深入推进司法体制改革和政法领域全面深化改革，全面开展扫黑除恶行动，严厉打击各类违法犯罪，切实保护人民群众人身权、人格权、财产权等权利，保持社会长期稳定；把人权发展纳入国家规划，连续制定和实施四期国家人权行动计划，以人权行动计划明确人权发展的总体目标以及各阶段的人权发展方向、重点任务、重要举措；积极参与全球人权治理，努力推动构建人类命运共同体。实践证明，中国共产党不仅创造了尊重和保障人权的伟大奇迹，也开创了人类人权文明新形态，谱写了世界人权文明新篇章。

## 二、人权法治保障对中国式现代化建设的作用

法治的真谛在于确认和保障人权。我国党和政府提出中国人权事业发展五条推进原则，即依法推进、协调推进、务实推进、平衡推进、合力推进，其中“依法推进”是首要原则。依法推进，就是要“将人权事业纳入法治轨道”，不搞“运动式”“突击式”治理，而是建立稳定的规则，注

重长期可持续的效果。[①]这意味着在保障人权的法律措施和政策措施方面，法律保障措施将占据更主导的位置；这意味着要从立法、执法、司法等各个环节全面推进人权的法治保障；这也意味着要通过法律的制定和修改来与国际人权公约接轨。在我国人权现代化的历史进程中，特别是新时代人权事业发展中，法治发挥着无可替代的规范、引领、保障和推动的轨道作用。

“法治轨道”是习近平总书记创造性提出的科学概念。建构科学公正权威的法治轨道，把国家各方面工作纳入法治轨道，是习近平新时代中国特色社会主义思想的战略构想。党的十八大以来，习近平总书记提出“在法治轨道上推进国家治理体系和治理能力现代化”“在法治轨道上全面建设社会主义现代化国家”。无论是国家治理现代化还是社会主义现代化国家，都内在地包括人权现代化。法治化是人权现代化的鲜明特征，也是人权现代化的重要保证。按照习近平法治思想的科学逻辑和战略思想，作为国家治理现代化组成部分的人权现代化必须在法治轨道上推进，只有把人权事业发展纳入法治轨道，才能实现人权现代化。

### （一）法治对于人权现代化具有规范作用

从宏观维度看，人权现代化与其他方面的现代化一样，都有方向、道路问题。方向决定道路，道路决定命运。道路问题是关系人权事业兴衰成败的第一位问题。衡量一个国家的人权制度是否科学，是否先进，主要看是否符合国情民意，是否真实管用，是否得到人民拥护。实践证明，中国特色人权发展道路是适合我国国情和实际的正确道路，人权现代化必须坚持走中国特色人权发展道路，这是人权现代化唯一正确的道路。人权现代化必须坚持中国特色社会主义理论与原则，而不能单纯同西方人权制度进行对标。在我国，宪法、党章、法律、法规为人权现代化设定了社会主义方向，明确了中国特色人权发展道路，将人权现代化纳入法治轨道。

---

① 参见常健、刘一：《从五大推进原则看中国人权发展道路的特点》，《人权》2017年第1期，第71页。

从微观维度看，中国式人权现代化的一个重要标志就是人权内含的权利和义务的一致性，而法治作为行为标准为各项人权设定了具体规则，即设定了权利的界限，以防止权利滥用，避免权利冲突，最大限度地发挥权利的积极功能，同时引导人民群众自觉尊重其他个人、群体、民族、种族、国家的基本人权，履行保护人权的法律义务和道德义务。

### （二）法治对人权现代化具有引领作用

人权现代化是国家治理现代化的组成部分，是全面建设社会主义现代化国家的目标和内容，习近平总书记提出的“在法治轨道上推进国家治理体系和治理能力现代化”“在法治轨道上全面建设社会主义现代化国家”的思想完全适用于人权现代化。法治要发挥好引导作用，就必须坚持立法先行，加强人权立法，完善人权法治体系，以法治的理念、法治的思维、法治的体制、法治的方式引导人权现代化。

法治对人权现代化的引领作用体现在宪法法律和党章党内法规对人权事业的发展规划。例如，四期人权行动计划就发挥着重大的引领作用。

法治对人权现代化的引领作用还体现为宪法法律对人权的神圣宣告，国家持续开展人权教育，不断增强全社会人权意识和人权知识，使尊重和保障人权成为全体人民的崇高信仰和自觉行动。

### （三）法治对于人权现代化具有保障作用

法治既是人权现代化的本质要求，也是人权现代化的重要保障。法治轨道对人权现代化不仅具有规范和引导作用，还有强大的保障作用，确保人权现代化这一巨轮行稳致远，确保人民享有的各项权利神圣不可侵犯。

### （四）法治对于人权现代化具有推动作用

法治对人权现代化的推动作用突出体现为法治改革是人权现代化的强大推动力。习近平总书记指出，要加强人权法治保障，“深化法治领域改革，健全人权法治保障机制，实现尊重和保障人权在立法、执法、司法、

守法全链条、全过程、全方位覆盖”[①]。这段重要论述揭示了法治改革与人权现代化的内在机理：在新时代新征程上，我们要以健全人权法治保障机制为目标和动力，深化法治领域改革，充分发挥法治对人权的保障作用，让人民群众在每一项法律制度、每一个执法决定、每一宗司法案件中都感受到人权得到保障、正义得到伸张、尊严得到保护。

总而言之，人权现代化是中国式现代化的重要组成部分，从内在构成和发展目标上可以概括为人权理论现代化、人权制度现代化、人权治理现代化三个方面。这三个方面是有机统一、良性互动的：人权理论现代化引领人权制度和人权治理现代化，人权制度和人权治理现代化为人权理论的创新发展提供丰富的实践资源。在全面建设社会主义现代化国家、全面推进中华民族伟大复兴的新征程上，推进人权现代化既势在必行又任重道远。人权现代化必须坚持以习近平新时代中国特色社会主义思想的人权理论为指导，坚定不移走中国特色人权发展道路，在中国式现代化的总体布局中，在法治轨道的规范、引领、保障和推动下，开创人权现代化的新局面。

## 三、建立一种以人权保障为核心的程序正义论

虽然既有关于程序理论可以基本涵盖本书所要讨论的几种程序价值，但是现阶段我国还并没有形成一个完备的理论来支持保障人权在司法过程中的重要性。达玛什卡基于国家与社会的关系把国家分为“回应型国家”（Reactive State）和“能动型国家”（Active State）两种理想类型。在回应型国家中，国家将其任务限定在为公民的选择提供一个支持的框架，让社会进行自我管理，以释放出自生自发的力量。回应型国家不具备任何改造力量，其职能是代理性的，倾向于将维护秩序的活动简化为纠纷解决的活动。在这种国家之中，司法呈现的面孔是“纠纷解决型司法”，是“回应型司法”。在能动型国家中，国家成为政治活动的唯一舞台和政治效忠的

① 习近平：《坚定不移走中国人权发展道路 更好推动我国人权事业发展》，《求是》2022年第12期，第8页。

唯一对象，社会生活的全部领域要接受以国家政策为标准的评价，社会被国家化了，个人自治也不受重视。在这种国家中，司法所呈现的面孔是“政策实施型司法”，是“能动型司法”。[①]达玛什卡也提到存在能动型司法和回应型司法的混合形式。这种混合形式可以通过两种途径达到，一种是“一个原本信奉有限政府之理念的国家开始变得越来越倾向于干预社会生活的种种事态”；另一种是“一个原本试图管理社会生活的几乎所有方面并随时准备干预几乎所有类型的诉讼程序的国家可能会认识到自己的干预范围超出了自己的能力所及”。[②]

而笔者认为，要想克服现行司法运行中存在的人权保障的局限性就必须建立一种以人权保障为核心的程序正义理论引领法治进步。人权在司法过程中的价值并不是简单的司法程序的替代，它一方面包含了程序自身的积极属性，另一方面又将法律所规定的公民实在权利纳入司法保障体系中来，这样一来就将应然层面的法律与实然层面的司法统一于人权理念中，实现了二者很好的互补。而司法程序中的“保障”则一方面合理表达了司法对自由、平等、正义等道德价值的追求，另一方面又可以理解为要加强对法律中已经规定的实在权利作出有效保护；此外，在法律没有明示的情况下对法律规定作出符合保护人权精神的理解是这种司法模式的应有之义。以保障人权为核心的程序正义论既要杜绝那种认为在实践中只要单方面保护了公民的诉讼权利就是实现了保障公民人权的思维，又要杜绝那种空喊口号实践中却忽视公民权利的做法。保障人权要求从权利保障的角度去理解立法，尽力对立法做出对公民有利的理解。将司法程序价值从法律对于人的尊严的尊重与程序的内在正义相统一，发展为以人权保障为核心的司法模式，这就要求将人权的基本内容限定为自由和平等的范围内，这一价值导向的转型具有重要意义。

---

① Mirjan R. Damaška，The Faces of Justice and State Authority：a Comparative Approach to the Legal Process，New Haven：Yale University Press，1986，PP71-96.

② ［美］米尔伊安·R. 达玛什卡：《司法和国家权力的多种面孔：比较视野中的法律程序》，郑戈译，北京：中国政法大学出版社 2004 年版，第 137-139 页。

一方面，作为现代社会对法律价值的最典型的抽象表达，人权的意义早已突破了单纯的法律价值的概念而发展成为一种内化与程序内部的自发追求。司法程序作为法治体系的重要组成部分，其必然体现保障人权的价值追求。并且由于在现代社会中司法程序尤其是刑事司法程序的相关规定是最直接能够影响到关乎公民生命与自由的切身利益、与公民的人权保障密不可分的国家治理手段，因此，用人权保障来引领司法、彰显程序正义是国家治理现代化的必然要求。

另一方面，虽然司法理论中的程序理论已经对正义的原意作出了适应时代要求和司法特点的发展，但目前为止仍然没有能够明确地表达出程序正义本身的含义究竟为何。尽管有很多学者对程序正义的标准作出了论述，不过这些标准并非程序正义概念本身的意义，而是根据这一概念的要求设计的司法原则。在这一过程中，我们应当注意到价值与原则本身是分属于两个性质不同范畴的概念。因此，符合程序正义的原则并不是程序正义本身。将人权保障作为引领程序正义发展的核心内容，不但符合理论上的逻辑推理，而且使程序正义的取向更加便于理解。

此外，人权内容的外延非常广泛，但是在司法过程中我们基本将人权的定义界定在体现和保障平等和自由的法律权利之内。这种选择既是由于自由、平等在法律价值中确实具有不可取代的地位，也是为了使理论分析时能够尽量避免概念推挤所引起的不便。[①]

司法程序和司法理念是人类司法文明在具体时空条件下的特定主体实践。司法程序是司法文明的制度载体和实现方式。司法理念是司法文明的精神旨归和价值呈现。通过司法的人权保障是指通过司法程序和司法理念来保障法律主体的法律权利，在此意义上，我们可以说司法文明的进步史就是人权的保障史。在关于司法程序价值的各类理论研究中，已经出现过倡导运用司法保障人权的理论提法。不过这种理论探索并没能做到将保护人权与程序的独立价值或程序正义理论有机联系起来。实际上，正义与法

① 锁正杰：《刑事程序价值论：程序正义与人权保障》，2000 年第 5 期。

律价值的内涵包括法律的最高级别的价值在概念的外延上存在高度重合的部分。自由与平等是正义的两个基本义项，人权则是现代社会用以整合所有法律正当价值的具有共识性的基础用语。因此，保障人权与法律价值天然地有着千丝万缕的联系，同时也应当注意到它们之间依然存在着细微的差别。不论如何，当代社会学术界和实务界几乎已经把人权与法律价值等同看待。因此，建立一种以人权保障为核心的程序正义理论来指导司法实践是我们当前亟须进行的工作。

通过前文的研究，得出如下结论：在理论内涵上，中国语境下的“人权司法保障”更加侧重通过司法来救济权利。在理由依据上，“人权司法保障”在中国的政治环境下是人民司法和国家治理现代化的内在要求，中国的司法比任何其他社会制度的国家都存在更充分的理据来保障人权。在人权司法保障的基本方式上，我们强调司法程序在人权保障方面比行政执法具有更高的人权保障程度，这是一种一般性的结论，并非只有西方式的民主宪政、三权分立、司法独立下的司法制度才能保障人权，这有效实现了人权司法保障与民主宪政、三权分立、司法独立的解绑。在人权司法保障的限度上，通过司法程序在进入和启动方面的限度、司法审判与完全正义的距离、司法执行阶段对被执行人权利褫夺的本相，揭示了司法在人权保障方面的矫正正义的哲学基础，指出司法并不能扩大实有权利的增量，这更加契合了中国的发展人权观。这就是本书在每一章中提炼出一个法理命题的努力。

“何为正义”，这并非一个单纯的概念问题，每一个答案都蕴含着其内在的文化背景、社会意识形态以及价值倾向。[①] 对于“人权”这一词语，更是如此。在本书中，探讨人权司法保障，问题的重点并不在于阐发哪些权利诉求需要司法的制度化保护，症结也不在于追问什么样的司法才能担当得起人权保护的职责，作为一种人权司法保障的基础理论研究，通过分析人权司法保障的理论内涵、理据分析、制度优势与能力界限，“人权司

① 张文显：《迈向科学化现代化的中国法学》，《法制与社会发展》2018 年第 6 期。

法保障”这一议题背后所可能蕴含着的三种人权观需要审视：形式主义的人权观、矫正正义的人权观和西方中心的人权观。

第一，形式主义的人权观对司法和人权内在的实体性内涵并不能进行准确把握。我们只有关注并解决“哪一种正义，谁的正义”，以及“哪一种人权，谁的人权”的问题，对隐藏在法律正义之中的社会利益结构的制度安排进行深入剖析，让人能够作为人而享有权利，这才是实体性的内在本质。不过，如果我们无视其社会物质生活条件，则只会加剧人权乌托邦的刻板效应。[①] 社会文化的发展受到经济结构的制约，这二者的发展水平又同时制约着权利的发展。[②] 人权也不例外，在社会现实当中，通过社会物质生活条件能够在一定程度上反映出抽象的人权原则。权利的保护程度，要与社会资源总量或社会结构相适应。权利的实现依赖于社会资源投入。由于社会资源的有限性，各种权利诉求实现是有先后顺序的。

第二，矫正正义是司法正义的哲学基础，人权司法保障的背后是一种以矫正正义为核心的人权保障理论。通过司法来保障人权的根本目的是对已经破坏的正义内容进行恢复和弥补，我们必须遵循法定性、适当性等原则来纠正与禁止不公正行为，这是为了避免司法矫枉过正或矫枉不及的问题。与之相对的是通过发展来保障人权。发展是解决一切问题的关键，通过把蛋糕做大来增进每个人的权利和福祉。本书语境下的生产正义，不是马克思、奥康纳式的关于生产的正义[③]，而是基于生产的正义。对人权事业来说，只有发展，才能保障这一事业不断进步。生存权是首要人权，发

① “人权是人类历史上最后的乌托邦”。Samuel Moyn，The Last Utopia：Human Rights in History，The Belknap Press of Harvard University Press，2010，pp. 1-327.

② 《马克思恩格斯文集》（第3卷），北京：人民出版社2009年版，第435页。

③ 马克思作为共产主义和社会主义制度的伟大立法者，其关注的正义属于关于生产的正义。马克思在《共产主义者同盟第一次代表大会致同盟盟员的通告信》中写道：“许多人要正义，即要他们成为正义的东西，但他们并不因此就是共产主义者。而我们的特点不在于我们一般地要正义———每个人都能宣称自己要正义———而在于我们向现存的社会制度和私有制进攻，在于我们要财产公有，在于我们是共产主义者。”改变物质资料所有制和社会生产方式才能最终实现社会的正义。马克思恩格斯全集（第42卷），北京：人民出版社1979年版，第431页。

展权是根本权利。以国家发展战略提升人权保障水平。

第三，西方中心的人权观以自由权为本位，并辅之以民主宪政、三权分立、司法独立的法律外观，以此衡量他国人权状况，这未免失之偏颇。近代西方人权观中，基于对于集权或者绝对权力国家的深深恐惧，将以自由权为本位的人权视为个人对抗国家的权利。人权普遍性和人权享有者的主体性这二者必须是相互统一的，只有如此，人权普遍性才会具备正当性基础。当人权司法保障与民主宪政、三权分立、司法独立捆绑出售并沦为一个绝对正确的政治口号，成为浮在表面、看似充满人文关怀的正义话语，它就丧失了作为一个学术命题所应有的解释力。

西方通过人权话语掌握了主导权，中国政治意识形态受到西方人权话语的压制与冲击，长期处于话语劣势，出现“话语逆差”。在此情况下，我们应当正确对待本国的历史文化传统与人权之间的关系。不能任何国际事务都遵从西方标准，世界人权事业未来的发展方向应当是更多地把不同文化、不同传统中的智慧联系起来，注入到人权理念中，避免将西式文明传统下形成的地方性知识当成普世价值来传播。而如何实现均衡配置各种实践经验素材与理论资源是在新型法学话语体系构建过程中尚未解决的一个现实问题。林毓生检讨了国人对西方话语的浮泛理解，他认为：如果我们视国外的东西为权威，那么这很容易成为一种口号。然而，我们必须认识到口号式的了解并非真正意义上的了解。若是我们不了解隐藏在口号背后的历史背景，不了解口号所蕴藏的含义，那么就意味着我们对这几个口号名词的真正意义并不了解，最终只能以我们自身凭空想象出来的意义来代替其真实含义。“这种解释常常与这些名词所代表的思想没有多大关系。”[①]从认知的角度来看，这属于“形式主义的谬误”。不过，就宣传这一视角而言，对名词进行口号式的表面理解，看事情只看其表面，这就是话语的肤浅认知的逻辑。乔万尼·萨托尼曾说过，政治与语言二者的堕

① 林毓生：《中国传统的创造性转化》，北京：生活·读书·新知三联书店1988年版，第10–13页。

落是密切联系的，其原因在于通常情况下，语言都被作为一种“隐藏或是阻挠思想”的手段而存在，并非表达思想的方式，和其他领域相比起来，这一点在政治上有着充分反映。[①] 我们需要整合各种理论材料、理论资源，以历史唯物主义的世界观结合实践中的具体问题，为科学地诠释法律、发展法治奠定坚实的理论基础，在不断促进文化认同的过程中推演证成人权理论达成认知共识，话语的本质在于宣传。在理性的层面仅有肤浅的认知意义，民主宪政、三权分立、司法独立这些看似绝对正确的词汇是建立在虚假认同或学术盲从基础上的，并非不容置疑的，实则经不起理性的拷问。正如麦基文对宪政的反思：相比较于专制政府，宪法政府要脆弱许多。“宪政”的优势同时也是其缺陷所在，“宪政”无法作恶因此决定了其不会行善。如此一来，“宪政”就必须考虑一个当今政治都在讨论的主要问题，那就是选择放弃善来排除恶还是选择忍受恶来赢得赞誉。[②] 施瓦茨就“三权分立”做了如下分析：虽然“三权分立”存在迂腐教条的缺点，不过却始终都将审判权授予给了行政机关。当今社会越来越复杂化，这就要求行政机关必须要具备司法职权，因此这一授权是理所当然的。[③]

亦如波斯纳对“司法独立”的追问：若是司法独立只是法官全凭自身喜好来对案件进行裁决，其他官员并不会影响到法官的决定，如此一来，我们也不能指望该司法机构会注重和维护公众利益，对于公众而言，不过是暴君换了个人而已。[④] 民主宪政、三权分立、司法独立作为一种法律意识形态而存在，这是西方法学理论和法治话语形塑的结果。

在西方的理论发展中，最近甚至出现了连“人权”这个词语本身也开始在理性之下被解构的趋势。有的学者指出：人权这一意识形态实际上是

---

① ［美］乔万尼·萨托尼：《民主新论》，冯克利、阎克文译，上海：上海人民出版社 2009 年版，第 284 页。

② ［美］麦基文：《宪政古今》，翟小波译，贵阳：贵州人民出版社 2004 年版，第 24–25 页。

③ ［美］伯纳德·施瓦茨：《行政法》，徐炳译，北京：群众出版社 1986 年版，第 55 页。

④ ［美］波斯纳：《法理学问题》，苏力译，北京：中国政法大学出版社 2002 年版，第 274–275 页。

"历史的终结"时的一种意识形态，这不是一个不需要分析也不需要自明的概念。[①]一方面人权是各种时髦的实践哲学、政治理论的当然信条，另一方面人权是其理论的乌托邦，被抛掷至不着边际的汪洋之中而走向终结。"人权"一词的出现、发展、争论只是表象，关于人权的争论不可能越辩越明、趋于统一。其本质正是因为关于人权所包含意义的不同意见只是不同利益集团在博弈过程中为争取其国家利益、民族利益最大化而进行的不同意识形态之间的话语游戏。"人权"所以具有伟大的力量，或许"正取决于它们在修辞学上的含糊不清；在法律上的现状和一种因欠缺而渴望完美的状态之间摇摆。"[②]西方人权话语在其产生的时候乃是一种地方性话语，起源于西方的地方性话语何以在全球秩序中具有合法性，亦即西方人权话语何以具有普遍性，这是必须持续追问的一个问题。

话语的背后是意识形态，意识形态的背后是理论。话语的建构需要一个结构完整、逻辑严密、结构完整的思想体系或理论体系，并以其作为支撑来形成核心概念，如此方能建构话语。就司法发展的方向而言，要加快探索出既符合法律发展的基本规律又具有鲜明时代特色、符合中国国情特点的司法保障人权之路是拥有人权发展道路自信的前序保障。我们须认识到，只有结合我国实际，同时借鉴世界融通的概念、命题和论述，来建立中国理论，并以其为核心建立起中国话语及中国话语体系，才能真正占据意识形态的主阵地，抵御西方错误的意识形态的渗透。通过研究人权进行理论建构，通过言说人权进行话语建构，由此，西方文明的共性以及独特的中国人权特性将同时反映在中国人权话语体系及其相关制度安排当中。在庆祝中国共产党成立95周年的大会上，习近平总书记说到，坚持中国特色社会主义道路自信、理论自信、制度自信、文化自信。新时代中国人权司法话语体系的表达，这是所有人权司法问题的学术研究绕不开的任务，

① ［英］科斯塔斯·杜兹纳：《人权的终结》，郭春发译，南京：江苏人民出版社2002年版，第2页。

② ［英］科斯塔斯·杜兹纳：《人权与帝国》，辛亨复译，南京：江苏人民出版社2010年版，第11页。

在实现人权观念传播与话语重塑，建立人权话语场域中的中国人权意识形态，是法学界的历史使命。

## 四、从人权法治到人权治理

人权治理是国家治理体系的重要组成部分，也是全球治理体系的组成部分。通常而言，人权治理是指执政党、政府、社会组织、人民群众等人权治理主体依法依规保障人权，促进人权实现，推动人权现代化的实践。人权治理包括“积极治理”和“消极治理”两个方面。“积极治理”是人权主体秉持尊重和保障人权的理念，制定人权发展纲领和行动计划，制定和实施人权法律法规，以积极作为推动人权事业发展，实现更高质量人权保障。“消极治理”则是针对人权领域的突出问题，如劳动就业上的性别歧视、数字科技运用上的算法歧视、非法限制人身自由、侵害公民法定权利和合法权益、司法领域发生的冤假错案等，实施法律救济。这两个方面的人权治理不是彼此分割的，而是相辅相成的。

### （一）中国的国内人权治理

习近平总书记指出：“中国人民实现中华民族伟大复兴中国梦的过程，本质上就是实现社会公平正义和不断推动人权事业发展的进程。”[①] 这是在积极意义上推动人权治理现代化。多年来，中国坚持把保障人权、发展人权与国家总体发展战略和各项经济、社会、文化事业发展政策相统筹、相协调，构建起了在国家发展中协调增进人权保障水平的法律法规体系和工作机制，创造了人权治理的新经验新形态，推动了人权治理体系和治理能力现代化。

1. 接续实施四个“国家人权行动计划”。自联合国世界人权大会呼吁

---

① 习近平：《在同美国总统奥巴马共同会见记者时的讲话》（2015 年 9 月 25 日），载中共中央党史和文献研究院编：《习近平关于尊重和保障人权论述摘编》，北京：中央文献出版社 2021 年版，第 164 页。

各国制定国家人权行动计划以来，已有 60 多个国家制定了国家人权行动计划，其中绝大多数国家只制定了一期或两期行动计划，只有中国是世界上唯一持续制定和实施四期国家人权行动计划的主要大国，为世界人权事业发展作出了重要贡献。2009 年，我国发布了首个国家人权行动计划《国家人权行动计划（2009—2010 年）》，该计划明确未来两年中国政府在促进和保护人权方面的工作目标和具体措施，其后我国接续发布并实施了《国家人权行动计划（2012—2015 年）》《国家人权行动计划（2016—2020 年）》《国家人权行动计划（2021—2025 年）》[①]。四期人权行动计划的实施，使人民的生活水平不断提高，各项权利得到切实保障，特定群体的人权保护更加切实有效。特别是中国共产党和中国政府把人权治理纳入国家治理体系，积极改革完善各项人权保障制度，以制度现代化与治理现代化的高度统一，推动人权现代化，推进人权全面保障和全面发展。

2. 高度重视作为人权底线的人身权利和人格尊严的保护。党和政府切实保护人民人身权、财产权、人格权，民法典对人格权作了专门规定，创造了人权保障新形态。大力推进户籍制度改革，放宽户口迁徙政策限制，促进有能力在城镇稳定就业的常住人口有序实现市民化。严格依法保障住宅不受侵犯、通信自由和信息安全，等等。我们结合现阶段的国情采取有针对性的措施，不断加强对特定人群的人权和合法权益保护，使他们能以平等的地位、均等的机会不受歧视地参与社会生活，共享物质文明和精神文明成果。[②]

3. 集中治理人权领域的突出问题，人权保护呈现新气象。我国的人权状态总体良好，但是忽视人权、侵害人权的情形仍然多发易发。为此，党中央、国务院作出一系列部署，有针对性地开展集中整治、专项治理，如开展扫黑除恶专项斗争，对黑恶势力犯罪活动进行有力打击，保障了人民

---

① 中华人民共和国国务院新闻办公室：《改革开放 40 年中国人权事业的发展进步》，《人民日报》2018 年 12 月 13 日，第 13 版。

② 具体参见中华人民共和国国务院新闻办公室：《为人民谋幸福：新中国人权事业发展 70 年》（2019 年 9 月），《人民日报》，2019 年 9 月 23 日，第 14 版。

的人身安全和财产安全，维护了公共安全和国家安全；开展网络安全整治，全面加强网络安全监管；推出“儿童关爱行动”，严厉打击涉及儿童的性侵、性骚扰、网络欺凌等行为，保障了儿童的身心健康和人格尊严；开展打击整治电信网络诈骗违法犯罪专项行动，先后组织开展全国集群战役 150 次，共破案 39.4 万起，抓获犯罪嫌疑人 63.4 万名，有效保护了人民群众合法权益。对这些存在比较突出的人权问题的领域的集中治理，从监管层面出发，强化了对各类违法犯罪行为的打击和制约，切实保护了人民的安全和权益；从救济层面出发，着眼于对人权侵害的救济，为人民提供了救济渠道和法律保障；从建设层面出发，完善了人权治理的体系和机制。提高了人权治理能力。

4. 深入推进人权教育和人权文化建设，全社会出现人权文明新气象。人权教育和人权文化建设是人权治理的重要内容，是尊重和保障人权的思想保障和社会基础。我们通过多种形式、多种渠道、多种场合广泛开展人权宣传和知识普及，把普法和法治宣传教育与人权教育紧密结合，在全社会增强信仰人权、尊重人权、维护人权的良好氛围；将人权教育纳入国民教育体系，在青少年中开展人权知识教育，各中小学结合学生年龄特点，在相关课程教学中融入人身权、人格权、弱势群体的人权等学习内容，增强学生的尊重和保护权利的意识；加强对公职人员特别是基层公务人员，如公安、审判、检察、民政、社保、卫健、税务、市场监管等部门人员的人权知识培训，使其树立人权意识，把严格执法与保障人权统一起来，发挥维护人权、宣传人权的积极作用。在培育人权文化上，我们以马克思主义人权观和当代中国人权观引导人民群众正确认识和处理人权领域的重大关系，例如人权和主权的关系、权利和义务的关系、公权和私权的关系、人权和公民权的关系、个体权利和集体权利的关系、基本人权和一般权利的关系、国内人权和国际人权的关系，科学把握和正确对待各项关系背后的利益关系、政治位阶、价值平衡，学会正确行使权利、忠实履行义务，依法维护自身权利，善待他人的人权和合法权益，创造了新时代人权文明。

### （二）全球人权治理

在人权发展和治理中，西方思想家曾经提出“天赋人权论”，强调人人生而平等，有不可剥夺的权利，推动了英国、美国、法国等国的资产阶级革命和人权制度形成。但是，从历史和现实维度看，“天赋人权论”是不符合客观事实和历史规律的，不能作为人权发展的科学依据，更不能作为人权治理的理论基础。推进全球人权治理，必须探寻具有广泛共识的人权价值观，“全人类共同价值”恰是这样的理论。全人类共同价值是支撑和推进全球人权治理的根本价值基础。最近十年，习近平总书记多次强调：“和平、发展、公平、正义、民主、自由，是全人类的共同价值”，“和平与发展是我们的共同事业，公平正义是我们的共同理想，民主自由是我们的共同追求”。[①] 全人类共同价值内嵌着人权是全人类的共同价值的科学判断，如习近平总书记指出的：“呵护人的生命、价值、尊严，实现人人享有人权，是人类社会的共同追求”[②]，“人人充分享有人权，是人类社会的伟大梦想”[③]“发展人权是全人类共同的事业”。[④]

我们始终以负责任大国的世界观、人类观积极参与联合国人权事务，认真履行国际人权义务，广泛开展国际人权合作，以实际行动推进全球人权治理朝着更加公正合理包容的方向发展。2022 年 9 月，中华人民共和国国务院新闻办公室发布《国家人权行动计划（2021—2025 年）》，将“参与全球人权治理”的重点任务细化为履行国际人权条约义务、深度参与联

---

① 习近平：《在中华人民共和国恢复联合国合法席位 50 周年纪念会议上的讲话》（2021 年 10 月 25 日），《人民日报》2021 年 10 月 26 日，第 2 版。

② 习近平：《坚定不移走中国人权发展道路 更好推动我国人权事业发展》，《求是》2022 年第 12 期，第 4 页。

③ 习近平：《致首届“南南人权论坛”的贺信》（2017 年 12 月 7 日），载中共中央党史和文献研究院编：《习近平关于尊重和保障人权论述摘编》，北京：中央文献出版社 2021 年版，第 179 页。

④ 习近平：《坚定不移走中国人权发展道路》（二〇二二年二月二十五日），载习近平：《习近平著作选读》（第二卷），北京：人民出版社 2023 年版，第 598 页。

合国人权机构工作、开展建设性人权对话与合作、为全球人权事业作出中国贡献等方面。

党的十八大以来，我们积极参与全球人权治理的理论和实践，主要包括五个方面：

1. 坚持全球人权治理的正确目标方向。2015 年以来，习近平总书记多次为全球性人权论坛（研讨会、座谈会）致贺信，贺信蕴含着中国共产党人关于全球人权治理的基本理念。习近平总书记在党的十九大报告、二十大报告以及有关人权的专题讲话中，更是直接阐述了全球人权治理的立场、观点和方法，精髓在于“要弘扬全人类共同价值，坚持平等互信、包容互鉴、合作共赢、共同发展的理念，推动全球人权治理朝着更加公平、公正、合理、包容的方向发展”。[①] 要坚定捍卫以联合国为核心的国际体系、以国际法为基础的国际秩序和以《联合国宪章》宗旨和原则为基础的国际关系基本准则，促进人权治理与安全倡议、发展倡议、文明倡议衔接，推动“四个方面”有机衔接、平衡部署、全面落实。

2. 全球人权治理应当秉持包容性精神。习近平总书记指出，一个国家走什么样的道路，只有这个国家的人民最有发言权。一副药方不可能包治百病，一种模式也不可能解决所有国家的问题。生搬硬套或强加于人都会引起水土不服。[②] 任何人都没有资格把自己的人权观念作为衡量世界人权的标准，把自己的人权制度强加于人类社会。我们坚决反对打着所谓“人权”“民主”“自由”等幌子肆意干涉别国内政的行为。

人权是全人类的共同追求，然而由于历史背景、文化传统、社会制度、经济发展等的不同，各国人民对人权的理解与感受不尽相同，采取的人权发展模式也不尽相同，这就必然要求秉持包容性精神、推进包容性发展，努力为各国特别是发展中国家人权事业创造条件和机会。人权治理只能按

---

① 习近平：《坚定不移走中国人权发展道路 更好推动我国人权事业发展》，《求是》2022 年第 12 期，第 9 页。

② 参见习近平：《为国际社会找到有效经济治理思路》2018 年 11 月 17 日，载习近平：《习近平谈治国理政》（第三卷），北京：外文出版社 2020 年版，第 458 页。

照各国国情、各国人民人权感受、人权文化，以包容性情怀加以推进，切实加强不同人权文明交流互鉴，促进各国人权交流合作，分享人权发展进步经验。

3. 确定全球人权治理的总体框架。人权问题的全球治理，是一种跨国的协同治理，主要是指各国政府、国际组织、非政府组织等通过制定国际公约、推动国内政治法律改革、加强监督机制等方式来保障全球范围内的人权，以实现人权的普遍性、不可分割性、互惠性和进步性的目标。全球人权治理的核心是通过国际合作来促进人权的普遍尊重和保障，弥补各国在人权保障方面的不足，促进全球人权事业共同发展。全球人权治理的总体框架包含五大要素，即全球人权治理的价值、全球人权治理的规制、全球人权治理的主体、全球人权治理的对象以及全球人权治理的结果。

4. 拓展参与全球人权治理路径。为建立人权多元治理体制机制，在党中央集中统一领导下，人大、政府、政协、政法机关、社会组织发挥自身优势，主动参与国际人权事务，有力表达中国的人权主张，积极推进人权领域的交流与合作。有关部门、单位、知名人士全面参与联合国人权机制工作，利用各种正式和非正式机制，开展人权外交，推动人权正义。积极开展同所有国家，尤其是西方发达国家、金砖国家、发展中国家集团的人权对话，增进了解、扩大共识，共同推进全球人权治理。以敢于斗争的精神、善于斗争的本领，提出改革完善全球人权治理的建设性方案，为世界人权事业发展作出更大贡献。总之，“中国人民愿与包括广大发展中国家在内的世界各国人民同心协力，以合作促发展，以发展促人权，共同构建人类命运共同体”。[①]

5. 为全球人权治理作出中国贡献，提供中国方案。从联合发起成立联合国，制定《联合国宪章》开始，中国始终是全球人权治理的积极参与者

① 习近平：《致首届“南南人权论坛”的贺信》（2017 年 12 月 7 日），载中共中央党史和文献研究院编：《习近平关于尊重和保障人权论述摘编》，北京：中央文献出版社 2021 年版，第 180 页。

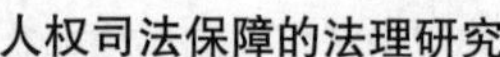

和贡献者。进入新时代以来，我们坚持将人权普遍性原则同中国实际相结合，坚持把生存权、发展权作为首要的基本人权，为各国特别是广大发展中国家的人权事业发展提供了重要经验。近年来，联合国及其人权机构把中国政府的人权理念写入相关决议，赢得国际社会广泛赞同和支持。2017年3月，联合国人权理事会通过的关于“经济、社会、文化权利”和“粮食权”两个决议，明确表示要“构建人类命运共同体”，表明构建人类命运共同体这一中国理念正式成为国际人权话语体系的重要组成部分。2017年6月，联合国人权理事会通过中国提出的“发展对享有所有人权的贡献”决议，“发展促进人权”理念被引入国际人权体系。2021年3月，联合国人权理事会通过中国提交的“在人权领域促进合作共赢”决议，呼吁各国在人权领域开展建设性对话与合作，加强技术援助和能力建设，促进合作共赢，共同构建人类命运共同体。中国主动参与创设国际人权规则与机制，参加《儿童权利公约》《残疾人权利公约》等重要人权文件的制定工作。

# 参考文献

## 一、论著

### （一）英文论著

[1] Arnold R，José Ignacio Martínez-Estay. Rule of Law，Human Rights and Judicial Control of Power [M]. Springer International Publishing，2017：186.

[2] Bentham J. Principles of Judicial Procedure，The Works of Jeremy Bentham，vol. II，ed. by John Bowring [M]. Simpkin，Marshell&Co，London，1843：5-6.

[3] Donnelly J. Universal Human Rights in Theory and Practice [M]. Cornell University Press，1989：156.

[4] Greco，Luis，Lebendiges und Totes in Feuerbachs Straftheorie. Ein Beitrag zur gegenwrtigen strafrechtlichen Grundlagendiskussion [M]. Berlin，2009：321.

[5] John W. Thibaut，Harold. Kelly，The social Psychology of Groups [M]. New York：Wiley，1959：2.

[6] Kamisar Y，LaFave W R，Israel J H. Modern Criminal Procedure [M]. West Publishing Co，1994：53.

[7] Kantorowiez H. The Definition of Law [M]. Cambridge University Press, 1958: 790–958.

[8] Karl Brunner. Die Lehre vom Verwaltungszwang [M]. 1923, S. 22.

[9] Lind E A, Tyler T. The Social Phycology of Procedural Justice [M]. Plenum Press, 1988: 1.

[10] Morton E. Winston, The Philosophy of Human Rights [M]. Wadsworth Publishing Company, 1989: 6–7.

[11] Peter Lang. The End of Punishment [M]. Frankfurt am Main, 2007: 15–16.

[12] Samuel Moyn. The Last Utopia: Human Rights in History [M]. The Belknap Press of Harvard University Press, 2010: 1–327.

[13] Skaar E. Judicial independence and human rights in Latin America: violations, politics, and prosecution [M]. Palgrave Macmillan, 2011.

[14] Thorson B. Overview: Judicial Protection of Individual Rights [M]. Individual Rights in EU Law. Springer International Publishing, 2016.

[15] Bas de Gaay Fortman. Human Rights [M] //David Clark (ed.). Elgar Companion on Develpment Studies, 2006: 260–266.

[16] David Kennedy. The Methods and the Politics [M] // Legrand P, Munday R. Comparative Legal Studies: Traditions and Transitions, Cambridge: Cambridge University Press, 2003: 349.

[17] Martin Scheinin. Economic, Social and Cultural Rights as Legal Rights [M] //Asbjorn Eide et al (eds.), Economic, Social and Cultural Rights: A Textbook. second edition. Martinus Nijhoff Publishers, 2001: 29–54.

[18] Muraviov V, Mushak N. Judicial Control of Public Power As a Legal Instrument For Protection of Human Rights and Fundamental Freedoms in Ukraine [M] //Arnold R, José Ignacio Martínez–Estay. Rule of Law,

Human Rights and Judicial Control of Power. Springer International Publishing，2017.

[19] Pajvancic M. Protection of Human Rights in Draft Constitution of Serbia [M] // The protection of human rights in Europe. M. Nijhoff，1995.

[20] Tasioulas J. The Moral Reality of Human Rights [M] //Thomas Pogge ed. Freedom from Poverty as a Human Right：Who Owes，What to the Very Poor，Oxford，UK：OxfordUniversity Press，2007.

## （二）中文论著

[1] [德] 哈贝马斯. 在事实与规范之间 [M]. 童世骏，译. 北京：生活·读书·新知三联书店，2011：277.

[2] [德] 拉德布鲁赫. 法学导论 [M]. 米健，朱林，译. 北京：中国大百科全书出版社，1997：100.

[3] [法] 孟德斯鸠. 论法的精神（上册）[M]. 张雁深，译. 北京：商务印书馆，1961：155.

[4] [法] 孟德斯鸠. 论法的精神 [M]. 张雁深，译. 北京：商务印书馆，2004.

[5] [法] 托克维尔. 论美国的民主（上册）[M]. 董果良，译. 北京：商务印书馆，1988：110–111，310.

[6] [古罗马] 亚里士多德. 尼各马可伦理学 [M]. 廖申白，译. 北京：商务印书馆，2016：151–152.

[7] [美] 爱德华·S. 考文. 司法审查的起源 [M]. 北京：北京大学出版社，2015：1.

[8] [美] 波斯纳. 法理学问题 [M]. 苏力，译. 北京：中国政法大学出版社，2002：274–275.

[9] [美] 伯纳德·施瓦茨. 行政法 [M]. 徐炳，译. 北京：群众出版

社，1986：55.

[10]［美］博登海默. 法理学——法律哲学与法律方法［M］. 邓正来，译. 北京：中国政法大学出版社，2004：372.

[11]［美］德沃金. 法律帝国［M］. 北京：中国大百科全书出版社，1998：10.

[12]［美］戈尔丁. 法律哲学［M］. 齐海滨，译. 北京：生活·读书·新知三联书店，1987：228.

[13]［美］格瑞尔德·J. 波斯特马. 哲学与侵权行为法［M］. 陈敏，云建芳，译. 北京：北京大学出版社，2005：195.

[14]［美］哈珀·李. 杀死一只知更鸟［M］. 高红梅，译. 北京：译林出版社，2012：251.

[15]［美］汉密尔顿，杰伊，麦迪逊. 联邦党人文集［M］. 程逢如，等译. 北京：商务印书馆，1980：395.

[16]［美］汉密尔顿，杰伊，麦迪逊. 联邦党人文集［M］. 程逢如，在汉，舒逊，译. 北京：商务印书馆，2004.

[17]［美］霍维茨. 沃伦法院对正义的追求［M］. 信春鹰，张志铭，译. 北京：中国政法大学出版社，2003.

[18]［美］杰克·唐纳利. 普遍人权的理论与实践[M]. 北京：中国社会科学出版社，2001:3，7.

[19]［美］卡尔·J. 弗里德里希. 超验正义：宪政的宗教之维［M］. 周勇，王丽芝，译. 北京：生活·读书·新知三联书店，1997：107.

[20]［美］卡尔威因·帕尔德森. 美国宪法释义［M］. 徐卫东，等译. 北京：华夏出版社，1989：279.

[21]［美］科斯塔斯·杜兹纳. 人权与帝国［M］. 辛亨复，译. 南京：江苏人民出版社，2010：26.

[22]［美］路易斯·亨金. 权利的时代［M］. 信春鹰，等译. 北京：知识出版社，1997：1.

［23］［美］罗尔斯. 正义论［M］. 何怀宏，何包钢，廖申白，译. 北京：中国社会科学出版社，1988：229.

［24］［美］罗尔斯. 政治自由主义［M］. 万俊人，译. 北京：译林出版社，2000：450.

［25］［美］迈克尔·D. 贝勒斯. 法律的原则——一个规范的分析［M］. 张文显，等译. 北京：中国大百科全书出版社，1996：19，23.

［26］［美］迈克尔·D. 贝勒斯. 程序正义——向个人的分配［M］. 邓海平，译. 北京：高等教育出版社，2005：187.

［27］［美］麦基文. 宪政古今［M］. 翟小波，译. 贵阳：贵州人民出版社，2004：24-25.

［28］［美］尼尔·K. 考默萨. 法律的限度——法治、权利的供给与需求［M］. 申卫星，王琦，译. 北京：商务印书馆，2007：5-35.

［29］［美］乔万尼·萨托尼. 民主新论［M］. 冯克利，阎克文，译. 上海：上海人民出版社，2009：284.

［30］［挪］艾德，等. 经济、社会和文化的权利［M］. 黄列，译. 北京：中国社会科学出版社，2003：22.

［31］［日］大沼保昭. 人权、国家与文明：从普遍主义的人权观到文明相容的人权观［M］. 北京：生活·读书·新知三联书店，2003：2，203，220.

［32］［日］棚濑孝雄. 纠纷的解决与审判制度［M］. 王亚新，译. 北京：中国政法大学出版社，1994：283-296.

［33］［日］小岛武司. 诉讼制度的改革与法理实证［M］. 陈刚，郭美松，译. 北京：法律出版社，2001：156.

［34］［日］中野贞一郎，松浦馨，铃木正裕. 新民事诉讼法讲义［M］. 东京：有斐阁，2008：29.

［35］［瑞士］萨拉·萨默斯. 公正审判：欧洲刑事诉讼传统与欧洲人权法院［M］. 朱奎彬，谢进杰，译. 北京：中国政法大学出版社，2012.

［36］［瑞士］托马斯·弗莱纳．人权是什么？［M］．谢鹏程，译．北京：中国社会科学出版社，2000：4–5，75．

［37］［以］巴拉克．民主国家的法官［M］．毕洪海，译．北京：法律出版社，2011：1．

［38］［英］博温托·迪·苏萨·桑托斯．迈向新法律常识——法律、全球化和解放［M］．刘坤轮，叶传星，译．北京：中国人民大学出版社，2009：423．

［39］［英］戴维·米勒，韦浓·波格丹诺．布莱克维尔政治学百科全书［M］．邓正来，译．北京：中国政法大学出版社，1992：6．

［40］［英］戴维·M．沃克．牛津法律大辞典［M］．李双元，等译．北京：法律出版社，2003：618．

［41］［英］戴雪．英宪精义［M］．雷宾南，译．北京：中国法制出版社，2001：239．

［42］［英］丹宁勋爵．法律的正当程序［M］．李克强，等译．北京：法律出版社，1999：1．

［43］［英］赫伯特·哈特．法律的概念［M］．许家馨，李冠宜，译．北京：法律出版社，2011：136–140．

［44］［英］科斯塔斯·杜兹纳．人权的终结［M］．郭春发，译．南京：江苏人民出版社，2002：2．

［45］［英］科斯塔斯·杜兹纳．人权与帝国［M］．辛亨复，译．南京：江苏人民出版社，2012．

［46］［英］米尔恩．人的权利与人的多样性——人权哲学［M］．夏勇，张志铭，译．北京：中国大百科全书出版社，1995：3–7，171．

［47］蔡枢衡．中国法理自觉的发展［M］．北京：清华大学出版社，2005：161．

［48］邓继好．程序正义理论在西方的历史演进［M］．北京：法律出版社，2012：155．

［49］董必武．董必武法学文集［M］．北京：法律出版社，2001：47．

[50] 董必武. 董必武政治法律文集 [M]. 北京：法律出版社，1986：117.

[51] 范愉. 司法制度概论 [M]. 北京：中国人民大学出版社，2004：2-3.

[52] 龚向和. 社会权的可诉性及其程度研究 [M]. 北京：法律出版社，2012.

[53] 黄金荣. 司法保障人权的限度：经济和社会权利可诉性问题研究 [M]. 北京：社会科学文献出版社，2009：22.

[54] 季卫东. 法治秩序的建构 [M]. 北京：中国政法大学出版社，1999：13.

[55] 李龙. 宪法基础理论 [M]. 武汉：武汉大学出版社，1999：198.

[56] 林毓生. 中国传统的创造性转化 [M]. 北京：生活 ·读书·新知三联书店，1988：10-13.

[57] 罗豪才. 现代行政法制的发展趋势 [M]. 北京：法律出版社，2004：295.

[58] 马克思恩格斯全集（第 42 卷）[M]. 北京：人民出版社，1979：431.

[59] 马克思恩格斯文集（第 3 卷）[M]. 北京：人民出版社，2009：435.

[60] 莫纪宏. 现代宪法的逻辑基础 [M]. 北京：法律出版社，2001:183.

[61] 沈德咏. 中国特色社会主义司法制度论纲 [M]. 北京：人民法院出版社，2009：188.

[62] 沈宗灵. 法理学 [M]. 北京：高等教育出版社，2004：549.

[63] 孙万胜. 司法权的法理之维 [M]. 北京：法律出版社，2002：134.

[64] 汪进元，等.《国家人权行动计划》的实施保障 [M]. 北京：中国政法大学出版社，2014：112，278.

[65] 王伯恭. 中国百科大辞典 [M]. 北京：中国大百科全书出版社，1999：5020.

[66] 夏勇. 中国民权哲学［M］. 北京：生活·读书·新知三联书店，2004：133.

[67] 徐显明. 人权法原理［M］. 北京：中国政法大学出版社，2008：310.

[68] 许宗力. 宪法与法治国行政［M］. 台北：元照出版公司，1999：156.

[69] 杨一平. 司法正义论［M］. 北京：法律出版社，1999：26.

[70] 张文显. 二十世纪西方法哲学思潮研究［M］. 北京：法律出版社，2006：428.

[71] 张文显. 法理学（第三版）［M］. 北京：高等教育出版社，2007：252.

[72] 郑成良. 法律之内的正义：一个关于司法公正的法律实证主义解读［M］. 北京：法律出版社，2002：80-87.

[73] 周长军. 制度与逻辑［M］. 北京：中国方正出版社，2005：42.

[74] ［瑞典］尤纳斯格·日马敦. 司法制度的原则［M］// 北京大学法学院人权法研究中心. 司法公正与权利保障. 北京：中国法制出版社，2001：145.

[75] 陈光中. 中国刑事诉讼法典第一编第一章“任务和基本原则”的修改建议稿和理由［M］// 陈光中，江伟. 诉讼法论丛. 北京：法律出版社，2006：14.

## 二、期刊论文

### （一）英文期刊

[1] Addo M K. The Justiciability of Economic, Social and Cultural Rights［J］. Commonwealth Law Bulletin，1988，14（4）：1425-1432.

[2] Alston P，Quinn G. The Nature and Scope of States Parties Obligations

under the International Covenant on Economic, Social and Cultural Rights [J]. Haman Rights Quarterly, 1987, 9 (2): 156.

[3] Anthony Lester Q C. The judicial protection of human rights in the commonwealth [J]. Journal of Commonwealth Law & Legal Education, 2001, 1 (1): 3-12.

[4] Barendrecht M, Mulder J, Giesen I. How to Measure the Price and Quality of Access to Justice? [J]. Social Science Electronic Publishing, 2006: 2006-035.

[5] Camargo P P. Right to Judicial Protection: Amparo and Other Latin American Remedies for the Protection of Human Rights, The [J]. Lawyer of the Americas, 1971, 3 (2): 196-197.

[6] Cappelletti, Mauro Garth, Bryant. Access to Justice - Newest Wave in Worldwide Movement to Make Rights Effective [J]. Buffalo Law Review, 1978, 27 (2): 181-29.

[7] Chiduza L. Towards the protection of human rights: do the new Zimbabwean constitutional provisions on judicial independence suffice? [J]. Potchefstroom Electronic Law Journal, 2014, 17 (1): 368.

[8] Cox, James D. Access to justice [J]. Law and Contemporary Problems, 2012, 75 (1): 1.

[9] Cremin K M. what does access to justice require? — overcoming barriers to invoke the united nations convention on the rights of persons with disabilities [J]. Frontiers of Law in China, 2016, 11 (2): 280-322.

[10] EricBarendt. Grievances, Remedies and the State [J]. Oxford Journal of Legal Studies, 1987 (7): 1-125.

[11] Fuller L L. Positivism and Fidelity to Law—a Reply to Professor Hart [J]. Harvard Law Review, 1958: 367, 369.

[12] Fuller L. The Forms and Limits of Adjudication [J]. Harvard Law Review, 1978: 395.

[13] Gomez M. Social Economic Rights and Human Rights Commission [J]. Hum. Rts. Q., 1995, 17: 155.

[14] Heinze E. Even-handedness and the Politics of Human Rights [J]. Harvard Human Rights Journal, 2008, 21: 7.

[15] Janet L. Hiebeert. Parliament and the Human Rights Act: Can the JCHR help facilitate a culture of rights? [J]. International Jornal of Constitutional Law, 2006 (1): 1-38.

[16] Kaimowitz, Gabe. Access to justice [J]. Florida Bar Journal, 2014, 88 (9): 7.

[17] Kakouris C N. Judicial Protection of Individual Rights in the European Communities [J]. Hastings International and Comparative Law Review, 1993, 16 (4): 539-555.

[18] Leczykiewicz D. "Effective Judicial Protection" of Human Rights after Lisbon: Should National Courts Be Empowered to Review EU Secondary Law? [J]. Social Science Electronic Publishing, 2010, 35 (3): 326-348.

[19] Margaret H. Participatory design for innovation in access to justice [J]. Daedalus, 2019, 148 (1): 120-127.

[20] Melone A P, Hays C E. Judicial Role in Bulgaria's Struggle for Human Rights [J]. The. Judicature, 1994, 77: 248-253.

[21] Melone A P. The struggle for judicial independence and the transition toward democracy in Bulgaria [J]. Communist and Post-Communist Studies, 1996, 29 (2): 231-243.

[22] Ndayikengurukiye M. The international human rights law as a source of law in the Burundian judicial system [J]. Human Rights Africa, 2005: 29.

[23] Oliviero M B. Human Needs And Human Rights: Which Are More Fundamental? [J]. Emory Law Journal, 1991: 911.

[24] Park A I. Human Rights And Basic Needs: Using International Human Rights Norms To Inform Constitutional Interpretation [J]. UCLA Law Review, 1987: 1195.

[25] Rhode D. Access to Justice: Connecting Principles to Practice [J]. The Georgetown Journal of Legal Ethics, 2004, 17 (3): 369–422.

[26] Robert S. Summers, Evaluating and Improving Legal Processes A Plea for Process Values [J]. Cornell Law Review, 1974, 60 (1): 44.

[27] Sadual M K. Protection of Human Rights of Prisoners in India: Role of Judiciary [J]. International Journal of Scientific Research, 2015 (4).

[28] Santoro M A. Human Rights And Human Needs: Diverse Moral Principles Justifying Third World Access To Affordable Hiv/Aids Drugs [J]. North Carolina Journal of International Law and Commercial Regula–tion, 2006 (4): 923

[29] Steffek F, Unberath H, Genn H, et al. Regulating Dispute Resolution: ADR and Access to Justice at the Crossroads [J]. European Business Organization Law Review, 2012, 13 (4): 639–642.

[30] Steinman A N. Access to justice, rationality, and personal jurisdiction [J]. Vanderbilt Law Review, 2018, 71 (5): 1401–62.

[31] Tushnet M. Social Welfare Rights and the Forms of Judicial Review [J]. TEX. L. REV, 2003: 1898–1908.

[32] Walker K. Who's the Boss–The Judiciary, the Executive, the Parliament and the Protection of Human Rights [J]. U. w. austl. l. rev, 1995, 25: 253–254.

[33] Weiler J H H. Thou shalt not oppress a stranger: On the judicial protection of the human rights of non–EC nationals–a critique [J]. European Journal of International Law, 1992 (3): 65.

[34] Weiler J. Thou Shalt Not Oppress a Stranger: On the Judicial Protection

of the Human Rights on Non-Community Nationals: A Critique [J]. European Journal of International Law, 1992, 79 (1): 274-283.

[35] Zeleznikow J. Using Web-based Legal Decision Support Systems to Improve Access to Justice [J]. Information & Communications Technology Law, 2002, 11 (1): 15-33.

[36] Fuller L L. Positivism and Fidelity to Law—a Reply to Professor Hart [J]. Harvard Law Review, 1958: 395-398.

[37] Committee on Economic, Social and Cultural Rights. General Comment No. 12, 1999, in UN Doc. E12/1999/5, para. 15.

[38] Government of the Republic of South Africa and Others v. Grootboom and Others, (CCT11/00) [2000] ZACC 19; 2001 (1) SA 46; 2000 (11) BCLR 1169; (2000).

[39] San Antonio Independent School District v. Rodriguez, 411 U. S. 1 (1973).

[40] T. D. v. Minister for Education [2001] 4 I. R. 259 (Ir. S. C.).

### （二）中文期刊

[1] 白建军. 公正底线——形式司法公正性实证研究 [J]. 北京：北京大学出版社，2008：23-24.

[2] 曹建明. 依法履行法律监督职责 加强对人权的司法保障 [J]. 人权，2010（1）：2-5.

[3] 曹俊金. 平等就业权司法救济实证研究 [J]. 中国劳动，2014（9）：4-7.

[4] 陈光中. 加强司法人权保障的新篇章 [J]. 政法论坛，1996（4）：10-12.

[5] 陈光中. 坚持惩治犯罪与保障人权相结合立足国情与借鉴外国相结合——参与刑事诉讼法修改的几点体会 [J]. 政法论坛，1996（6）：25-31.

[6] 陈光中. 刑事诉讼法修改若干问题之展望[J]. 法学，2008（6）：4-14.

[7] 陈光中. 应当如何完善人权刑事司法保障[J]. 法制与社会发展，2014（1）：46-49.

[8] 陈光中. 在司法过程中保障人权的五大举措[J]. 中国党政干部论坛，2015（4）：24-27.

[9] 陈国权，周鲁耀. 制约与监督：两种不同的权力逻辑[J]. 浙江大学学报（人文社会科学版），2013（6）：43-52.

[10] 陈瑞华. 程序正义的理论基础——评马修的“尊严价值理论”[J]. 中国法学，2000（3）：144-152.

[11] 陈伟. 死刑执行的仪式流变与理性回归[J]. 比较法研究，2018（1）：16-35.

[12] 陈越峰. 中国行政法（释义）学的本土生成[J]. 清华法学，2015（1）：19-38.

[13] 崔永东，葛天博. 司法改革范式与司法学研究[J]. 现代法学，2018（5）：50-64.

[14] 邓炜辉. 受教育权司法保障的中国之路——基于《人民法院案例选》（1992—2012）的整体性考察[J]. 广西社会科学，2014（6）：109-113.

[15] 董开军. 法官思维：个性与共性及其认识误区[J]. 中国法学，2010（6）：165-175.

[16] 董茂云. 从废止齐案“批复”看司法改革的方向[J]. 法学，2009（3）：36-39.

[17] 段文波. 庭审中心视域下的民事审前准备程序研究[J]. 中国法学，2017（6）：203-220.

[18] 樊崇义. 从“人权保障”到“人权司法保障制度”[J]. 中国党政干部论坛，2014（8）：16-20.

[19] 樊崇义. 人权司法保障春天的来临[J]. 人民法治，2016（3）：

46–47.

[20] 范进学. 论法律发展中的宪法问题[J]. 北方法学，2009（3）：24–29.

[21] 冯珂. 从权利保障到权力制约：论我国民事诉讼模式转换的趋向[J]. 当代法学，2016（3）：27–37.

[22] 付龙飞. 社会保障权司法救济机制研究[J]. 经济经纬，2011（3）：156–160.

[23] 高鸿钧. 法律：规制与解放之间[J]. 政法论坛，2012（4）：90–102.

[24] 龚向和. 高校学位授予权：本源、性质与司法审查[J]. 苏州大学学报（哲学社会科学版），2018（3）：52–62.

[25] 龚向和. 理想与现实：基本权利可诉性程度研究[J]. 法商研究，2009（4）：32–38.

[26] 龚向和. 论受教育权的可诉性及其程度[J]. 河北法学，2005（10）：9–15.

[27] 龚向和. 社会权司法救济之宪政分析[J]. 现代法学，2005（5）：65–69.

[28] 顾元. 美国总统战争权力的扩张与当代反恐战争中的人权保护——以最高法院司法审查为中心的考察[J]. 中国政法大学学报，2013（6）：76–92.

[29] 郭兵. 我国行政程序卷宗阅览权的确认与司法救济[J]. 法学论坛，2015（5）：51–57.

[30] 郭道晖. 法治文明与人权保障的新进步[J]. 法学家，1997（3）：6–8.

[31] 韩大元. 完善人权司法保障制度[J]. 法商研究，2014（3）：19–22.

[32] 郝银钟. 刑事诉讼目的双重论之反思与重构[J]. 法学，2005（8）：77–83.

［33］胡建淼. 论中国台湾地区的行政执行制度及理论［J］. 法学论坛，2003（5）：75-87.

［34］胡敏洁. 论社会权的可裁判性［J］. 法律科学，2006（5）：25-31.

［35］胡玉鸿. 对等权利与行政诉讼［J］. 法学评论，2004（1）：152-158.

［36］黄金荣. 人权膨胀趋势下的人权概念重构——一种国际人权法的视角［J］. 浙江社会科学，2018（10）：24-35.

［37］季卫东. 合宪性审查与司法权的强化［J］. 中国社会科学，2002（2）：4-16.

［38］江必新. 关于完善人权司法保障的若干思考［J］. 中国法律评论，2014（2）：11-14.

［39］江必新. 国家权力科学管理视阈下的审判管理［J］. 法律适用，2017（5）：2-8.

［40］江必新. 谱写新时代人权法治保障的新篇章［J］. 中国法学，2017（6）：48-55.

［41］江必新. 在法律之内寻求社会效果［J］. 中国法学，2009（3）：5-14.

［42］江国华，周海源. 司法民主与人权保障：司法改革中人民司法的双重价值意涵［J］. 法律适用，2015（6）：41-45.

［43］姜明安. 改革和完善行政诉讼体制机制加强人权司法保障［J］. 国家行政学院学报，2015（1）：40-46.

［44］姜伟. 全面贯彻完善人权司法保障制度的改革部署［J］. 理论参考，2014（5）：41-44.

［45］蒋银华. 人权行政诉讼保障的路径选择及其优化［J］. 政法论坛，2018（5）：85-94.

［46］蒋银华. 司法改革的人权之维——以“诉讼爆炸”为视角的分析［J］. 法学评论，2015（6）：15-21.

［47］邝少明，林慕华. 我国公务员职务保障权的司法救济［J］. 中山大

学学报（社会科学版），2006（1）：81-86.

[48] 李炳烁，胡良荣. 论侦查阶段刑事法律援助介入的理论价值与权利构造——以司法公正与人权保障为核心[J]. 法学杂志，2013(8)：82-88.

[49] 李步云. 中国法治历史进程的回顾与展望 [J]. 法学，2007（9）：27-34.

[50] 李林. 建设法治社会应推进全民守法 [J]. 法学杂志，2017（8）：1-9.

[51] 李雄. 论平等就业权司法救济体系的构造[J]. 河北法学，2017(10)：2-18.

[52] 梁桂平. 同工同酬权司法救济的检省与矫正——以 2013 年度 102 份裁判文书为样本 [J]. 河北法学，2015（7）：133-142.

[53] 廖奕. 中国特色社会主义法学话语体系研究反思 [J]. 法学家，2018（5）：1-14.

[54] 林来梵，季彦敏. 人权保障：作为原则的意义 [J]. 法商研究，2005（4）：64-69.

[55] 刘昶. 刑事诉讼的目的、限制与正当性——德国刑事诉讼正当性理论及其启示 [J]. 西部法学评论，2016（6）：106-116.

[56] 刘崇亮. 本体与属性：监狱惩罚的新界定 [J]. 法律科学，2012（6）：73-79.

[57] 刘崇亮. 监狱惩罚机能及其限制 [J]. 中国监狱学刊，2009（6）：10-16.

[58] 刘红臻. 司法如何堪当人权保障的重任 [J]. 法制与社会发展，2014（6）：51-53.

[59] 刘红臻. 新一轮司法改革的难题与突破 [J]. 法制与社会发展，2014（6）：57-59.

[60] 刘敏. 论纠纷的可诉性 [J]. 法律科学，2003（1）：73-79.

[61] 刘小妹. 中国人权司法保障制度的特点与举措 [J]. 法律适用，

2014（12）：39–43.

［62］刘志强．新时代中国人权话语体系的表达［J］．法律科学，2018（5）：14–23.

［63］龙宗智．我国检察学研究的现状与前瞻［J］．国家检察官学院学报，2011（1）：35–48.

［64］龙宗智．中国法语境中的检察官客观义务［J］．法学研究，2009（4）：137–156.

［65］罗豪才．推进法治中国建设 完善人权司法保障制度［J］．理论参考，2014（5）：40.

［66］马明华．公民参与权的司法救济制度构建［J］．江西社会科学，2018（3）：181–188.

［67］毛国辉．论宪法的可诉性［J］．政治与法律，2001（4）：21–24.

［68］莫纪宏．论人权的司法救济［J］．法商研究，2000（5）：84–89.

［69］莫纪宏．论人权的司法最终救济性［J］．法学家，2001（3）：15–19.

［70］穆远征．死刑复核程序中律师辩护的困境与改革——以人权司法保障为视角［J］．法学论坛，2014（4）：109–114.

［71］倪洪涛．大学生学习权司法救济范围再认识［J］．湘潭大学学报（哲学社会科学版），2008（2）：60–65.

［72］彭俊磊．论侦查讯问中的犯罪嫌疑人权利保障——基于审判中心诉讼制度改革的再思考［J］．法学论坛，2018（4）：152–160.

［73］强世功．宪法司法化的悖论——兼论法学家在推动宪政中的困境［J］．中国社会科学，2003（2）：18–28.

［74］任喜荣．有限的宪法典与宽容的宪政制度［J］．中国法学，2004（2）：13–25.

［75］桑本谦．反思中国法学界的“权利话语”——从邱兴华案切入［J］．山东社会科学，2008（8）：30–36.

［76］沈宗灵．人权是什么意义上的权利［J］．中国法学，1991（5）：

22–25.

[77] 石泰峰. 法治的核心价值是尊重和保障人权［J］. 学习月刊，2010（13）：46.

[78] 苏新建. 主观程序正义对司法的意义［J］. 政法论坛，2014（4）：125–133.

[79] 孙国华，何贝倍. 人权与社会主义法治［J］. 法学家，2001（6）：3–9.

[80] 孙莉. 关于改革与法的内在精神的若干思考［J］. 中国法学，1996（6）：13–18.

[81] 孙谦. 论逮捕与人权保障［J］. 政法论坛，2000（4）：64–74.

[82] 锁正杰. 刑事程序价值论：程序正义与人权保障［J］. 2000（5）：145–153.

[83] 谭世贵. 论司法信息公开［J］. 北方法学，2012（3）：76–84.

[84] 汤葆青. 论德国的人权司法保障——基于向联邦宪法法院提起的宪法诉愿［J］. 学术交流，2015（2）：48–52.

[85] 田文昌，等. "刑辩独立性与有效性"学术研讨会综述及发言摘要"［J］. 刑法解释，2016（1）：325–338.

[86] 屠振宇. 人权司法保障：美国新司法联邦主义的演进与启示［J］. 比较法研究，2014（5）：152–160.

[87] 汪习根. 论人权司法保障制度的完善［J］. 法制与社会发展，2014（1）：50–59.

[88] 汪习根. 论人权司法保障制度的完善［J］. 理论参考，2014（5）：49–51.

[89] 王昌奎. 论刑事司法中的人权保护［J］. 现代法学，2016（4）：121–132.

[90] 王晨光. 法律的可诉性：现代法治国家中法律的特征之一［J］. 法学，1998（8）：18–22.

[91] 王敏远，等. 笔谈：错案、死刑与法治［J］. 中外法学，2015（3）：

566–569.
[92] 王沛. 以规范口供为视角论刑事被追诉人人权司法保障的完善 [J]. 河北法学，2016 (9)：113–119.
[93] 王天林. 原则抑或目的——刑事诉讼“双重目的论”之逻辑悖反及其伪成 [J]. 华东政法大学学报，2010 (3)：45–51.
[94] 王夏昊. 司法是人权保障的最佳方式 [J]. 现代法学，2003 (2)：188–192.
[95] 王亚新. 论民事、经济审判方式的改革[J]. 中国社会科学，1994(1).
[96] 王作富，谢玉童. 罪刑法定原则与人权保障 [J]. 中国人民大学学报，1998 (1)：65–68.
[97] 吴英姿. 司法的限度：在司法能动与司法克制之间 [J]. 法学研究，2009 (5)：111–130.
[98] 徐显明. 法治的真谛是人权——一种人权史的解释[J]. 学习与探索，2001 (4)：44–45.
[99] 徐益初. 刑事诉讼与人权保障 [J]. 法学研究，1996 (2)：89–95.
[100] 杨宇冠. 论人权司法保障 [J]. 法治研究，2016 (5)：45–55.
[101] 杨宇冠. 论刑事诉讼人权保障 [J]. 中国刑事法杂志，2002 (4)：3–13.
[102] 叶青，张栋. 中国刑事诉讼法学研究四十年 [J]. 法学，2018 (9)：3–19.
[103] 应松年. 把行政复议制度建设成为我国解决行政争议的主渠道 [J]. 法学论坛，2011 (5)：5–9.
[104] 余军. 正当程序：作为概括性人权保障条款——基于美国联邦最高法院司法史的考察 [J]. 浙江学刊，2014 (6)：159–169.
[105] 张华. 女性生育权的司法保护状况考察——基于 543 份已公开裁判文书的实证分析 [J]. 西南政法大学学报，2018 (5)：44–57.
[106] 张千帆. 宪法人权保障还需要保障什么？——论刑事正当程序入

宪的必要性［J］. 法学家，2004（4）：21–24.

［107］张清. 农民阶层的宪政分析［J］. 中国法学，2005（2）：24–33.

［108］张文显. 法理：法理学的中心主题和法学的共同关注［J］. 清华法学，2017（4）：5–40.

［109］张文显. 法治与国家治理现代化［J］. 中国法学，2014（4）：5–27.

［110］张文显. 迈向科学化现代化的中国法学［J］. 法制与社会发展，2018（6）：5–25.

［111］张文显. 人权保障与司法文明［J］. 中国法律评论，2014（2）：1–4.

［112］张龑. 论人权与基本权利的关系［J］. 法学家，2010（6）：17–27.

［113］赵秉志，谢望原. 刑法改革与人权保障［J］. 中国刑事法杂志，1998（5）：18–27.

［114］赵秉志. 全球化时代中国刑法改革中的人权保障［J］. 吉林大学社会科学学报，2006（1）：5–15.

［115］郑成良. 论法律形式合理性的十个问题［J］. 法制与社会发展，2005（6）：24–36.

［116］郑莹. 从传统走向现代：社会保障权司法救济的检省与矫正［J］. 法学杂志，2012（3）：112–117.

［117］钟会兵. 社会保障权司法救济的难题及其破解：法院和受益人角度［J］. 学术论坛，2012（7）：65–69.

［118］周翠. 我国民事司法多元化改革的现状与未来［J］. 中国法学，2018（1）：53–76.

［119］周伟. 司法审查：尊重和保障人权的基准程序［J］. 政治与法律，2005（1）：2.

［120］周永坤. 错案追究制与法制国家建设——一个法社会学的思考［J］. 法学，1997（9）：6–10.

［121］周赟. 开放的事实——并及我国〈刑事诉讼法的修订问题〉［J］.

现代法学，2013（1）：184-193.

[122] 朱林方. 人权司法救济：重要性位阶、公正性评价及其结构性成因[J]. 南京社会科学，2016（3）：100-108.

[123] 朱孝清. 错案责任追究与豁免[J]. 中国法学，2016（2）：25-47.

[124] 沈德咏. 我们应当如何防范冤假错案[N]. 北京：人民法院报，2013-5-6（2）.

[125] 胡云腾. 加强人权司法保障[N]. 光明日报，2014-11-20.

[126] 付小红. 促进政治话语与学术话语的良性互动[N]. 学习时报，2018-3-28（2）.

# 附录 1　刑事诉讼法的赋权密度

<table>
<tr><td rowspan="5">赋权条款</td><td rowspan="5">1. 直接权利条款</td><td>第二条　中华人民共和国刑事诉讼法的任务，是保证准确、及时地查明犯罪事实，正确应用法律，惩罚犯罪分子，保障无罪的人不受刑事追究，教育公民自觉遵守法律，积极同犯罪行为作斗争，维护社会主义法制，尊重和保障人权，保护公民的人身权利、财产权利、民主权利和其他权利，保障社会主义建设事业的顺利进行。</td></tr>
<tr><td>第九条　第一款　各民族公民都有用本民族语言文字进行诉讼的权利。人民法院、人民检察院和公安机关对于不通晓当地通用的语言文字的诉讼参与人，应当为他们翻译。<br>第二款　在少数民族聚居或者多民族杂居的地区，应当用当地通用的语言进行审讯，用当地通用的文字发布判决书、布告和其他文件。</td></tr>
<tr><td>第三十二条　第一款　本章关于回避的规定适用于书记员、翻译人员和鉴定人。<br>第二款　辩护人、诉讼代理人可以依照本章的规定要求回避、申请复议。</td></tr>
<tr><td>第三十四条　第一款　犯罪嫌疑人自被侦查机关第一次讯问或者采取强制措施之日起，有权委托辩护人；在侦查期间，只能委托律师作为辩护人。被告人有权随时委托辩护人。<br>第二款　侦查机关在第一次讯问犯罪嫌疑人或者对犯罪嫌疑人采取强制措施的时候，应当告知犯罪嫌疑人有权委托辩护人。人民检察院自收到移送审查起诉的案件材料之日起三日以内，应当告知犯罪嫌疑人有权委托辩护人。人民法院自受理案件之日起三日以内，应当告知被告人有权委托辩护人。犯罪嫌疑人、被告人在押期间要求委托辩护人的，人民法院、人民检察院和公安机关应当及时转达其要求。<br>第三款　犯罪嫌疑人、被告人在押的，也可以由其监护人、近亲属代为委托辩护人。</td></tr>
<tr><td>第四十五条　在审判过程中，被告人可以拒绝辩护人继续为他辩护，也可以另行委托辩护人辩护。</td></tr>
</table>

续表

| | | |
|---|---|---|
| 赋权条款 | 1. 直接权利条款 | 第五十八条　第二款　当事人及其辩护人、诉讼代理人有权申请人民法院对以非法方法收集的证据依法予以排除。申请排除以非法方法收集的证据的，应当提供相关线索或者材料。 |
| | | 第九十九条　人民法院、人民检察院或者公安机关对被采取强制措施法定期限届满的犯罪嫌疑人、被告人，应当予以释放、解除取保候审、监视居住或者依法变更强制措施。犯罪嫌疑人、被告人及其法定代理人、近亲属或者辩护人对于人民法院、人民检察院或者公安机关采取强制措施法定期限届满的，有权要求解除强制措施。 |
| | | 第一百零一条　第一款　被害人由于被告人的犯罪行为而遭受物质损失的，在刑事诉讼过程中，有权提起附带民事诉讼。被害人死亡或者丧失行为能力的，被害人的法定代理人、近亲属有权提起附带民事诉讼。 |
| | | 第一百一十条　第二款　被害人对侵犯其人身、财产权利的犯罪事实或者犯罪嫌疑人，有权向公安机关、人民检察院或者人民法院报案或者控告。 |
| | | 第一百二十条　第一款　侦查人员在讯问犯罪嫌疑人的时候，应当首先讯问犯罪嫌疑人是否有犯罪行为，让他陈述有罪的情节或者无罪的辩解，然后向他提出问题。犯罪嫌疑人对侦查人员的提问，应当如实回答。但是对与本案无关的问题，有拒绝回答的权利。 |
| | | 第一百二十二条　讯问笔录应当交犯罪嫌疑人核对，对于没有阅读能力的，应当向他宣读。如果记载有遗漏或者差错，犯罪嫌疑人可以提出补充或者改正。犯罪嫌疑人承认笔录没有错误后，应当签名或者盖章。侦查人员也应当在笔录上签名。犯罪嫌疑人请求自行书写供述的，应当准许。必要的时候，侦查人员也可以要犯罪嫌疑人亲笔书写供词。 |
| | | 第一百八十二条　第一款　犯罪嫌疑人自愿如实供述涉嫌犯罪的事实，有重大立功或者案件涉及国家重大利益的，经最高人民检察院核准，公安机关可以撤销案件，人民检察院可以作出不起诉决定，也可以对涉嫌数罪中的一项或者多项不起诉。<br>第二款　根据前款规定不起诉或者撤销案件的，人民检察院、公安机关应当及时对查封、扣押、冻结的财物及其孳息作出处理。 |
| | | 第一百九十八条　第三款　审判长在宣布辩论终结后，被告人有最后陈述的权利。 |
| | | 第一百九十九条　第一款　在法庭审判过程中，如果诉讼参与人或者旁听人员违反法庭秩序，审判长应当警告制止。对不听制止的，可以强行带出法庭；情节严重的，处以一千元以下的罚款或者十五日以下的拘留。罚款、拘留必须经院长批准。被处罚人对罚款、拘留的决定不服的，可以向上一级人民法院申请复议。复议期间不停止执行。 |
| | | 第二百一十条　自诉案件包括下列案件：<br>（一）告诉才处理的案件；<br>（二）被害人有证据证明的轻微刑事案件；<br>（三）被害人有证据证明对被告人侵犯自己人身、财产权利的行为应当依法追究刑事责任，而公安机关或者人民检察院不予追究被告人刑事责任的案件。 |

续表

| | | |
|---|---|---|
| 赋权条款 | 1. 直接权利条款 | 第二百二十七条　第一款　被告人、自诉人和他们的法定代理人，不服地方各级人民法院第一审的判决、裁定，有权用书状或者口头向上一级人民法院上诉。被告人的辩护人和近亲属，经被告人同意，可以提出上诉。 |
| | | 第二百五十二条　当事人及其法定代理人、近亲属，对已经发生法律效力的判决、裁定，可以向人民法院或者人民检察院提出申诉，但是不能停止判决、裁定的执行。 |
| | | 第二百八十八条　第一款　下列公诉案件，犯罪嫌疑人、被告人真诚悔罪，通过向被害人赔偿损失、赔礼道歉等方式获得被害人谅解，被害人自愿和解的，双方当事人可以和解：<br>（一）因民间纠纷引起，涉嫌刑法分则第四章、第五章规定的犯罪案件，可能判处三年有期徒刑以下刑罚的；<br>（二）除渎职犯罪以外的可能判处七年有期徒刑以下刑罚的过失犯罪案件。<br>第二款　犯罪嫌疑人、被告人在五年以内曾经故意犯罪的，不适用本章规定的程序。 |
| | | 第二百九十三条　人民法院缺席审判案件，被告人有权委托辩护人，被告人的近亲属可以代为委托辩护人。被告人及其近亲属没有委托辩护人的，人民法院应当通知法律援助机构指派律师为其提供辩护。 |
| | | 第二百九十四条　第一款　被告人或者其近亲属不服判决的，有权向上一级人民法院上诉。辩护人经被告人或者其近亲属同意，可以提出上诉。 |
| | | 第二百九十九条　第二款　人民法院受理没收违法所得的申请后，应当发出公告。公告期间为六个月。犯罪嫌疑人、被告人的近亲属和其他利害关系人有权申请参加诉讼，也可以委托诉讼代理人参加诉讼。 |
| | | 第三百条　第二款　对于人民法院依照前款规定作出的裁定，犯罪嫌疑人、被告人的近亲属和其他利害关系人或者人民检察院可以提出上诉、抗诉。 |
| | | 第三百零五条　第二款　被决定强制医疗的人、被害人及其法定代理人、近亲属对强制医疗决定不服的，可以向上一级人民法院申请复议。 |
| | | 第三百零六条　第二款　被强制医疗的人及其近亲属有权申请解除强制医疗。 |
| | 2. 权利 + 应当 | 第十一条　人民法院审判案件，除本法另有规定的以外，一律公开进行。被告人有权获得辩护，人民法院有义务保证被告人获得辩护。 |
| | | 第十四条　第二款　诉讼参与人对于审判人员、检察人员和侦查人员侵犯公民诉讼权利和人身侮辱的行为，有权提出控告。 |
| | | 第三十三条　第一款　犯罪嫌疑人、被告人除自己行使辩护权以外，还可以委托一至二人作为辩护人。下列的人可以被委托为辩护人：<br>（一）律师；<br>（二）人民团体或者犯罪嫌疑人、被告人所在单位推荐的人；<br>（三）犯罪嫌疑人、被告人的监护人、亲友。 |
| | | 第三十七条　辩护人的责任是根据事实和法律，提出犯罪嫌疑人、被告人无罪、罪轻或者减轻、免除其刑事责任的材料和意见，维护犯罪嫌疑人、被告人的诉讼权利和其他合法权益。 |

续表

| | | |
|---|---|---|
| 赋权条款 | 2. 权利+应当 | 第一百一十四条　对于自诉案件，被害人有权向人民法院直接起诉。被害人死亡或者丧失行为能力的，被害人的法定代理人、近亲属有权向人民法院起诉。人民法院应当依法受理。 |
| | | 第一百一十七条　第一款　当事人和辩护人、诉讼代理人、利害关系人对于司法机关及其工作人员有下列行为之一的，有权向该机关申诉或者控告：<br>（一）采取强制措施法定期限届满，不予以释放、解除或者变更的；<br>（二）应当退还取保候审保证金不退还的；<br>（三）对与案件无关的财物采取查封、扣押、冻结措施的；<br>（四）应当解除查封、扣押、冻结不解除的；<br>（五）贪污、挪用、私分、调换、违反规定使用查封、扣押、冻结的财物的。<br>第二款　受理申诉或者控告的机关应当及时处理。对处理不服的，可以向同级人民检察院申诉；人民检察院直接受理的案件，可以向上一级人民检察院申诉。人民检察院对申诉应当及时进行审查，情况属实的，通知有关机关予以纠正。 |
| | | 第一百九十七条　第一款　法庭审理过程中，当事人和辩护人、诉讼代理人有权申请通知新的证人到庭，调取新的物证，申请重新鉴定或者勘验。<br>第二款　公诉人、当事人和辩护人、诉讼代理人可以申请法庭通知有专门知识的人出庭，就鉴定人作出的鉴定意见提出意见。<br>第三款　法庭对于上述申请，应当作出是否同意的决定。 |
| | | 第二百二十七条　第一款　被告人、自诉人和他们的法定代理人，不服地方各级人民法院第一审的判决、裁定，有权用书状或者口头向上一级人民法院上诉。被告人的辩护人和近亲属，经被告人同意，可以提出上诉。<br>第二款　附带民事诉讼的当事人和他们的法定代理人，可以对地方各级人民法院第一审的判决、裁定中的附带民事诉讼部分，提出上诉。<br>第三款　对被告人的上诉权，不得以任何借口加以剥夺。 |
| | | 第二百二十九条　被害人及其法定代理人不服地方各级人民法院第一审的判决的，自收到判决书后五日以内，有权请求人民检察院提出抗诉。人民检察院自收到被害人及其法定代理人的请求后五日以内，应当作出是否抗诉的决定并且答复请求人。 |
| | | 第二百八十二条　第一款　对于未成年人涉嫌刑法分则第四章、第五章、第六章规定的犯罪，可能判处一年有期徒刑以下刑罚，符合起诉条件，但有悔罪表现的，人民检察院可以作出附条件不起诉的决定。人民检察院在作出附条件不起诉的决定以前，应当听取公安机关、被害人的意见。<br>第三款　未成年犯罪嫌疑人及其法定代理人对人民检察院决定附条件不起诉有异议的，人民检察院应当作出起诉的决定。 |
| | 3. 权力机关应当为当事人 | 第三十条　第一款　审判人员、检察人员、侦查人员不得接受当事人及其委托的人的请客送礼，不得违反规定会见当事人及其委托的人。<br>第二款　审判人员、检察人员、侦查人员违反前款规定的，应当依法追究法律责任。当事人及其法定代理人有权要求他们回避。 |

续表

<table>
<tr><td rowspan="10">赋权条款</td><td rowspan="10">3. 权力机关应当为当事人</td><td>第三十五条　第一款　犯罪嫌疑人、被告人因经济困难或者其他原因没有委托辩护人的，本人及其近亲属可以向法律援助机构提出申请。对符合法律援助条件的，法律援助机构应当指派律师为其提供辩护。<br>第二款　犯罪嫌疑人、被告人是盲、聋、哑人，或者是尚未完全丧失辨认或者控制自己行为能力的精神病人，没有委托辩护人的，人民法院、人民检察院和公安机关应当通知法律援助机构指派律师为其提供辩护。<br>第三款　犯罪嫌疑人、被告人可能被判处无期徒刑、死刑，没有委托辩护人的，人民法院、人民检察院和公安机关应当通知法律援助机构指派律师为其提供辩护。</td></tr>
<tr><td>第三十六条　第二款　人民法院、人民检察院、看守所应当告知犯罪嫌疑人、被告人有权约见值班律师，并为犯罪嫌疑人、被告人约见值班律师提供便利。</td></tr>
<tr><td>第四十六条　第二款　人民检察院自收到移送审查起诉的案件材料之日起三日以内，应当告知被害人及其法定代理人或者其近亲属、附带民事诉讼的当事人及其法定代理人有权委托诉讼代理人。人民法院自受理自诉案件之日起三日以内，应当告知自诉人及其法定代理人、附带民事诉讼的当事人及其法定代理人有权委托诉讼代理人。</td></tr>
<tr><td>第八十五条　第一款　公安机关拘留人的时候，必须出示拘留证。<br>第二款　拘留后，应当立即将被拘留人送看守所羁押，至迟不得超过二十四小时。除无法通知或者涉嫌危害国家安全犯罪、恐怖活动犯罪通知可能有碍侦查的情形以外，应当在拘留后二十四小时以内，通知被拘留人的家属。有碍侦查的情形消失以后，应当立即通知被拘留人的家属。</td></tr>
<tr><td>第八十八条　第一款　人民检察院审查批准逮捕，可以讯问犯罪嫌疑人；有下列情形之一的，应当讯问犯罪嫌疑人：<br>（一）对是否符合逮捕条件有疑问的；<br>（二）犯罪嫌疑人要求向检察人员当面陈述的；<br>（三）侦查活动可能有重大违法行为的。</td></tr>
<tr><td>第一百一十一条　第三款　公安机关、人民检察院或者人民法院应当保障报案人、控告人、举报人及其近亲属的安全。报案人、控告人、举报人如果不愿公开自己的姓名和报案、控告、举报的行为，应当为他保守秘密。</td></tr>
<tr><td>第一百二十条　第二款　侦查人员在讯问犯罪嫌疑人的时候，应当告知犯罪嫌疑人享有的诉讼权利，如实供述自己罪行可以从宽处理和认罪认罚的法律规定。</td></tr>
<tr><td>第一百二十一条　讯问聋、哑的犯罪嫌疑人，应当有通晓聋、哑手势的人参加，并且将这种情况记明笔录。</td></tr>
<tr><td>第一百二十二条　讯问笔录应当交犯罪嫌疑人核对，对于没有阅读能力的，应当向他宣读。如果记载有遗漏或者差错，犯罪嫌疑人可以提出补充或者改正。犯罪嫌疑人承认笔录没有错误后，应当签名或者盖章。侦查人员也应当在笔录上签名。犯罪嫌疑人请求自行书写供述的，应当准许。必要的时候，侦查人员也可以要犯罪嫌疑人亲笔书写供词。</td></tr>
<tr><td>第一百三十二条　第三款　检查妇女的身体，应当由女工作人员或者医师进行。</td></tr>
</table>

续表

| | | |
|---|---|---|
| 赋权条款 | 3. 权力机关应当为当事人 | 第一百三十九条　第一款　在搜查的时候，应当有被搜查人或者他的家属，邻居或者其他见证人在场。<br>第二款　搜查妇女的身体，应当由女工作人员进行。 |
| | | 第一百四十二条　对查封、扣押的财物、文件，应当会同在场见证人和被查封、扣押财物、文件持有人查点清楚，当场开列清单一式二份，由侦查人员、见证人和持有人签名或者盖章，一份交给持有人，另一份附卷备查。 |
| | | 第一百四十五条　对查封、扣押的财物、文件、邮件、电报或者冻结的存款、汇款、债券、股票、基金份额等财产，经查明确实与案件无关的，应当在三日以内解除查封、扣押、冻结，予以退还。 |
| | | 第一百五十二条　第一款　采取技术侦查措施，必须严格按照批准的措施种类、适用对象和期限执行。<br>第二款　侦查人员对采取技术侦查措施过程中知悉的国家秘密、商业秘密和个人隐私，应当保密；对采取技术侦查措施获取的与案件无关的材料，必须及时销毁。 |
| | | 第一百五十四条　依照本节规定采取侦查措施收集的材料在刑事诉讼中可以作为证据使用。如果使用该证据可能危及有关人员的人身安全，或者可能产生其他严重后果的，应当采取不暴露有关人员身份、技术方法等保护措施，必要的时候，可以由审判人员在庭外对证据进行核实。 |
| | | 第一百六十六条　人民检察院对直接受理的案件中被拘留的人，应当在拘留后的二十四小时以内进行讯问。在发现不应当拘留的时候，必须立即释放，发给释放证明。 |
| | | 第一百六十七条　人民检察院对直接受理的案件中被拘留的人，认为需要逮捕的，应当在十四日以内作出决定。在特殊情况下，决定逮捕的时间可以延长一日至三日。对不需要逮捕的，应当立即释放；对需要继续侦查，并且符合取保候审、监视居住条件的，依法取保候审或者监视居住。 |
| | | 第一百七十三条　第一款　人民检察院审查案件，应当讯问犯罪嫌疑人，听取辩护人或者值班律师、被害人及其诉讼代理人的意见，并记录在案。辩护人或者值班律师、被害人及其诉讼代理人提出书面意见的，应当附卷。<br>第二款　犯罪嫌疑人认罪认罚的，人民检察院应当告知其享有的诉讼权利和认罪认罚的法律规定，听取犯罪嫌疑人、辩护人或者值班律师、被害人及其诉讼代理人对下列事项的意见，并记录在案：<br>（一）涉嫌的犯罪事实、罪名及适用的法律规定；<br>（二）从轻、减轻或者免除处罚等从宽处罚的建议；<br>（三）认罪认罚后案件审理适用的程序；<br>（四）其他需要听取意见的事项。<br>第三款　人民检察院依照前两款规定听取值班律师意见的，应当提前为值班律师了解案件有关情况提供必要的便利。 |
| | | 第一百七十七条　第一款　犯罪嫌疑人没有犯罪事实，或者有本法第十六条规定的情形之一的，人民检察院应当作出不起诉决定。 |
| | | 第一百七十八条　不起诉的决定，应当公开宣布，并且将不起诉决定书送达被不起诉人和他的所在单位。如果被不起诉人在押，应当立即释放。 |

续表

<table>
<tr><td rowspan="9">赋权条款</td><td rowspan="9">3. 权力机关应当为当事人</td><td>第一百八十条　对于有被害人的案件，决定不起诉的，人民检察院应当将不起诉决定书送达被害人。被害人如果不服，可以自收到决定书后七日以内向上一级人民检察院申诉，请求提起公诉。人民检察院应当将复查决定告知被害人。对人民检察院维持不起诉决定的，被害人可以向人民法院起诉。被害人也可以不经申诉，直接向人民法院起诉。人民法院受理案件后，人民检察院应当将有关案件材料移送人民法院。</td></tr>
<tr><td>第一百九十条　第一款　开庭的时候，审判长查明当事人是否到庭，宣布案由；宣布合议庭的组成人员、书记员、公诉人、辩护人、诉讼代理人、鉴定人和翻译人员的名单；告知当事人有权对合议庭组成人员、书记员、公诉人、鉴定人和翻译人员申请回避；告知被告人享有辩护权利。<br>第二款　被告人认罪认罚的，审判长应当告知被告人享有的诉讼权利和认罪认罚的法律规定，审查认罪认罚的自愿性和认罪认罚具结书内容的真实性、合法性。</td></tr>
<tr><td>第二百零七条　第三款　法庭笔录应当交给当事人阅读或者向他宣读。当事人认为记载有遗漏或者差错的，可以请求补充或者改正。当事人承认没有错误后，应当签名或者盖章。</td></tr>
<tr><td>第二百一十七条　适用简易程序审理案件，审判人员应当询问被告人对指控的犯罪事实的意见，告知被告人适用简易程序审理的法律规定，确认被告人是否同意适用简易程序审理。</td></tr>
<tr><td>第二百一十九条　适用简易程序审理案件，不受本章第一节关于送达期限、讯问被告人、询问证人、鉴定人、出示证据、法庭辩论程序规定的限制。但在判决宣告前应当听取被告人的最后陈述意见。</td></tr>
<tr><td>第二百二十四条　第一款　适用速裁程序审理案件，不受本章第一节规定的送达期限的限制，一般不进行法庭调查、法庭辩论，但在判决宣告前应当听取辩护人的意见和被告人的最后陈述意见。</td></tr>
<tr><td>第二百三十一条　第一款　被告人、自诉人、附带民事诉讼的原告人和被告人通过原审人民法院提出上诉的，原审人民法院应当在三日以内将上诉状连同案卷、证据移送上一级人民法院，同时将上诉状副本送交同级人民检察院和对方当事人。<br>第二款　被告人、自诉人、附带民事诉讼的原告人和被告人直接向第二审人民法院提出上诉的，第二审人民法院应当在三日以内将上诉状交原审人民法院送交同级人民检察院和对方当事人。</td></tr>
<tr><td>第二百三十四条　第二款　第二审人民法院决定不开庭审理的，应当讯问被告人，听取其他当事人、辩护人、诉讼代理人的意见。</td></tr>
<tr><td>第二百三十六条　第二款　原审人民法院对于依照前款第三项规定发回重新审判的案件作出判决后，被告人提出上诉或者人民检察院提出抗诉的，第二审人民法院应当依法作出判决或者裁定，不得再发回原审人民法院重新审判。</td></tr>
</table>

续表

| | | |
|---|---|---|
| | | 第二百三十八条　第一款　第二审人民法院发现第一审人民法院的审理有下列违反法律规定的诉讼程序的情形之一的，应当裁定撤销原判，发回原审人民法院重新审判：<br>（一）违反本法有关公开审判的规定的；<br>（二）违反回避制度的；<br>（三）剥夺或者限制了当事人的法定诉讼权利，可能影响公正审判的；<br>（四）审判组织的组成不合法的；<br>（五）其他违反法律规定的诉讼程序，可能影响公正审判的。 |
| | | 第二百四十五条　第一款　公安机关、人民检察院和人民法院对查封、扣押、冻结的犯罪嫌疑人、被告人的财物及其孳息，应当妥善保管，以供核查，并制作清单，随案移送。任何单位和个人不得挪用或者自行处理。对被害人的合法财产，应当及时返还。对违禁品或者不宜长期保存的物品，应当依照国家有关规定处理。 |
| | | 第二百五十一条　第一款　最高人民法院复核死刑案件，应当讯问被告人，辩护律师提出要求的，应当听取辩护律师的意见。 |
| 赋权条款 | 3. 权力机关应当为当事人 | 第二百五十三条　当事人及其法定代理人、近亲属的申诉符合下列情形之一的，人民法院应当重新审判：<br>（一）有新的证据证明原判决、裁定认定的事实确有错误，可能影响定罪量刑的；<br>（二）据以定罪量刑的证据不确实、不充分、依法应当予以排除，或者证明案件事实的主要证据之间存在矛盾的；<br>（三）原判决、裁定适用法律确有错误的；<br>（四）违反法律规定的诉讼程序，可能影响公正审判的；<br>（五）审判人员在审理该案件的时候，有贪污受贿，徇私舞弊，枉法裁判行为的。 |
| | | 第二百六十条　第一审人民法院判决被告人无罪、免除刑事处罚的，如果被告人在押，在宣判后应当立即释放。 |
| | | 第二百六十二条　第一款　下级人民法院接到最高人民法院执行死刑的命令后，应当在七日以内交付执行。但是发现有下列情形之一的，应当停止执行，并且立即报告最高人民法院，由最高人民法院作出裁定：<br>（一）在执行前发现判决可能有错误的；<br>（二）在执行前罪犯揭发重大犯罪事实或者有其他重大立功表现，可能需要改判的；<br>（三）罪犯正在怀孕。<br>第二款　前款第一项、第二项停止执行的原因消失后，必须报请最高人民法院院长再签发执行死刑的命令才能执行；由于前款第三项原因停止执行的，应当报请最高人民法院依法改判。 |

续表

| | | |
|---|---|---|
| 赋权条款 | 3. 权力机关应当为当事人 | 第二百六十三条　第一款　人民法院在交付执行死刑前，应当通知同级人民检察院派员临场监督。<br>第二款　死刑采用枪决或者注射等方法执行。<br>第三款　死刑可以在刑场或者指定的羁押场所内执行。<br>第四款　指挥执行的审判人员，对罪犯应当验明正身，讯问有无遗言、信札，然后交付执行人员执行死刑。在执行前，如果发现可能有错误，应当暂停执行，报请最高人民法院裁定。<br>第五款　执行死刑应当公布，不应示众。<br>第六款　执行死刑后，在场书记员应当写成笔录。交付执行的人民法院应当将执行死刑情况报告最高人民法院。<br>第七款　执行死刑后，交付执行的人民法院应当通知罪犯家属。 |
| | | 第二百六十五条　第一款　对被判处有期徒刑或者拘役的罪犯，有下列情形之一的，可以暂予监外执行：<br>（一）有严重疾病需要保外就医的；<br>（二）怀孕或者正在哺乳自己婴儿的妇女；<br>（三）生活不能自理，适用暂予监外执行不致危害社会的。<br>第二款　对被判处无期徒刑的罪犯，有前款第二项规定情形的，可以暂予监外执行。 |
| | | 第二百七十条　对被判处剥夺政治权利的罪犯，由公安机关执行。执行期满，应当由执行机关书面通知本人及其所在单位、居住地基层组织。 |
| | | 第二百七十七条　第二款　人民法院、人民检察院和公安机关办理未成年人刑事案件，应当保障未成年人行使其诉讼权利，保障未成年人得到法律帮助，并由熟悉未成年人身心特点的审判人员、检察人员、侦查人员承办。 |
| | | 第二百七十八条　未成年犯罪嫌疑人、被告人没有委托辩护人的，人民法院、人民检察院、公安机关应当通知法律援助机构指派律师为其提供辩护。 |
| | | 第二百八十一条　第一款　对于未成年人刑事案件，在讯问和审判的时候，应当通知未成年犯罪嫌疑人、被告人的法定代理人到场。无法通知、法定代理人不能到场或者法定代理人是共犯的，也可以通知未成年犯罪嫌疑人、被告人的其他成年亲属，所在学校、单位、居住地基层组织或者未成年人保护组织的代表到场，并将有关情况记录在案。到场的法定代理人可以代为行使未成年犯罪嫌疑人、被告人的诉讼权利。 |
| | | 第二百八十五条　审判的时候被告人不满十八周岁的案件，不公开审理。但是，经未成年被告人及其法定代理人同意，未成年被告人所在学校和未成年人保护组织可以派代表到场。 |
| | | 第二百八十六条　第一款　犯罪的时候不满十八周岁，被判处五年有期徒刑以下刑罚的，应当对相关犯罪记录予以封存。<br>第二款　犯罪记录被封存的，不得向任何单位和个人提供，但司法机关为办案需要或者有关单位根据国家规定进行查询的除外。依法进行查询的单位，应当对被封存的犯罪记录的情况予以保密。 |
| | | 第二百八十九条　双方当事人和解的，公安机关、人民检察院、人民法院应当听取当事人和其他有关人员的意见，对和解的自愿性、合法性进行审查，并主持制作和解协议书。 |

续表

| | | |
|---|---|---|
| 赋权条款 | 3. 权力机关应当为当事人 | 第二百九十条　对于达成和解协议的案件，公安机关可以向人民检察院提出从宽处理的建议。人民检察院可以向人民法院提出从宽处罚的建议；对于犯罪情节轻微，不需要判处刑罚的，可以作出不起诉的决定。人民法院可以依法对被告人从宽处罚。 |
| | | 第二百九十三条　人民法院缺席审判案件，被告人有权委托辩护人，被告人的近亲属可以代为委托辩护人。被告人及其近亲属没有委托辩护人的，人民法院应当通知法律援助机构指派律师为其提供辩护。 |
| | | 第二百九十四条　第一款　人民法院应当将判决书送达被告人及其近亲属、辩护人。被告人或者其近亲属不服判决的，有权向上一级人民法院上诉。辩护人经被告人或者其近亲属同意，可以提出上诉。 |
| | | 第二百九十五条　第一款　在审理过程中，被告人自动投案或者被抓获的，人民法院应当重新审理。<br>第二款　罪犯在判决、裁定发生法律效力后到案的，人民法院应当将罪犯交付执行刑罚。交付执行刑罚前，人民法院应当告知罪犯有权对判决、裁定提出异议。罪犯对判决、裁定提出异议的，人民法院应当重新审理。<br>第三款　依照生效判决、裁定对罪犯的财产进行的处理确有错误的，应当予以返还、赔偿。 |
| | | 第三百条　第一款　人民法院经审理，对经查证属于违法所得及其他涉案财产，除依法返还被害人的以外，应当裁定予以没收；对不属于应当追缴的财产的，应当裁定驳回申请，解除查封、扣押、冻结措施。 |
| | | 第三百零一条　第二款　没收犯罪嫌疑人、被告人财产确有错误的，应当予以返还、赔偿。 |
| | | 第三百零四条　第一款　人民法院受理强制医疗的申请后，应当组成合议庭进行审理。<br>第二款　人民法院审理强制医疗案件，应当通知被申请人或者被告人的法定代理人到场。被申请人或者被告人没有委托诉讼代理人的，人民法院应当通知法律援助机构指派律师为其提供法律帮助。 |
| | | 第三百零六条　第二款　被强制医疗的人及其近亲属有权申请解除强制医疗。 |
| | 4. 其他主体对当事人权利的保护 | 第一百七十三条　第三款　人民检察院依照前两款规定听取值班律师意见的，应当提前为值班律师了解案件有关情况提供必要的便利。 |
| | | 第三十六条　第一款　法律援助机构可以在人民法院、看守所等场所派驻值班律师。犯罪嫌疑人、被告人没有委托辩护人，法律援助机构没有指派律师为其提供辩护的，由值班律师为犯罪嫌疑人、被告人提供法律咨询、程序选择建议、申请变更强制措施、对案件处理提出意见等法律帮助。 |
| | | 第三十七条　辩护人的责任是根据事实和法律，提出犯罪嫌疑人、被告人无罪、罪轻或者减轻、免除其刑事责任的材料和意见，维护犯罪嫌疑人、被告人的诉讼权利和其他合法权益。 |
| | | 第三十八条　辩护律师在侦查期间可以为犯罪嫌疑人提供法律帮助；代理申诉、控告；申请变更强制措施；向侦查机关了解犯罪嫌疑人涉嫌的罪名和案件有关情况，提出意见。 |

续表

| | | |
|---|---|---|
| 赋权条款 | 5. 其他主体权利 + 应当 | 第三十九条　第一款　辩护律师可以同在押的犯罪嫌疑人、被告人会见和通信。其他辩护人经人民法院、人民检察院许可，也可以同在押的犯罪嫌疑人、被告人会见和通信。<br>第二款　辩护律师持律师执业证书、律师事务所证明和委托书或者法律援助公函要求会见在押的犯罪嫌疑人、被告人的，看守所应当及时安排会见，至迟不得超过四十八小时。<br>第三款　危害国家安全犯罪、恐怖活动犯罪案件，在侦查期间辩护律师会见在押的犯罪嫌疑人，应当经侦查机关许可。上述案件，侦查机关应当事先通知看守所。<br>第四款　辩护律师会见在押的犯罪嫌疑人、被告人，可以了解案件有关情况，提供法律咨询等；自案件移送审查起诉之日起，可以向犯罪嫌疑人、被告人核实有关证据。辩护律师会见犯罪嫌疑人、被告人时不被监听。<br>第五款　辩护律师同被监视居住的犯罪嫌疑人、被告人会见、通信，适用第一款、第三款、第四款的规定。 |
| | | 第四十条　辩护律师自人民检察院对案件审查起诉之日起，可以查阅、摘抄、复制本案的案卷材料。其他辩护人经人民法院、人民检察院许可，也可以查阅、摘抄、复制上述材料。 |
| | | 第四十一条　辩护人认为在侦查、审查起诉期间公安机关、人民检察院收集的证明犯罪嫌疑人、被告人无罪或者罪轻的证据材料未提交的，有权申请人民检察院、人民法院调取 |
| | | 第四十三条　第一款　辩护律师经证人或者其他有关单位和个人同意，可以向他们收集与本案有关的材料，也可以申请人民检察院、人民法院收集、调取证据，或者申请人民法院通知证人出庭作证。<br>第二款　辩护律师经人民检察院或者人民法院许可，并且经被害人或者其近亲属、被害人提供的证人同意，可以向他们收集与本案有关的材料。 |
| | | 第四十六条　公诉案件的被害人及其法定代理人或者近亲属，附带民事诉讼的当事人及其法定代理人，自案件移送审查起诉之日起，有权委托诉讼代理人。自诉案件的自诉人及其法定代理人，附带民事诉讼的当事人及其法定代理人，有权随时委托诉讼代理人。 |
| | | 第四十八条　辩护律师对在执业活动中知悉的委托人的有关情况和信息，有权予以保密。 |

续表

| | | |
|---|---|---|
| 赋权条款 | 5. 其他主体权利 + 应当 | 第二百八十一条　第一款　对于未成年人刑事案件，在讯问和审判的时候，应当通知未成年犯罪嫌疑人、被告人的法定代理人到场。无法通知、法定代理人不能到场或者法定代理人是共犯的，也可以通知未成年犯罪嫌疑人、被告人的其他成年亲属，所在学校、单位、居住地基层组织或者未成年人保护组织的代表到场，并将有关情况记录在案。到场的法定代理人可以代为行使未成年犯罪嫌疑人、被告人的诉讼权利。<br>　　第二款　到场的法定代理人或者其他人员认为办案人员在讯问、审判中侵犯未成年人合法权益的，可以提出意见。讯问笔录、法庭笔录应当交给到场的法定代理人或者其他人员阅读或者向他宣读。<br>　　第三款　讯问女性未成年犯罪嫌疑人，应当有女工作人员在场。<br>　　第四款　审判未成年人刑事案件，未成年被告人最后陈述后，其法定代理人可以进行补充陈述。<br>　　第五款　询问未成年被害人、证人，适用第一款、第二款、第三款的规定。 |
| | | 第四十九条　辩护人、诉讼代理人认为公安机关、人民检察院、人民法院及其工作人员阻碍其依法行使诉讼权利的，有权向同级或者上一级人民检察院申诉或者控告。人民检察院对申诉或者控告应当及时进行审查，情况属实的，通知有关机关予以纠正。 |
| | | 第八十八条　第二款　人民检察院审查批准逮捕，可以询问证人等诉讼参与人，听取辩护律师的意见；辩护律师提出要求的，应当听取辩护律师的意见。 |
| | | 第一百六十一条　在案件侦查终结前，辩护律师提出要求的，侦查机关应当听取辩护律师的意见，并记录在案。辩护律师提出书面意见的，应当附卷。 |
| | | 第二百五十一条　第一款　最高人民法院复核死刑案件，应当讯问被告人，辩护律师提出要求的，应当听取辩护律师的意见。 |

# 附录 2　刑事诉讼法的控权密度

<table>
<tr><td rowspan="8">1. 同类型权力主体之间的权力制约</td><td>第一百三十五条　第一款　为了查明案情，在必要的时候，经公安机关负责人批准，可以进行侦查实验。</td></tr>
<tr><td>第二百三十八条　第二审人民法院发现第一审人民法院的审理有下列违反法律规定的诉讼程序的情形之一的，应当裁定撤销原判，发回原审人民法院重新审判：<br>（一）违反本法有关公开审判的规定的；<br>（二）违反回避制度的；<br>（三）剥夺或者限制了当事人的法定诉讼权利，可能影响公正审判的；<br>（四）审判组织的组成不合法的；<br>（五）其他违反法律规定的诉讼程序，可能影响公正审判的。</td></tr>
<tr><td>第二百四十三条　第一款　第二审人民法院受理上诉、抗诉案件，应当在二个月以内审结。对于可能判处死刑的案件或者附带民事诉讼的案件，以及有本法第一百五十八条规定情形之一的，经省、自治区、直辖市高级人民法院批准或者决定，可以延长二个月；因特殊情况还需要延长的，报请最高人民法院批准。</td></tr>
<tr><td>第二百四十六条　死刑由最高人民法院核准。</td></tr>
<tr><td>第二百四十七条　第一款　中级人民法院判处死刑的第一审案件，被告人不上诉的，应当由高级人民法院复核后，报请最高人民法院核准。高级人民法院不同意判处死刑的，可以提审或者发回重新审判。<br>第二款　高级人民法院判处死刑的第一审案件被告人不上诉的，和判处死刑的第二审案件，都应当报请最高人民法院核准。</td></tr>
<tr><td>第二百四十八条　中级人民法院判处死刑缓期二年执行的案件，由高级人民法院核准。</td></tr>
<tr><td>第二百五十四条　第一款　各级人民法院院长对本院已经发生法律效力的判决和裁定，如果发现在认定事实上或者在适用法律上确有错误，必须提交审判委员会处理。<br>第二款　最高人民法院对各级人民法院已经发生法律效力的判决和裁定，上级人民法院对下级人民法院已经发生法律效力的判决和裁定，如果发现确有错误，有权提审或者指令下级人民法院再审。</td></tr>
</table>

续表

| | |
|---|---|
| 1. 同类型权力主体之间的权力制约 | 第二百六十一条　第一款　最高人民法院判处和核准的死刑立即执行的判决，应当由最高人民法院院长签发执行死刑的命令。<br>第二款　被判处死刑缓期二年执行的罪犯，在死刑缓期执行期间，如果没有故意犯罪，死刑缓期执行期满，应当予以减刑的，由执行机关提出书面意见，报请高级人民法院裁定；如果故意犯罪，情节恶劣，查证属实，应当执行死刑的，由高级人民法院报请最高人民法院核准；对于故意犯罪未执行死刑的，死刑缓期执行的期间重新计算，并报最高人民法院备案。 |
| | 第二百六十二条　第一款　下级人民法院接到最高人民法院执行死刑的命令后，应当在七日以内交付执行。但是发现有下列情形之一的，应当停止执行，并且立即报告最高人民法院，由最高人民法院作出裁定：<br>（一）在执行前发现判决可能有错误的；<br>（二）在执行前罪犯揭发重大犯罪事实或者有其他重大立功表现，可能需要改判的；<br>（三）罪犯正在怀孕。<br>第二款　前款第一项、第二项停止执行的原因消失后，必须报请最高人民法院院长再签发执行死刑的命令才能执行；由于前款第三项原因停止执行的，应当报请最高人民法院依法改判。 |
| | 第二百六十五条　第五款　在交付执行前，暂予监外执行由交付执行的人民法院决定；在交付执行后，暂予监外执行由监狱或者看守所提出书面意见，报省级以上监狱管理机关或者设区的市一级以上公安机关批准。 |
| 2. 不同类型权力主体之间的制约 | 第八条　人民检察院依法对刑事诉讼实行法律监督。 |
| | 第三十一条　第一款　审判人员、检察人员、侦查人员的回避，应当分别由院长、检察长、公安机关负责人决定；院长的回避，由本院审判委员会决定；检察长和公安机关负责人的回避，由同级人民检察院检察委员会决定。 |
| | 第七十五条　第四款　人民检察院对指定居所监视居住的决定和执行是否合法实行监督。 |
| | 第八十条　逮捕犯罪嫌疑人、被告人，必须经过人民检察院批准或者人民法院决定，由公安机关执行。 |
| | 第八十五条　第一款　公安机关拘留人的时候，必须出示拘留证。<br>第二款　拘留后，应当立即将被拘留人送看守所羁押，至迟不得超过二十四小时。除无法通知或者涉嫌危害国家安全犯罪、恐怖活动犯罪通知可能有碍侦查的情形以外，应当在拘留后二十四小时以内，通知被拘留人的家属。有碍侦查的情形消失以后，应当立即通知被拘留人的家属。 |
| | 第九十一条　第一款　公安机关对被拘留的人，认为需要逮捕的，应当在拘留后的三日以内，提请人民检察院审查批准。<br>第三款　人民检察院应当自接到公安机关提请批准逮捕书后的七日以内，作出批准逮捕或者不批准逮捕的决定。人民检察院不批准逮捕的，公安机关应当在接到通知后立即释放，并且将执行情况及时通知人民检察院。 |

续表

<table>
<tr><td rowspan="13">2. 不同类型权力主体之间的制约</td><td>第九十二条　公安机关对人民检察院不批准逮捕的决定，认为有错误的时候，可以要求复议，但是必须将被拘留的人立即释放。如果意见不被接受，可以向上一级人民检察院提请复核。上级人民检察院应当立即复核，作出是否变更的决定，通知下级人民检察院和公安机关执行。</td></tr>
<tr><td>第一百条　人民检察院在审查批准逮捕工作中，如果发现公安机关的侦查活动有违法情况，应当通知公安机关予以纠正，公安机关应当将纠正情况通知人民检察院。</td></tr>
<tr><td>第一百一十三条　人民检察院认为公安机关对应当立案侦查的案件而不立案侦查的，或者被害人认为公安机关对应当立案侦查的案件而不立案侦查，向人民检察院提出的，人民检察院应当要求公安机关说明不立案的理由。人民检察院认为公安机关不立案理由不能成立的，应当通知公安机关立案，公安机关接到通知后应当立案。</td></tr>
<tr><td>第一百三十条　侦查人员执行勘验、检查，必须持有人民检察院或者公安机关的证明文件。</td></tr>
<tr><td>第一百三十四条　人民检察院审查案件的时候，对公安机关的勘验、检查，认为需要复验、复查时，可以要求公安机关复验、复查，并且可以派检察人员参加。</td></tr>
<tr><td>第一百四十三条　第一款　侦查人员认为需要扣押犯罪嫌疑人的邮件、电报的时候，经公安机关或者人民检察院批准，即可通知邮电机关将有关的邮件、电报检交扣押。</td></tr>
<tr><td>第一百六十五条　人民检察院直接受理的案件中符合本法第八十一条、第八十二条第四项、第五项规定情形，需要逮捕、拘留犯罪嫌疑人的，由人民检察院作出决定，由公安机关执行。</td></tr>
<tr><td>第一百七十条　第一款　人民检察院对于监察机关移送起诉的案件，依照本法和监察法的有关规定进行审查。人民检察院经审查，认为需要补充核实的，应当退回监察机关补充调查，必要时可以自行补充侦查。</td></tr>
<tr><td>第二百一十四条　第二款　人民检察院在提起公诉的时候，可以建议人民法院适用简易程序。</td></tr>
<tr><td>第二百二十二条　第二款　人民检察院在提起公诉的时候，可以建议人民法院适用速裁程序</td></tr>
<tr><td>第二百二十八条　地方各级人民检察院认为本级人民法院第一审的判决、裁定确有错误的时候，应当向上一级人民法院提出抗诉。</td></tr>
<tr><td>第二百三十二条　第一款　地方各级人民检察院对同级人民法院第一审判决、裁定的抗诉，应当通过原审人民法院提出抗诉书，并且将抗诉书抄送上一级人民检察院。原审人民法院应当将抗诉书连同案卷、证据移送上一级人民法院，并且将抗诉书副本送交当事人。<br>第二款　上级人民检察院如果认为抗诉不当，可以向同级人民法院撤回抗诉，并且通知下级人民检察院。</td></tr>
<tr><td>第二百四十五条　第四款　人民法院作出的判决生效以后，有关机关应当根据判决对查封、扣押、冻结的财物及其孳息进行处理。对查封、扣押、冻结的赃款赃物及其孳息，除依法返还被害人的以外，一律上缴国库。<br>第五款　司法工作人员贪污、挪用或者私自处理查封、扣押、冻结的财物及其孳息的，依法追究刑事责任；不构成犯罪的，给予处分。</td></tr>
</table>

续表

| | |
|---|---|
| 2. 不同类型权力主体之间的制约 | 第二百五十一条 第二款　在复核死刑案件过程中，最高人民检察院可以向最高人民法院提出意见。最高人民法院应当将死刑复核结果通报最高人民检察院。 |
| | 第二百五十四条　第三款　最高人民检察院对各级人民法院已经发生法律效力的判决和裁定，上级人民检察院对下级人民法院已经发生法律效力的判决和裁定，如果发现确有错误，有权按照审判监督程序向同级人民法院提出抗诉。 |
| | 第二百五十五条　上级人民法院指令下级人民法院再审的，应当指令原审人民法院以外的下级人民法院审理；由原审人民法院审理更为适宜的，也可以指令原审人民法院审理。 |
| | 第二百五十六条　第一款　人民法院按照审判监督程序重新审判的案件，由原审人民法院审理的，应当另行组成合议庭进行。如果原来是第一审案件，应当依照第一审程序进行审判，所作的判决、裁定，可以上诉、抗诉；如果原来是第二审案件，或者是上级人民法院提审的案件，应当依照第二审程序进行审判，所作的判决、裁定，是终审的判决、裁定。<br>　　第二款　人民法院开庭审理的再审案件，同级人民检察院应当派员出席法庭。 |
| | 第二百六十三条　第一款　人民法院在交付执行死刑前，应当通知同级人民检察院派员临场监督。 |
| | 第二百六十六条　监狱、看守所提出暂予监外执行的书面意见的，应当将书面意见的副本抄送人民检察院。人民检察院可以向决定或者批准机关提出书面意见。 |
| | 第二百六十七条　决定或者批准暂予监外执行的机关应当将暂予监外执行决定抄送人民检察院。人民检察院认为暂予监外执行不当的，应当自接到通知之日起一个月以内将书面意见送交决定或者批准暂予监外执行的机关，决定或者批准暂予监外执行的机关接到人民检察院的书面意见后，应当立即对该决定进行重新核查。 |
| | 第二百七十三条　第一款　罪犯在服刑期间又犯罪的，或者发现了判决的时候所没有发现的罪行，由执行机关移送人民检察院处理。<br>　　第二款　被判处管制、拘役、有期徒刑或者无期徒刑的罪犯，在执行期间确有悔改或者立功表现，应当依法予以减刑、假释的时候，由执行机关提出建议书，报请人民法院审核裁定，并将建议书副本抄送人民检察院。人民检察院可以向人民法院提出书面意见。 |
| | 第二百七十四条　人民检察院认为人民法院减刑、假释的裁定不当，应当在收到裁定书副本后二十日以内，向人民法院提出书面纠正意见。人民法院应当在收到纠正意见后一个月以内重新组成合议庭进行审理，作出最终裁定。 |
| | 第二百七十五条　监狱和其他执行机关在刑罚执行中，如果认为判决有错误或者罪犯提出申诉，应当转请人民检察院或者原判人民法院处理。 |
| | 第二百七十六条　人民检察院对执行机关执行刑罚的活动是否合法实行监督。如果发现有违法的情况，应当通知执行机关纠正。 |
| | 第二百八十二条　第一款　对于未成年人涉嫌刑法分则第四章、第五章、第六章规定的犯罪，可能判处一年有期徒刑以下刑罚，符合起诉条件，但有悔罪表现的，人民检察院可以作出附条件不起诉的决定。人民检察院在作出附条件不起诉的决定以前，应当听取公安机关、被害人的意见。 |

续表

| | |
|---|---|
| 2. 不同类型权力主体之间的制约 | 第二百九十条　对于达成和解协议的案件，公安机关可以向人民检察院提出从宽处理的建议。人民检察院可以向人民法院提出从宽处罚的建议；对于犯罪情节轻微，不需要判处刑罚的，可以作出不起诉的决定。人民法院可以依法对被告人从宽处罚。 |
| | 第二百九十四条　第二款　人民检察院认为人民法院的判决确有错误的，应当向上一级人民法院提出抗诉。 |
| | 第二百九十八条　第一款　对于贪污贿赂犯罪、恐怖活动犯罪等重大犯罪案件，犯罪嫌疑人、被告人逃匿，在通缉一年后不能到案，或者犯罪嫌疑人、被告人死亡，依照刑法规定应当追缴其违法所得及其他涉案财产的，人民检察院可以向人民法院提出没收违法所得的申请。<br>第二款　公安机关认为有前款规定情形的，应当写出没收违法所得意见书，移送人民检察院。 |
| | 第三百零七条　人民检察院对强制医疗的决定和执行实行监督。 |

# 附录 3　行政处罚法（治安管理处罚法）赋权条款

<table>
<tr><td rowspan="6">行政处罚法的赋权条款</td><td rowspan="4">1. 直接权利条款</td><td>第一条　为了规范行政处罚的设定和实施，保障和监督行政机关有效实施行政管理，维护公共利益和社会秩序，保护公民、法人或者其他组织的合法权益，根据宪法，制定本法。</td></tr>
<tr><td>第七条　第一款　公民、法人或者其他组织对行政机关所给予的行政处罚，享有陈述权、申辩权；对行政处罚不服的，有权依法申请行政复议或者提起行政诉讼。<br>第二款　公民、法人或者其他组织因行政机关违法给予行政处罚受到损害的，有权依法提出赔偿要求。</td></tr>
<tr><td>第七十三条　第一款　当事人对行政处罚决定不服，申请行政复议或者提起行政诉讼的，行政处罚不停止执行，法律另有规定的除外。</td></tr>
<tr><td>第七十条　行政机关及其执法人员当场收缴罚款的，必须向当事人出具国务院财政部门或者省、自治区、直辖市人民政府财政部门统一制发的专用票据；不出具财政部门统一制发的专用票据的，当事人有权拒绝缴纳罚款。</td></tr>
<tr><td rowspan="2">2. 权利+应当/可以</td><td>第四十五条　第一款　当事人有权进行陈述和申辩。行政机关必须充分听取当事人的意见，对当事人提出的事实、理由和证据，应当进行复核；当事人提出的事实、理由或者证据成立的，行政机关应当采纳。<br>第二款　行政机关不得因当事人陈述、申辩而给予更重的处罚。</td></tr>
<tr><td>第六十三条　第一款　行政机关拟作出下列行政处罚决定，应当告知当事人有要求听证的权利，当事人要求听证的，行政机关应当组织听证：<br>（一）较大数额罚款；<br>（二）没收较大数额违法所得、没收较大价值非法财物；<br>（三）降低资质等级、吊销许可证件；<br>（四）责令停产停业、责令关闭、限制从业；<br>（五）其他较重的行政处罚；<br>（六）法律、法规、规章规定的其他情形。<br>第二款　当事人不承担行政机关组织听证的费用。</td></tr>
</table>

续表

<table>
<tr><td rowspan="4">行政处罚法的赋权条款</td><td rowspan="4">2.权利+应当/可以</td><td>第六十四条　听证应当依照以下程序组织：<br>（一）当事人要求听证的，应当在行政机关告知后五日内提出；<br>（二）行政机关应当在举行听证的七日前，通知当事人及有关人员听证的时间、地点；<br>（三）除涉及国家秘密、商业秘密或者个人隐私依法予以保密外，听证公开举行；<br>（四）听证由行政机关指定的非本案调查人员主持；当事人认为主持人与本案有直接利害关系的，有权申请回避；<br>（五）当事人可以亲自参加听证，也可以委托一至二人代理；<br>（六）当事人及其代理人无正当理由拒不出席听证或者未经许可中途退出听证的，视为放弃听证权利，行政机关终止听证；<br>（七）举行听证时，调查人员提出当事人违法的事实、证据和行政处罚建议，当事人进行申辩和质证；<br>（八）听证应当制作笔录。笔录应当交当事人或者其代理人核对无误后签字或者盖章。当事人或者其代理人拒绝签字或者盖章的，由听证主持人在笔录中注明。</td></tr>
<tr><td>第七十五条　第二款　行政机关实施行政处罚应当接受社会监督。公民、法人或者其他组织对行政机关实施行政处罚的行为，有权申诉或者检举；行政机关应当认真审查，发现有错误的，应当主动改正。</td></tr>
<tr><td>第七十七条　行政机关对当事人进行处罚不使用罚款、没收财物单据或者使用非法定部门制发的罚款、没收财物单据的，当事人有权拒绝，并有权予以检举，由上级行政机关或者有关机关对使用的非法单据予以收缴销毁，对直接负责的主管人员和其他直接责任人员依法给予处分。</td></tr>
<tr><td></td></tr>
<tr><td></td><td rowspan="4">3.公权力机关应当为当事人控权条款</td><td>第四十四条　行政机关在作出行政处罚决定之前，应当告知当事人拟作出的行政处罚内容及事实、理由、依据，并告知当事人依法享有的陈述、申辩、要求听证等权利。</td></tr>
<tr><td></td><td>第五十二条　第一款　执法人员当场作出行政处罚决定的，应当向当事人出示执法证件，填写预定格式、编有号码的行政处罚决定书，并当场交付当事人。当事人拒绝签收的，应当在行政处罚决定书上注明。</td></tr>
<tr><td></td><td>第五十五条　第一款　执法人员在调查或者进行检查时，应当主动向当事人或者有关人员出示执法证件。当事人或者有关人员有权要求执法人员出示执法证件。执法人员不出示执法证件的，当事人或者有关人员有权拒绝接受调查或者检查。</td></tr>
<tr><td></td><td>第六十一条　第一款　行政处罚决定书应当在宣告后当场交付当事人；当事人不在场的，行政机关应当在七日内依照《中华人民共和国民事诉讼法》的有关规定，将行政处罚决定书送达当事人。</td></tr>
</table>

续表

| | | |
|---|---|---|
| 行政处罚法的赋权条款 | 3. 公权力机关应当为当事人控权条款 | 第六十三条　第一款　行政机关拟作出下列行政处罚决定，应当告知当事人有要求听证的权利，当事人要求听证的，行政机关应当组织听证：<br>（一）较大数额罚款；<br>（二）没收较大数额违法所得、没收较大价值非法财物；<br>（三）降低资质等级、吊销许可证件；<br>（四）责令停产停业、责令关闭、限制从业；<br>（五）其他较重的行政处罚；<br>（六）法律、法规、规章规定的其他情形。<br>第二款　当事人不承担行政机关组织听证的费用。 |
| | | 第八十条　行政机关使用或者损毁查封、扣押的财物，对当事人造成损失的，应当依法予以赔偿，对直接负责的主管人员和其他直接责任人员依法给予处分。 |
| 治安管理处罚法的赋权条款 | 1. 直接权利条款 | 第一条　为维护社会治安秩序，保障公共安全，保护公民、法人和其他组织的合法权益，规范和保障公安机关及其人民警察依法履行治安管理职责，制定本法。 |
| | | 第八十一条　第一款　人民警察在办理治安案件过程中，遇有下列情形之一的，应当回避；违反治安管理行为人、被侵害人或者其法定代理人也有权要求他们回避：<br>（一）是本案当事人或者当事人的近亲属的；<br>（二）本人或者其近亲属与本案有利害关系的；<br>（三）与本案当事人有其他关系，可能影响案件公正处理的。 |
| | | 第八十四条　第一款　询问笔录应当交被询问人核对；对没有阅读能力的，应当向其宣读。记载有遗漏或者差错的，被询问人可以提出补充或者更正。被询问人确认笔录无误后，应当签名或者盖章，询问的人民警察也应当在笔录上签名。<br>第二款　被询问人要求就被询问事项自行提供书面材料的，应当准许；必要时，人民警察也可以要求被询问人自行书写。<br>第三款　询问不满十六周岁的违反治安管理行为人，应当通知其父母或者其他监护人到场。 |
| | | 第八十六条　第一款　询问聋哑的违反治安管理行为人、被侵害人或者其他证人，应当有通晓手语的人提供帮助，并在笔录上注明。<br>第二款　询问不通晓当地通用的语言文字的违反治安管理行为人、被侵害人或者其他证人，应当配备翻译人员，并在笔录上注明。 |
| | | 第九十四条　第二款　违反治安管理行为人有权陈述和申辩。公安机关必须充分听取违反治安管理行为人的意见，对违反治安管理行为人提出的事实、理由和证据，应当进行复核；违反治安管理行为人提出的事实、理由或者证据成立的，公安机关应当采纳。 |
| | | 第一百零一条　第一款　当场作出治安管理处罚决定的，人民警察应当向违反治安管理行为人出示工作证件，并填写处罚决定书。处罚决定书应当当场交付被处罚人；有被侵害人的，并将决定书副本抄送被侵害人。 |

续表

<table>
<tr><td rowspan="7">治安管理处罚法的赋权条款</td><td rowspan="2">2. 权利＋应当</td><td>第一百一十四条　第一款　公安机关及其人民警察办理治安案件，应当自觉接受社会和公民的监督。<br>第二款　公安机关及其人民警察办理治安案件，不严格执法或者有违法违纪行为的，任何单位和个人都有权向公安机关或者人民检察院、行政监察机关检举、控告；收到检举、控告的机关，应当依据职责及时处理。</td></tr>
<tr><td>第一百一十七条　公安机关及其人民警察违法行使职权，侵犯公民、法人和其他组织合法权益的，应当赔礼道歉；造成损害的，应当依法承担赔偿责任。</td></tr>
<tr><td rowspan="5">3. 公权力机关应当为当事人</td><td>第五条　第二款 实施治安管理处罚，应当公开、公正，尊重和保障人权，保护公民的人格尊严。</td></tr>
<tr><td>第八十七条 第二款 检查妇女的身体，应当由女性工作人员进行。</td></tr>
<tr><td>第八十九条　第一款　公安机关办理治安案件，对与案件有关的需要作为证据的物品，可以扣押；对被侵害人或者善意第三人合法占有的财产，不得扣押，应当予以登记。对与案件无关的物品，不得扣押。<br>第二款　对扣押的物品，应当会同在场见证人和被扣押物品持有人查点清楚，当场开列清单一式二份，由调查人员、见证人和持有人签名或者盖章，一份交给持有人，另一份附卷备查。<br>第三款　对扣押的物品，应当妥善保管，不得挪作他用；对不宜长期保存的物品，按照有关规定处理。经查明与案件无关的，应当及时退还；经核实属于他人合法财产的，应当登记后立即退还；满六个月无人对该财产主张权利或者无法查清权利人的，应当公开拍卖或者按照国家有关规定处理，所得款项上缴国库。</td></tr>
<tr><td>第九十二条　对决定给予行政拘留处罚的人，在处罚前已经采取强制措施限制人身自由的时间，应当折抵。限制人身自由一日，折抵行政拘留一日</td></tr>
<tr><td>第九十四条　第一款　公安机关作出治安管理处罚决定前，应当告知违反治安管理行为人作出治安管理处罚的事实、理由及依据，并告知违反治安管理行为人依法享有的权利。<br>第三款　公安机关不得因违反治安管理行为人的陈述、申辩而加重处罚。</td></tr>
</table>

# 附录 4 行政诉讼法赋权条款

<table>
<tr><td rowspan="10">行政诉讼法赋权条款</td><td rowspan="10">1. 直接权利条款</td><td>第一条 为保证人民法院公正、及时审理行政案件，解决行政争议，保护公民、法人和其他组织的合法权益，监督行政机关依法行使职权，根据宪法，制定本法。</td></tr>
<tr><td>第二条 公民、法人或者其他组织认为行政机关和行政机关工作人员的行政行为侵犯其合法权益，有权依照本法向人民法院提起诉讼。</td></tr>
<tr><td>第九条 第一款 各民族公民都有用本民族语言、文字进行行政诉讼的权利。</td></tr>
<tr><td>第十条 当事人在行政诉讼中有权进行辩论。</td></tr>
<tr><td>第二十五条 第一款 行政行为的相对人以及其他与行政行为有利害关系的公民、法人或者其他组织，有权提起诉讼。</td></tr>
<tr><td>第三十一条 第一款 当事人、法定代理人，可以委托一至二人作为诉讼代理人。</td></tr>
<tr><td>第三十二条 第二款 当事人和其他诉讼代理人有权按照规定查阅、复制本案庭审材料，但涉及国家秘密、商业秘密和个人隐私的内容除外。</td></tr>
<tr><td>第四十四条 第一款 对属于人民法院受案范围的行政案件，公民、法人或者其他组织可以先向行政机关申请复议，对复议决定不服的，再向人民法院提起诉讼；也可以直接向人民法院提起诉讼。<br>第二款 法律、法规规定应当先向行政机关申请复议，对复议决定不服再向人民法院提起诉讼的，依照法律、法规的规定。</td></tr>
<tr><td>第四十五条 公民、法人或者其他组织不服复议决定的，可以在收到复议决定书之日起十五日内向人民法院提起诉讼。复议机关逾期不作决定的，申请人可以在复议期满之日起十五日内向人民法院提起诉讼。法律另有规定的除外。</td></tr>
</table>

续表

| | | |
|---|---|---|
| 行政诉讼法赋权条款 | 1. 直接权利条款 | 第四十七条　第一款　公民、法人或者其他组织申请行政机关履行保护其人身权、财产权等合法权益的法定职责，行政机关在接到申请之日起两个月内不履行的，公民、法人或者其他组织可以向人民法院提起诉讼。法律、法规对行政机关履行职责的期限另有规定的，从其规定。<br>　　第二款　公民、法人或者其他组织在紧急情况下请求行政机关履行保护其人身权、财产权等合法权益的法定职责，行政机关不履行的，提起诉讼不受前款规定期限的限制。 |
| | | 第四十八条　第一款　公民、法人或者其他组织因不可抗力或者其他不属于其自身的原因耽误起诉期限的，被耽误的时间不计算在起诉期限内。<br>　　第二款　公民、法人或者其他组织因前款规定以外的其他特殊情况耽误起诉期限的，在障碍消除后十日内，可以申请延长期限，是否准许由人民法院决定。 |
| | | 第五十四条 第二款 涉及商业秘密的案件，当事人申请不公开审理的，可以不公开审理。 |
| | | 第五十五条　第一款　当事人认为审判人员与本案有利害关系或者有其他关系可能影响公正审判，有权申请审判人员回避。 |
| | | 第八十二条　第二款 除前款规定以外的第一审行政案件，当事人各方同意适用简易程序的，可以适用简易程序。 |
| | | 第八十五条　当事人不服人民法院第一审判决的，有权在判决书送达之日起十五日内向上一级人民法院提起上诉。当事人不服人民法院第一审裁定的，有权在裁定书送达之日起十日内向上一级人民法院提起上诉。 |
| | | 第九十条　当事人对已经发生法律效力的判决、裁定，认为确有错误的，可以向上一级人民法院申请再审，但判决、裁定不停止执行。 |
| | | 第二十九条　第一款　公民、法人或者其他组织同被诉行政行为有利害关系但没有提起诉讼，或者同案件处理结果有利害关系的，可以作为第三人申请参加诉讼，或者由人民法院通知参加诉讼。<br>　　第二款　人民法院判决第三人承担义务或者减损第三人权益的，第三人有权依法提起上诉。 |
| | 2. “权利” + “应当” | 第九十一条　当事人的申请符合下列情形之一的，人民法院应当再审：<br>　　（一）不予立案或者驳回起诉确有错误的；<br>　　（二）有新的证据，足以推翻原判决、裁定的；<br>　　（三）原判决、裁定认定事实的主要证据不足、未经质证或者系伪造的；<br>　　（四）原判决、裁定适用法律、法规确有错误的；<br>　　（五）违反法律规定的诉讼程序，可能影响公正审判的；<br>　　（六）原判决、裁定遗漏诉讼请求的；<br>　　（七）据以作出原判决、裁定的法律文书被撤销或者变更的；<br>　　（八）审判人员在审理该案件时有贪污受贿、徇私舞弊、枉法裁判行为的。 |
| | | 第三十六条　第二款 原告或者第三人提出了其在行政处理程序中没有提出的理由或者证据的，经人民法院准许，被告可以补充证据。 |

续表

| 行政诉讼法赋权条款 | 2.“权利”+“应当” | 第五十二条　人民法院既不立案，又不作出不予立案裁定的，当事人可以向上一级人民法院起诉。上一级人民法院认为符合起诉条件的，应当立案、审理，也可以指定其他下级人民法院立案、审理。 |
|---|---|---|
| | 3.公权力机关应当为当事人 | 第三条　第一款　人民法院应当保障公民、法人和其他组织的起诉权利，对应当受理的行政案件依法受理。<br>第二款　行政机关及其工作人员不得干预、阻碍人民法院受理行政案件。<br>第三款　被诉行政机关负责人应当出庭应诉。不能出庭的，应当委托行政机关相应的工作人员出庭。 |
| | | 第九条　第二款 在少数民族聚居或者多民族共同居住的地区，人民法院应当用当地民族通用的语言、文字进行审理和发布法律文书。<br>第三款　人民法院应当对不通晓当地民族通用的语言、文字的诉讼参与人提供翻译。 |
| | | 第五十一条　第一款　人法规定的起诉条件的，应当登记立案。<br>第二款　对当场不能判定是否符合本法规定的起诉条件的，应当接收起诉状，出具注明收到日期的书面凭证，并在七日内决定是否立案。不符合起诉条件的，作出不予立案的裁定。裁定书应当载明不予立案的理由。原告对裁定不服的，可以提起上诉。<br>第三款　起诉状内容欠缺或者有其他错误的，应当给予指导和释明，并一次性告知当事人需要补正的内容。不得未经指导和释明即以起诉不符合条件为由不接收起诉状。<br>第四款　对于不接收起诉状、接收起诉状后不出具书面凭证，以及不一次性告知当事人需要补正的起诉状内容的，当事人可以向上级人民法院投诉，上级人民法院应当责令改正，并对直接负责的主管人员和其他直接责任人员依法给予处分。 |
| | 4.其他主体对当事人权利保护 | 第六十五条　人民法院应当公开发生法律效力的判决书、裁定书，供公众查阅，但涉及国家秘密、商业秘密和个人隐私的内容除外。 |
| | | 第二十五条　第二款 有权提起诉讼的公民死亡，其近亲属可以提起诉讼。 |
| | | 第三十二条　第一款 代理诉讼的律师，有权按照规定查阅、复制本案有关材料，有权向有关组织和公民调查，收集与本案有关的证据。对涉及国家秘密、商业秘密和个人隐私的材料，应当依照法律规定保密。 |
| | | 第三十条　没有诉讼行为能力的公民，由其法定代理人代为诉讼。法定代理人互相推诿代理责任的，由人民法院指定其中一人代为诉讼。 |

# 附录 5　行政复议法赋权条款

| 行政复议法赋权条款 | 1. 直接权利条款 | 第十七条　第一款 申请人、第三人可以委托一至二名律师、基层法律服务工作者或者其他代理人代为参加行政复议。 |
|---|---|---|
| | | 第十四条　第一款　依照本法申请行政复议的公民、法人或者其他组织是申请人。<br>第二款　有权申请行政复议的公民死亡的，其近亲属可以申请行政复议。有权申请行政复议的法人或者其他组织终止的，其权利义务承受人可以申请行政复议。<br>第三款　有权申请行政复议的公民为无民事行为能力人或者限制民事行为能力人的，其法定代理人可以代为申请行政复议。 |
| | | 第四十七条　行政复议期间，申请人、第三人及其委托代理人可以按照规定查阅、复制被申请人提出的书面答复、作出行政行为的证据、依据和其他有关材料，除涉及国家秘密、商业秘密、个人隐私或者可能危及国家安全、公共安全、社会稳定的情形外，行政复议机构应当同意。 |
| | | 第七十四条　第一款　当事人在行政复议决定作出前可以自愿达成和解，和解内容不得损害国家利益、社会公共利益和他人合法权益，不得违反法律、法规的强制性规定。<br>第二款　当事人达成和解后，由申请人向行政复议机构撤回行政复议申请。行政复议机构准予撤回行政复议申请、行政复议机关决定终止行政复议的，申请人不得再以同一事实和理由提出行政复议申请。但是，申请人能够证明撤回行政复议申请违背其真实意愿的除外。 |
| | 2. 权利 + 应当 | 第二十二条　第一款　申请人申请行政复议，可以书面申请；书面申请有困难的，也可以口头申请。<br>第三款　口头申请的，行政复议机关应当当场记录申请人的基本情况、行政复议请求、申请行政复议的主要事实、理由和时间。 |

续表

| | | |
|---|---|---|
| 行政复议法赋权条款 | 2. 权利+应当 | 第二十四条　第一款　县级以上地方各级人民政府管辖下列行政复议案件：<br>（一）对本级人民政府工作部门作出的行政行为不服的；<br>（二）对下一级人民政府作出的行政行为不服的；<br>（三）对本级人民政府依法设立的派出机关作出的行政行为不服的；<br>（四）对本级人民政府或者其工作部门管理的法律、法规、规章授权的组织作出的行政行为不服的。<br>第二款　除前款规定外，省、自治区、直辖市人民政府同时管辖对本机关作出的行政行为不服的行政复议案件。<br>第三款　省、自治区人民政府依法设立的派出机关参照设区的市级人民政府的职责权限，管辖相关行政复议案件。<br>第四款　对县级以上地方各级人民政府工作部门依法设立的派出机构依照法律、法规、规章规定，以派出机构的名义作出的行政行为不服的行政复议案件，由本级人民政府管辖；其中，对直辖市、设区的市人民政府工作部门按照行政区划设立的派出机构作出的行政行为不服的，也可以由其所在地的人民政府管辖。 |
| | | 第三十四条　法律、行政法规规定应当先向行政复议机关申请行政复议、对行政复议决定不服再向人民法院提起行政诉讼的，行政复议机关决定不予受理、驳回申请或者受理后超过行政复议期限不作答复的，公民、法人或者其他组织可以自收到决定书之日起或者行政复议期限届满之日起十五日内，依法向人民法院提起行政诉讼。 |

# 附录 6　民事诉讼法赋权条款

<table>
<tr><td rowspan="8">1. 直接权利条款</td><td>第二条　中华人民共和国民事诉讼法的任务，是保护当事人行使诉讼权利，保证人民法院查明事实，分清是非，正确适用法律，及时审理民事案件，确认民事权利义务关系，制裁民事违法行为，保护当事人的合法权益，教育公民自觉遵守法律，维护社会秩序、经济秩序，保障社会主义建设事业顺利进行。</td></tr>
<tr><td>第五条　第一款　外国人、无国籍人、外国企业和组织在人民法院起诉、应诉，同中华人民共和国公民、法人和其他组织有同等的诉讼权利义务。</td></tr>
<tr><td>第十一条　第一款　各民族公民都有用本民族语言、文字进行民事诉讼的权利。<br>第二款　在少数民族聚居或者多民族共同居住的地区，人民法院应当用当地民族通用的语言、文字进行审理和发布法律文书。<br>第三款　人民法院应当对不通晓当地民族通用的语言、文字的诉讼参与人提供翻译。</td></tr>
<tr><td>第十二条　人民法院审理民事案件时，当事人有权进行辩论。</td></tr>
<tr><td>第十三条　第二款 当事人有权在法律规定的范围内处分自己的民事权利和诉讼权利。</td></tr>
<tr><td>第三十五条　合同或者其他财产权益纠纷的当事人可以书面协议选择被告住所地、合同履行地、合同签订地、原告住所地、标的物所在地等与争议有实际联系的地点的人民法院管辖，但不得违反本法对级别管辖和专属管辖的规定。</td></tr>
<tr><td>第四十八条　第一款　当事人提出回避申请，应当说明理由，在案件开始审理时提出；回避事由在案件开始审理后知道的，也可以在法庭辩论终结前提出。</td></tr>
<tr><td>第五十二条　第一款　当事人有权委托代理人，提出回避申请，收集、提供证据，进行辩论，请求调解，提起上诉，申请执行。<br>第二款　当事人可以查阅本案有关材料，并可以复制本案有关材料和法律文书。查阅、复制本案有关材料的范围和办法由最高人民法院规定。</td></tr>
</table>

续表

| | |
|---|---|
| 1. 直接权利条款 | 第五十三条　双方当事人可以自行和解。 |
| | 第五十四条　原告可以放弃或者变更诉讼请求。被告可以承认或者反驳诉讼请求，有权提起反诉。<br>第五十六条　当事人一方人数众多的共同诉讼，可以由当事人推选代表人进行诉讼。代表人的诉讼行为对其所代表的当事人发生效力，但代表人变更、放弃诉讼请求或者承认对方当事人的诉讼请求，进行和解，必须经被代表的当事人同意。 |
| | 第五十九条　第一款　对当事人双方的诉讼标的，第三人认为有独立请求权的，有权提起诉讼。<br>　　第二款　对当事人双方的诉讼标的，第三人虽然没有独立请求权，但案件处理结果同他有法律上的利害关系的，可以申请参加诉讼，或者由人民法院通知他参加诉讼。人民法院判决承担民事责任的第三人，有当事人的诉讼权利义务。 |
| | 第六十一条　第一款　当事人、法定代理人可以委托一至二人作为诉讼代理人。 |
| | 第七十九条　第一款　当事人可以就查明事实的专门性问题向人民法院申请鉴定。 |
| | 第八十二条　当事人可以申请人民法院通知有专门知识的人出庭，就鉴定人作出的鉴定意见或者专业问题提出意见。 |
| | 第八十四条　在证据可能灭失或者以后难以取得的情况下，当事人可以在诉讼过程中向人民法院申请保全证据；人民法院也可以主动采取保全措施。 |
| | 第一百二十一条　第二款　当事人交纳诉讼费用确有困难的，可以按照规定向人民法院申请缓交、减交或者免交。 |
| | 第一百二十三条　第二款　书写起诉状确有困难的，可以口头起诉，由人民法院记入笔录，并告知对方当事人。 |
| | 第一百四十二条　第一款　当事人在法庭上可以提出新的证据。<br>　　第二款　当事人经法庭许可，可以向证人、鉴定人、勘验人发问。 |
| | 第一百六十一条　第一款　对简单的民事案件，原告可以口头起诉。 |
| | 第一百七十一条　第一款　当事人不服地方人民法院第一审判决的，有权在判决书送达之日起十五日内向上一级人民法院提起上诉。<br>　　第二款　当事人不服地方人民法院第一审裁定的，有权在裁定书送达之日起十日内向上一级人民法院提起上诉。 |
| | 第二百一十条　当事人对已经发生法律效力的判决、裁定，认为有错误的，可以向上一级人民法院申请再审；当事人一方人数众多或者当事人双方为公民的案件，也可以向原审人民法院申请再审。 |
| | 第二百二十五条　债第一款　权人请求债务人给付金钱、有价证券，符合下列条件的，可以向有管辖权的基层人民法院申请支付令：<br>　　（一）债权人与债务人没有其他债务纠纷的；<br>　　（二）支付令能够送达债务人的。 |
| | 第二百三十二 第三款　申请人或者申报人可以向人民法院起诉。 |

续表

| | |
|---|---|
| 1. 直接权利条款 | 第二百三十六条　当事人、利害关系人认为执行行为违反法律规定的，可以向负责执行的人民法院提出书面异议。当事人、利害关系人提出书面异议的，人民法院应当自收到书面异议之日起十五日内审查，理由成立的，裁定撤销或者改正；理由不成立的，裁定驳回。当事人、利害关系人对裁定不服的，可以自裁定送达之日起十日内向上一级人民法院申请复议。 |
| | 第二百三十七条　人民法院自收到申请执行书之日起超过六个月未执行的，申请执行人可以向上一级人民法院申请执行。 |
| | 第二百四十七条　第一款　一方拒绝履行的，对方当事人可以向人民法院申请执行，也可以由审判员移送执行员执行。 |
| | 第八条　民事诉讼当事人有平等的诉讼权利。人民法院审理民事案件，应当保障和便利当事人行使诉讼权利，对当事人在适用法律上一律平等。 |
| | 第五十七条　第二款　向人民法院登记的权利人可以推选代表人进行诉讼；推选不出代表人的，人民法院可以与参加登记的权利人商定代表人。 |
| | 第五十九条　第三款　前两款规定的第三人，因不能归责于本人的事由未参加诉讼，但有证据证明发生法律效力的判决、裁定、调解书的部分或者全部内容错误，损害其民事权益的，可以自知道或者应当知道其民事权益受到损害之日起六个月内，向作出该判决、裁定、调解书的人民法院提起诉讼。人民法院经审理，诉讼请求成立的，应当改变或者撤销原判决、裁定、调解书；诉讼请求不成立的，驳回诉讼请求。 |
| 2. 权利 + 应当 / 可以 | 第六十条　法定代理人之间互相推诿代理责任的，由人民法院指定其中一人代为诉讼。 |
| | 第一百三十条　第一款　人民法院受理案件后，当事人对管辖权有异议的，应当在提交答辩状期间提出。人民法院对当事人提出的异议，应当审查。异议成立的，裁定将案件移送有管辖权的人民法院； |
| | 第一百六十二条　基层人民法院和它派出的法庭审理简单的民事案件，可以用简便方式传唤当事人和证人、送达诉讼文书、审理案件，但应当保障当事人陈述意见的权利。 |
| | 第二百四十八条　第一款　对依法设立的仲裁机构的裁决，一方当事人不履行的，对方当事人可以向有管辖权的人民法院申请执行。受申请的人民法院应当执行。 |
| | 第二百四十九条　第一款　对公证机关依法赋予强制执行效力的债权文书，一方当事人不履行的，对方当事人可以向有管辖权的人民法院申请执行，受申请的人民法院应当执行。 |
| | 第四十七条　第一款　审判人员有下列情形之一的，应当自行回避，当事人有权用口头或者书面方式申请他们回避：<br>（一）是本案当事人或者当事人、诉讼代理人近亲属的；<br>（二）与本案有利害关系的；<br>（三）与本案当事人、诉讼代理人有其他关系，可能影响对案件公正审理的。<br>第二款　审判人员接受当事人、诉讼代理人请客送礼，或者违反规定会见当事人、诉讼代理人的，当事人有权要求他们回避。<br>第三款　审判人员有前款规定的行为的，应当依法追究法律责任。<br>第四款　前三款规定，适用于书记员、翻译人员、鉴定人、勘验人。 |

续表

| | |
|---|---|
| 2. 权利 + 应当 / 可以 | 第五十七条　第一款　诉讼标的是同一种类、当事人一方人数众多在起诉时人数尚未确定的，人民法院可以发出公告，说明案件情况和诉讼请求，通知权利人在一定期间向人民法院登记。 |
| | 第六十七条　第二款 当事人及其诉讼代理人因客观原因不能自行收集的证据，或者人民法院认为审理案件需要的证据，人民法院应当调查收集。 |
| | 第八十四条　第一款　人民法院也可以主动采取保全措施。 |
| | 第一百零九条　人民法院对下列案件，根据当事人的申请，可以裁定先予执行：<br>（一）追索赡养费、扶养费、抚育费、抚恤金、医疗费用的；<br>（二）追索劳动报酬的；<br>（三）因情况紧急需要先予执行的。 |
| | 第一百二十六条　人民法院应当保障当事人依照法律规定享有的起诉权利。对符合本法第一百一十九条的起诉，必须受理。符合起诉条件的，应当在七日内立案，并通知当事人；不符合起诉条件的，应当在七日内作出裁定书，不予受理；原告对裁定不服的，可以提起上诉。 |
| | 第一百二十八条　第一款　人民法院应当在立案之日起五日内将起诉状副本发送被告；<br>第二款　人民法院应当在收到答辩状之日起五日内将答辩状副本发送原告。 |
| | 第一百二十九条　人民法院对决定受理的案件，应当在受理案件通知书和应诉通知书中向当事人告知有关的诉讼权利义务，或者口头告知。 |
| | 第一百三十九条　人民法院审理民事案件，应当在开庭三日前通知当事人和其他诉讼参与人。 |
| | 第一百五十条　第二款　法庭笔录应当当庭宣读，也可以告知当事人和其他诉讼参与人当庭或者在五日内阅读。当事人和其他诉讼参与人认为对自己的陈述记录有遗漏或者差错的，有权申请补正。如果不予补正，应当将申请记录在案。 |
| | 第一百五十一条　第二款　当庭宣判的，应当在十日内发送判决书；定期宣判的，宣判后立即发给判决书。<br>第三款　宣告判决时，必须告知当事人上诉权利、上诉期限和上诉的法院。<br>第四款　宣告离婚判决，必须告知当事人在判决发生法律效力前不得另行结婚。 |
| | 第一百七十四条　第一款　原审人民法院收到上诉状，应当在五日内将上诉状副本送达对方当事人；人民法院应当在收到答辩状之日起五日内将副本送达上诉人。 |
| | 第一百八十九条　第一款　人民法院受理选民资格案件后，必须在选举日前审结。人民法院的判决书，应当在选举日前送达选举委员会和起诉人，并通知有关公民。 |

续表

| | |
|---|---|
| 2. 权利 + 应当 / 可以 | 第一百九十三条　被宣告失踪、宣告死亡的公民重新出现，经本人或者利害关系人申请，人民法院应当作出新判决，撤销原判决。 |
| | 第二百条　第一款　人民法院审理认定公民无民事行为能力或者限制民事行为能力的案件，应当由该公民的近亲属为代理人，但申请人除外。近亲属互相推诿的，由人民法院指定其中一人为代理人。该公民健康情况许可的，还应当询问本人的意见。 |
| | 第二百零四条　判决认定财产无主后，原财产所有人或者继承人出现，在民法通则规定的诉讼时效期间可以对财产提出请求，人民法院审查属实后，应当作出新判决，撤销原判决。 |
| | 第二百一十二条　当事人对已经发生法律效力的调解书，提出证据证明调解违反自愿原则或者调解协议的内容违反法律的，可以申请再审。经人民法院审查属实的，应当再审。 |
| | 第二百一十四条　人民法院应当自收到再审申请书之日起五日内将再审申请书副本发送对方当事人。 |
| | 第二百二十七条　第一款　人民法院受理申请后，经审查债权人提供的事实、证据，对债权债务关系明确、合法的，应当在受理之日起十五日内向债务人发出支付令； |
| | 第二百四十一条　第二款　申请执行人因受欺诈、胁迫与被执行人达成和解协议，或者当事人不履行和解协议的，人民法院可以根据当事人的申请，恢复对原生效法律文书的执行。 |
| | 第二百五十五条　第一款　被执行人未按执行通知履行法律文书确定的义务，人民法院有权查封、扣押、冻结、拍卖、变卖被执行人应当履行义务部分的财产。但应当保留被执行人及其所扶养家属的生活必需品。 |
| | 第五十八条　第一款　对污染环境、侵害众多消费者合法权益等损害社会公共利益的行为，法律规定的机关和有关组织可以向人民法院提起诉讼。 |
| | 第六十条　无诉讼行为能力人由他的监护人作为法定代理人代为诉讼。 |
| | 第六十四条　代理诉讼的律师和其他诉讼代理人有权调查收集证据，可以查阅本案有关材料。查阅本案有关材料的范围和办法由最高人民法院规定。 |
| 4. 其他主体对当事人权利的保护 | 第八十四条　第二款　因情况紧急，在证据可能灭失或者以后难以取得的情况下，利害关系人可以在提起诉讼或者申请仲裁前向证据所在地、被申请人住所地或者对案件有管辖权的人民法院申请保全证据。 |
| | 第一百零四条　第一款　利害关系人因情况紧急，不立即申请保全将会使其合法权益受到难以弥补的损害的，可以在提起诉讼或者申请仲裁前向被保全财产所在地、被申请人住所地或者对案件有管辖权的人民法院申请采取保全措施。 |

续表

| | |
|---|---|
| 5. 其他主体权利 + 应当 / 可以 | 第一百五十九条　公众可以查阅发生法律效力的判决书、裁定书； |
| | 第一百八十八条　公民不服选举委员会对选民资格的申诉所作的处理决定，可以在选举日的五日以前向选区所在地基层人民法院起诉。 |
| | 第二百零六条　人民法院受理申请后，经审查，符合法律规定的，裁定调解协议有效，一方当事人拒绝履行或者未全部履行的，对方当事人可以向人民法院申请执行；不符合法律规定的，裁定驳回申请，当事人可以通过调解方式变更原调解协议或者达成新的调解协议，也可以向人民法院提起诉讼。 |
| | 第二百零八条　人民法院受理申请后，经审查，符合法律规定的，裁定拍卖、变卖担保财产，当事人依据该裁定可以向人民法院申请执行；不符合法律规定的，裁定驳回申请，当事人可以向人民法院提起诉讼。 |
| | 第二百三十八条　执行过程中，案外人对执行标的提出书面异议的，人民法院应当自收到书面异议之日起十五日内审查，理由成立的，裁定中止对该标的的执行；理由不成立的，裁定驳回。案外人、当事人对裁定不服，认为原判决、裁定错误的，依照审判监督程序办理；与原判决、裁定无关的，可以自裁定送达之日起十五日内向人民法院提起诉讼。 |

# 附录 7　行政处罚法控权条款

<table>
<tr><td rowspan="7">行政处罚法控权条款</td><td rowspan="7">1. 同类型权力主体之间的制约</td><td>第七十六条　第一款　行政机关实施行政处罚，有下列情形之一，由上级行政机关或者有关机关责令改正，对直接负责的主管人员和其他直接责任人员依法给予处分：<br>（一）没有法定的行政处罚依据的；<br>（二）擅自改变行政处罚种类、幅度的；<br>（三）违反法定的行政处罚程序的；<br>（四）违反本法第二十条关于委托处罚的规定的；<br>（五）执法人员未取得执法证件的。</td></tr>
<tr><td>第七十七条　行政机关对当事人进行处罚不使用罚款、没收财物单据或者使用非法定部门制发的罚款、没收财物单据的，当事人有权拒绝，并有权予以检举，由上级行政机关或者有关机关对使用的非法单据予以收缴销毁，对直接负责的主管人员和其他直接责任人员依法给予处分。</td></tr>
<tr><td>第七十九条　第一款　行政机关截留、私分或者变相私分罚款、没收的违法所得或者财物的，由财政部门或者有关机关予以追缴，对直接负责的主管人员和其他直接责任人员依法给予处分；情节严重构成犯罪的，依法追究刑事责任。<br>第二款　执法人员利用职务上的便利，索取或者收受他人财物、将收缴罚款据为己有，构成犯罪的，依法追究刑事责任；情节轻微不构成犯罪的，依法给予处分。</td></tr>
<tr><td>第八十条　行政机关使用或者损毁查封、扣押的财物，对当事人造成损失的，应当依法予以赔偿，对直接负责的主管人员和其他直接责任人员依法给予处分。</td></tr>
<tr><td>第七十五条　第一款　行政机关应当建立健全对行政处罚的监督制度。县级以上人民政府应当定期组织开展行政执法评议、考核，加强对行政处罚的监督检查，规范和保障行政处罚的实施。</td></tr>
<tr><td>第八十一条　行政机关违法实施检查措施或者执行措施，给公民人身或者财产造成损害、给法人或者其他组织造成损失的，应当依法予以赔偿，对直接负责的主管人员和其他直接责任人员依法给予处分；情节严重构成犯罪的，依法追究刑事责任。</td></tr>
</table>

续表

<table>
<tr><td rowspan="1">行政处罚法控权条款</td><td>2. 不同类型权力主体之间的权力制约</td><td>第七十四条　第一款　除依法应当予以销毁的物品外，依法没收的非法财物必须按照国家规定公开拍卖或者按照国家有关规定处理。<br>第二款　罚款、没收的违法所得或者没收非法财物拍卖的款项，必须全部上缴国库，任何行政机关或者个人不得以任何形式截留、私分或者变相私分。<br>第三款　罚款、没收的违法所得或者没收非法财物拍卖的款项，不得同作出行政处罚决定的行政机关及其工作人员的考核、考评直接或者变相挂钩。除依法应当退还、退赔的外，财政部门不得以任何形式向作出行政处罚决定的行政机关返还罚款、没收的违法所得或者没收非法财物拍卖的款项。</td></tr>
<tr><td rowspan="4">治安管理处罚法控权条款</td><td>1. 同类型权力主体之间的制约</td><td>第八十七条　第一款　公安机关对与违反治安管理行为有关的场所、物品、人身可以进行检查。检查时，人民警察不得少于二人，并应当出示工作证件和县级以上人民政府公安机关开具的检查证明文件。检查公民住所应当出示县级以上人民政府公安机关开具的检查证明文件。</td></tr>
<tr><td rowspan="3">2. 不同类型权力主体之间的权力制约</td><td>第一百零五条　人民警察当场收缴的罚款，应当自收缴罚款之日起二日内，交至所属的公安机关；在水上、旅客列车上当场收缴的罚款，应当自抵岸或者到站之日起二日内，交至所属的公安机关；公安机关应当自收到罚款之日起二日内将罚款缴付指定的银行。</td></tr>
<tr><td>第一百零六条　人民警察当场收缴罚款的，应当向被处罚人出具省、自治区、直辖市人民政府财政部门统一制发的罚款收据；</td></tr>
<tr><td>第一百一十四条　第一款　公安机关及其人民警察办理治安案件，应当自觉接受社会和公民的监督。<br>第二款　公安机关及其人民警察办理治安案件，不严格执法或者有违法违纪行为的，任何单位和个人都有权向公安机关或者人民检察院、行政监察机关检举、控告；收到检举、控告的机关，应当依据职责及时处理。</td></tr>
</table>

# 附录 8　行政复议法控权条款

<table>
<tr><td rowspan="6">行政复议法的控权密度</td><td rowspan="4">1. 同类型权力主体之间的制约</td><td>第六条　第二款　行政复议机构中初次从事行政复议工作的人员，应当通过国家统一法律职业资格考试取得法律职业资格，并参加统一职前培训。</td></tr>
<tr><td>第七十七条　第一款　被申请人应当履行行政复议决定书、调解书、意见书。<br>第二款　被申请人不履行或者无正当理由拖延履行行政复议决定书、调解书、意见书的，行政复议机关或者有关上级行政机关应当责令其限期履行，并可以约谈被申请人的有关负责人或者予以通报批评。</td></tr>
<tr><td>第八十条　行政复议机关不依照本法规定履行行政复议职责，对负有责任的领导人员和直接责任人员依法给予警告、记过、记大过的处分；经有权监督的机关督促仍不改正或者造成严重后果的，依法给予降级、撤职、开除的处分。</td></tr>
<tr><td>第八十一条　行政复议机关工作人员在行政复议活动中，徇私舞弊或者有其他渎职、失职行为的，依法给予警告、记过、记大过的处分；情节严重的，依法给予降级、撤职、开除的处分；构成犯罪的，依法追究刑事责任。</td></tr>
<tr><td rowspan="2">2. 不同类型权力主体之间的控权密度</td><td>第八十五条　行政机关及其工作人员违反本法规定的，行政复议机关可以向监察机关或者公职人员任免机关、单位移送有关人员违法的事实材料，接受移送的监察机关或者公职人员任免机关、单位应当依法处理。</td></tr>
<tr><td>第八十六　行政复议机关在办理行政复议案件过程中，发现公职人员涉嫌贪污贿赂、失职渎职等职务违法或者职务犯罪的问题线索，应当依照有关规定移送监察机关，由监察机关依法调查处置。</td></tr>
</table>

# 附录 9　行政诉讼法控权条款

<table>
<tr><td rowspan="3">1. 同类型权力主体之间的权力制约</td><td>第八十一条　人民法院应当在立案之日起六个月内作出第一审判决。有特殊情况需要延长的，由高级人民法院批准，高级人民法院审理第一审案件需要延长的，由最高人民法院批准。</td></tr>
<tr><td>第八十八条　人民法院审理上诉案件，应当在收到上诉状之日起三个月内作出终审判决。有特殊情况需要延长的，由高级人民法院批准，高级人民法院审理上诉案件需要延长的，由最高人民法院批准。</td></tr>
<tr><td>第九十二条　第一款　各级人民法院院长对本院已经发生法律效力的判决、裁定，发现有本法第九十一条规定情形之一，或者发现调解违反自愿原则或者调解书内容违法，认为需要再审的，应当提交审判委员会讨论决定。<br>第二款　最高人民法院对地方各级人民法院已经发生法律效力的判决、裁定，上级人民法院对下级人民法院已经发生法律效力的判决、裁定，发现有本法第九十一条规定情形之一，或者发现调解违反自愿原则或者调解书内容违法的，有权提审或者指令下级人民法院再审。</td></tr>
<tr><td rowspan="3">2. 不同类型权力主体之间的制约</td><td>第十一条　人民检察院有权对行政诉讼实行法律监督。</td></tr>
<tr><td>第二十五条　第四款　人民检察院在履行职责中发现生态环境和资源保护、食品药品安全、国有财产保护、国有土地使用权出让等领域负有监督管理职责的行政机关违法行使职权或者不作为，致使国家利益或者社会公共利益受到侵害的，应当向行政机关提出检察建议，督促其依法履行职责。行政机关不依法履行职责的，人民检察院依法向人民法院提起诉讼。</td></tr>
<tr><td>第六十六条　第一款　人民法院在审理行政案件中，认为行政机关的主管人员、直接责任人员违法违纪的，应当将有关材料移送监察机关、该行政机关或者其上一级行政机关；认为有犯罪行为的，应当将有关材料移送公安、检察机关。<br>第二款　人民法院对被告经传票传唤无正当理由拒不到庭，或者未经法庭许可中途退庭的，可以将被告拒不到庭或者中途退庭的情况予以公告，并可以向监察机关或者被告的上一级行政机关提出依法给予其主要负责人或者直接责任人员处分的司法建议。</td></tr>
</table>

续表

| | |
|---|---|
| 2. 不同类型权力主体之间的制约 | 第九十三条　第一款　最高人民检察院对各级人民法院已经发生法律效力的判决、裁定，上级人民检察院对下级人民法院已经发生法律效力的判决、裁定，发现有本法第九十一条规定情形之一，或者发现调解书损害国家利益、社会公共利益的，应当提出抗诉。<br>第二款　地方各级人民检察院对同级人民法院已经发生法律效力的判决、裁定，发现有本法第九十一条规定情形之一，或者发现调解书损害国家利益、社会公共利益的，可以向同级人民法院提出检察建议，并报上级人民检察院备案；也可以提请上级人民检察院向同级人民法院提出抗诉。<br>第三款　各级人民检察院对审判监督程序以外的其他审判程序中审判人员的违法行为，有权向同级人民法院提出检察建议。 |